KLEINE WANDER-AUSZEITEN
IN

-SCHLESWIG-HOLSTEIN-

KLEINE WANDER-AUSZEITEN IN

SCHLESWIG-HOLSTEIN

WOCHENEND & WANDERSCHUH

WANDERUNGEN · HIGHLIGHTS · UNTERKÜNFTE

STEFANIE SOHR & VOLKO LIENHARDT

BRUCKMANN

INHALT

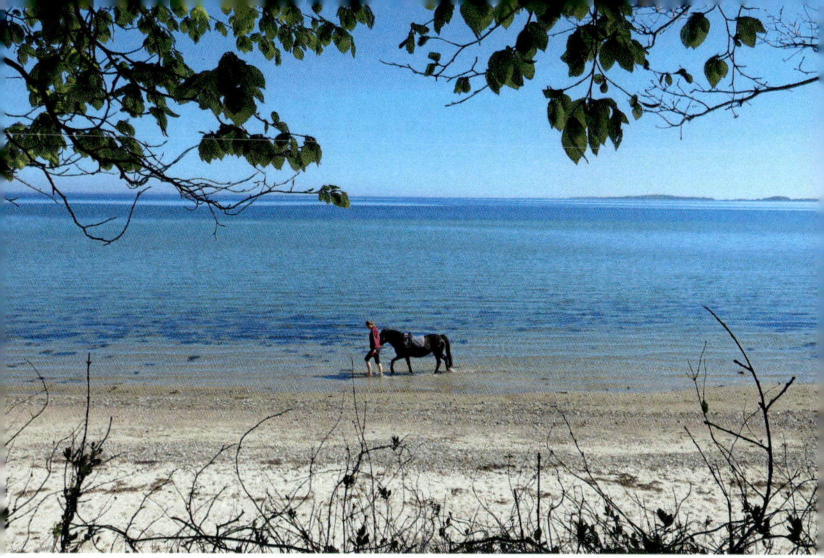

Sogar Pferde verlegen sich in der Geltinger Bucht gern aufs Wandern.

WEITER HORIZONT

Land zwischen den Meeren

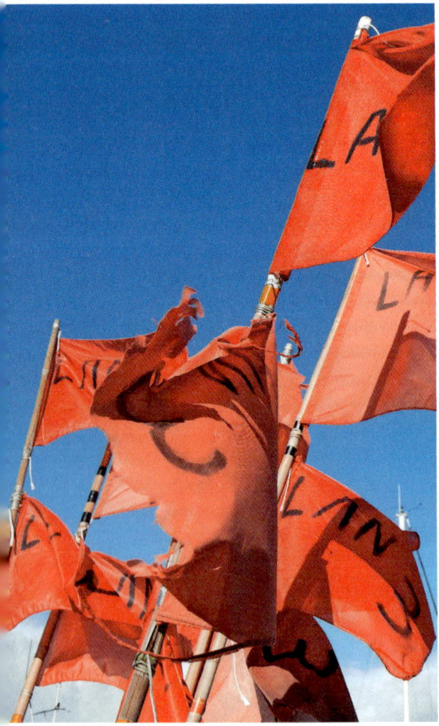

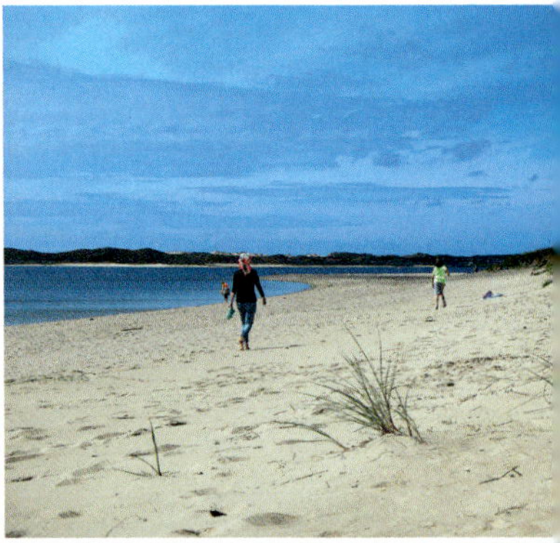

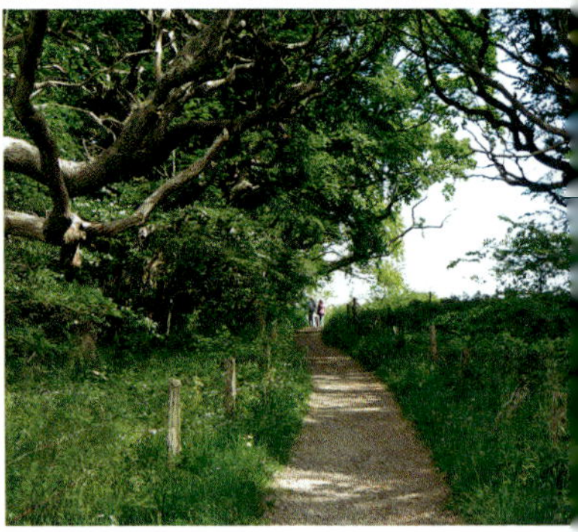

◀ Rote Flaggen markieren ausgebrachte Fischernetze. ▲ Extra Picknickplätze braucht es bei Strandwanderungen nicht. ▼ Wind rauscht in den Bäumen.

»Schleswig-Holstein meerumschlungen« - selbst ausgesprochene Kopfmenschen geraten hier gleich ins Schwärmen. Der Text zur Hymne des nördlichsten Bundeslandes jedenfalls stammt aus der Feder eines Advokaten. Die Melodie dazu ersann Carl Gottlieb Bellmann in einem stillen Klostergarten in Schleswig, dort, wo die Entfernung von der Ostsee bis zur Nordsee gerade einmal 35 Kilometer beträgt. Das ist immerhin um einiges kürzer als der längste Strand Schleswig-Holsteins.

Je nach Lesart beträgt die Küstenlinie, Inseln und Halligen eingeschlossen, etwa 800 bis 1000 Kilometer. Jeder einzige davon hat seine Liebhaber. Nicht wenige Gäste haben im Norden ihr zweites, ihr Urlaubs-Zuhause, gefunden und etliche Familien geben es über Generationen weiter. Die Gründe für diese Treue sind so vielfältig wie die Landschaften. Sie reichen von schroffen Klippenpfaden bis zu grasgrünen Deichen, von Küstenwäldern über Seeuferwege bis zu idyllischen Knicklandschaften. Vom Salz in der Luft bis zum Wind in den Haaren. Vom Wellenrauschen bis zum Möwengeschrei. Nur an einer Sache liegt die Beliebtheit Schleswig-Holsteins garantiert nicht: dem Wetter.

Wind, Wetter und Wanderlust

Das Wetter ist das wichtigste Gesprächsthema zwischen den Meeren. In der Regel ist es irgendwas mit »zu«. Es regnet zu viel, die Sonne scheint zu wenig, meistens ist es zu kalt, oft pustet der Wind zu stürmisch und manchmal, aber das sehr selten, ist es auch zu heiß. An diesen wenigen Tagen schlagen sich Wanderer am liebsten in die norddeutschen Buchenwälder. Alle anderen Wetterlagen eignen sich herrlich für ausgedehnte Küstentouren. Denn den Elementen die Stirn zu bieten, bedeutet ja gerade das besondere Wandervergnügen im Platt-Land, wo es bekanntermaßen kein schlechtes Wetter gibt, sondern nur schlechte Kleidung.

Wer sich auf alle vier Jahreszeiten an einem Tag einstellt, kann nichts verkehrt machen. Lagenlook ist angesagt und eine Regenjacke gehört genauso in den Rucksack wie eine Kopfbedeckung. Sonnenschutz braucht man auch im Winter. Badezeug hingegen höchstens von Mai bis Oktober. Schwere Wanderstiefel dürfen gern im Schrank stehen bleiben. Wasserfeste Hikingschuhe reichen vollkommen. Alle Wanderungen in diesem Buch sind im Prinzip ganzjährig möglich. Als beste Reisezeit sind die Monate angegeben, in denen die Ziele ihren besonderen Zauber entfalten.

Nordsee, Ostsee, Binnenland

In Schleswig-Holstein lautet die Frage aller Fragen: Nordsee oder Ostsee? Bei maximaler Feriendichte ist die beste Antwort: Binnenland. Im Herzogtum Lauenburg oder der Holsteinischen Schweiz etwa wandert man nicht nur im Schatten alter Baumriesen, sondern auch abseits der großen Touristenströme. Aufs Baden muss man auch dort nicht verzichten: Der nächste See ist nie weit entfernt.

Wie zum Ausgleich sind die großen Nordseebäder von Büsum bis Sylt auch dann noch perfekt auf Gäste eingestellt, wenn anderswo die Bürgersteige hochgeklappt werden. Die Deiche von Dithmarschen und Nordfriesland wirken auf den ersten Blick unspektakulär und nicht gerade wie ein Wanderparadies. Doch das flache Marschland ist alles andere als reizlos. Es schmiegt sich an den mit Abstand größten Nationalpark Deutschlands. Im Land der Gezeiten kann man Kilometer und Kilometer über den Meeresboden spazieren, durch bunt blühende Salzwiesen, aus denen Schwärme von zehntausenden Zugvögeln steigen, und die enormen Sandstrände von Eiderstedt sind ohnehin ein Erlebnis für sich. Die Nordsee selbst ist eine faszinierende Urgewalt.

Die lieblichere Ostsee bezaubert mit Halbinseln, Strandseen, Förden und sanft geschwungenem Hinterland. Wenn der Frühling endlich auch im Norden einzieht, leuchtet die See in allen Blautönen. Wer dann von einer Strandpromenade zum nächsten kleinen Hafen wandert, entdeckt ihre schönsten, versteckten Buchten.

Wochenendferien

Im Urlaubsland Schleswig-Holstein stellt sich das Gefühl großer Ferien schon bei der Ankunft ein. Zwei, drei Tage reichen, um vollkommen runterzukommen und die vorgestellten Ziele zu erkunden. Aber Vorsicht! Man verliebt sich schnell in Schleswig-Holstein. Dann kann der Trennungsschmerz groß sein. Dagegen helfen nur Verlängerungstage. Eine Ausnahme bilden die Inseln Amrum und Sylt. Hier lohnt es sich, aufgrund der zeitintensiven Anreise, von vornherein eine ganze Woche einzuplanen. Planen ist über-

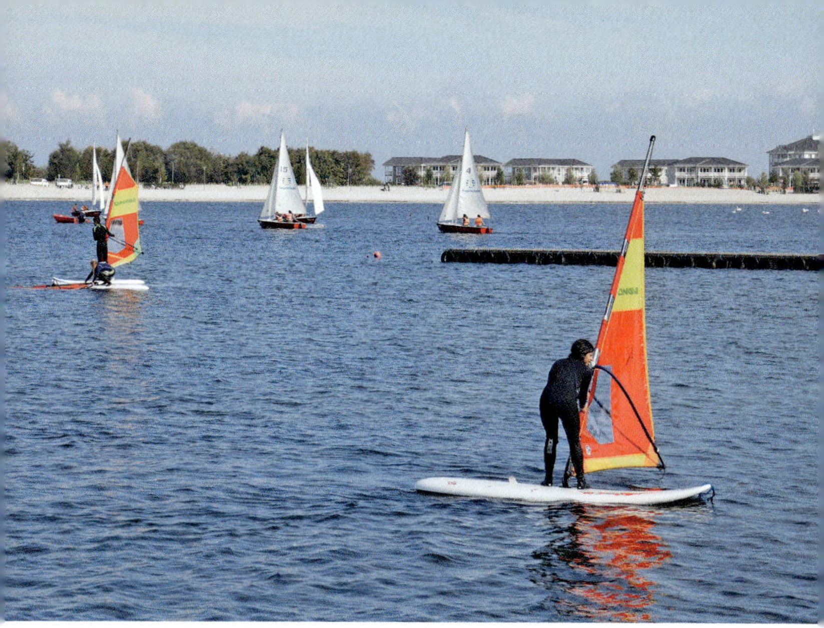

Prima für erste Board-Erfahrungen: der Binnensee von Heiligenhafen

haupt wichtig. Die Übernachtungsvorschläge in diesem Buch reichen von einfachen Unterkünften bis zu Häusern, die höchsten Ansprüchen genügen. Ganz unabhängig vom Budget ist die vorherige Buchung ratsam. Um einfach drauflos zu fahren, eignet sich Schleswig-Holstein nicht besonders gut. Spontan ein bezahlbares Bett für zwei, drei Nächte zu ergattern, wird mancherorts selbst im Winter schwierig und ist im Sommer kaum zu finden. Es sei denn, man hat die eigene Unterkunft im Gepäck. An Zeltplätzen herrscht wahrlich kein Mangel. Dort schläft man oft in allerbester Lage; also mit freier Sicht auf die See und Wellenrauschen im Ohr. Immer mehr Campingplätze bieten Glamping-Unterkünfte an wie umfunktionierte Zirkuswagen, Holzhütten oder luxuriös ausgestattete Zelte. Gerade, wer Campen grundsätzlich für piefig oder unbequem hält, kann beim Überprüfen der eigenen Vorurteile ein echtes Mikroabenteuer erleben.

Zu Gast in Schleswig-Holstein

Wie das Land, so die Leute. Weder tragen Schleswig-Holsteiner ihr Herz auf der Zunge, noch sind sie für übermäßige Geselligkeit bekannt. Dahinter steckt eine ebenso ehrliche wie höfliche Zurückhaltung. Man möchte dem anderen seinen Freiraum lassen. Denn die Freiheit spielt für ein Seefah-

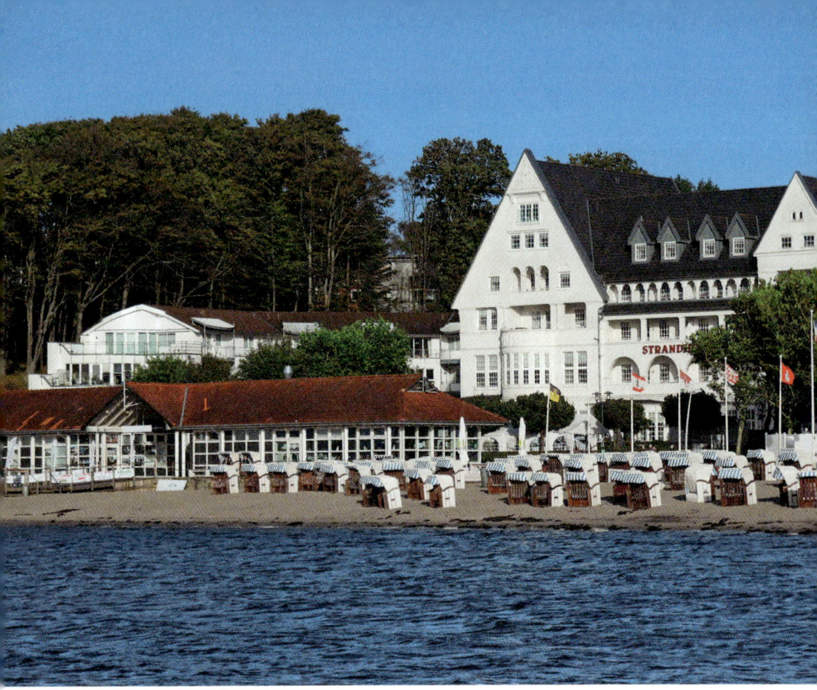

Schon Thomas Mann reiste zur Sommerfrische nach Glücksburg.

rervolk natürlich eine wichtige Rolle. Darum heißt es im Norden schlicht »Moin«, wenn man sich über den Weg läuft. »Moin, Moin« gilt manchen schon als unnötiges Gesabbel. Kommt man aber erst einmal mit einem Nordlicht ins Gespräch, kann das durchaus der Anfang einer wunderbaren Freundschaft sein. Vielleicht eine, bei der man sich fünf oder zehn Jahre nicht sieht, um dann den Gesprächsfaden unaufgeregt wieder dort aufzunehmen, wo man ihn beim letzten Mal auslaufen ließ.

Seeluft macht hungrig

Liebe geht im Norden durch den Magen und Zuneigung zeigt sich gern in überdimensionierten Portionen. Gute Esser sind hier klar im Vorteil. Denn das Einzige, was man in Schleswig-Holstein wirklich falsch machen kann, ist, sich an einem Salatblatt festzuhalten. »Isst wie ein Spatz«, heißt es dann. Und das ist nicht als Kompliment gemeint. Egal, ob Torten, Spargel oder Scholle – wird ein Gericht »satt« angeboten, meint das »pappsatt«. Wundern Sie sich also nicht, wenn die Bedienung Ihnen wieder und wieder etwas anbietet, obwohl Sie doch längst das Ende Ihrer Möglichkeiten signalisiert haben. Dahinter steckt das Konzept der sogenannten »Nötigung«. Demnach sollte man mindestens zwei-, besser dreimal einen Nachschlag ablehnen, bevor man mit den Worten »tja, nun, bevor ich mich nötigen lasse« noch einmal kräftig zulangt.

Leichtigkeitsgrade

In den Infoteilen der Wanderungen ist immer auch der Schwierigkeitsgrad angegeben. Die Touren unterscheiden sich hauptsächlich in der Länge. Nennenswerte Steigungen gibt es in Schleswig-Holstein nicht und keine Wanderung kann als »schwer« klassifiziert werden. An Steinstränden braucht es manchmal etwas Trittsicherheit. Auch spürt man beim Wandern mit Meerblick oft erst im Nachhinein, was der Körper geleistet hat. Das Gehen im weichen Sand drückt aufs Tempo und trainiert Muskeln, von deren Existenz man nie zuvor ahnte. Das Reizklima wirkt einerseits energetisch. Und macht andererseits herrlich müde. Nie schläft oder isst man so gut wie nach einer langen Küstentour. Bei der Dauer ist stets die reine Gehzeit angegeben. Dabei sind die Pausen manchmal mindestens ebenso schön wie der Weg. Am besten packt man sich den Tag im Norden nicht zu voll. Denn weniger ist Mee(h)r.

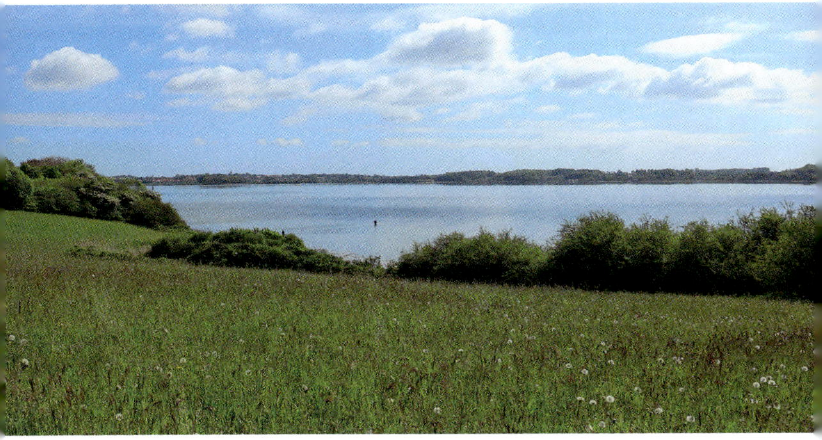

Theodor Fontane fand auf der Halbinsel Holnis Inspiration.

AN DER FLENSBURGER FÖRDE

Glücksburg

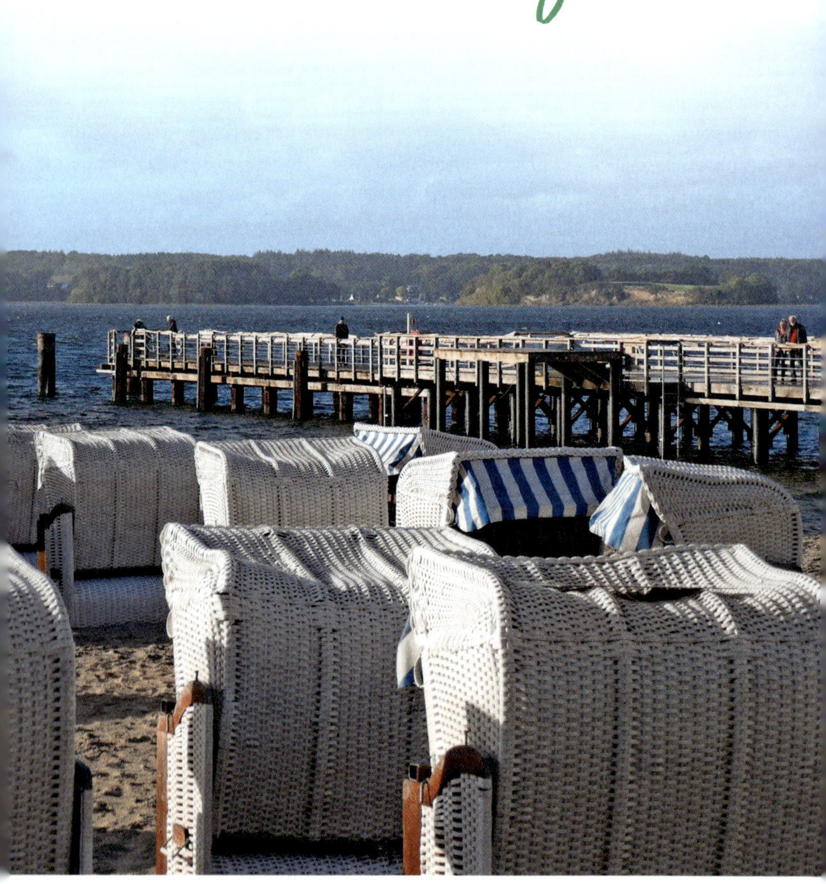

Am Strand von Sandwik starten die Dampfer nach Flensburg.

1

Die nördlichste Stadt auf deutschem Festland thront auf einer Halbinsel in der Flensburger Förde. Dänemark vorm Balkon, Segelboote vor der Nase, ein märchenhaftes Wasserschloss als Mittelpunkt, von ausgedehnten Mischwäldern umarmt, ist Glücksburg wirklich eine Perle.

Auf der Strandpromenade befindet man sich schon auf einem der schönsten Fernwanderwege Schleswig-Holsteins; dem Fördesteig. Auf ihm ist nach etwa 12 Kilometern der Flensburger Hafen erreicht. Er lohnt mit maximal dänischer Atmosphäre ebenso den Besuch wie der Rückweg an Deck eines Ausflugsdampfers. Braucht es da überhaupt noch weitere Wandertipps für diesen Glückstrip? Unbedingt! Denn die eiszeitlichen Landschaften auf der Halbinsel Holnis und im Tal der Langballigau darf man einfach nicht verpassen.

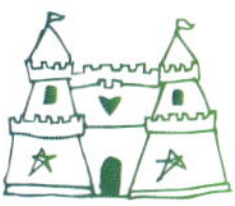

DAS GLÜCKSBURGER WASSERSCHLOSS im Stil der Renaissance gilt als Wiege der europäischen Königshäuser. Eine Besichtigung ist in den Sommermonaten täglich möglich, im Winter nur am Wochenende. Der Besuch des Schlossparks ist kostenfrei. Im Rosengarten mit Rosarium, Rosencafé und 550 Rosenarten, darunter viele historische Sorten, freut man sich über eine freiwillige Spende. Infos unter gluecksburg-urlaub.de.

UM DIE HALBINSEL HOLNIS

Der Moment ist das Ziel rund um die eiszeitliche Schönheit, an der sich Innen- und Außenförde begegnen. Auf Holnis schmiegen sich unterschiedliche Landschaftsformen aneinander, jede das Verweilen wert. Dafür darf der Rucksack gern besonders sorgsam bestückt werden:

Pack Kamera und Fernglas ein

Je blauer der Himmel, desto mehr weiße Segelboote stechen im Jachthafen von Schausende in See. Die Marina liegt in der Innenförde. Zur Außenförde sind es über Am Leuchtturm und Kobbellück nicht einmal 1,5 Kilometer. Der Weg markiert gleichsam den Übergang zweier Naturschutzgebiete: die Halbinsel Holnis und den Pugumer See mit Umgebung.

1

Der ehemalige, dicht eingewachsene Strandsee kann von einer Aussichtsplattform eingesehen werden und ist wie beinahe jeder Meter auf dieser Tour ein Paradies für die Vogelwelt. Welche Arten sich auf den Salzwiesen, im offenen Weideland, entlang der Strände, Lagunen und auf dem Kliff besonders wohlfühlen, verraten Objekttafeln.

Badesachen nicht vergessen

Am **Strand von Drei** kommt mit Strandkörben, SUP-Station, Gastronomie und der sich weit öffnenden Außenförde Urlaubsfeeling auf. Allerdings ist der Strand hier kurabgabepflichtig. An den folgenden Abschnitten darf man ganz ohne Gebühr plantschen. Der Promenadenweg führt in nördlicher Richtung zum **alten Fährhaus**. Der ehemalige Bauernhof in Toplage soll Theodor Fontane zu seinem Roman »Unwiederbringlich« inspiriert haben. Unten am Strand legte von 1209 bis in die 1940er die Fähre ins dänische Brunsnæs ab. Man gelangt an die Stelle über einen Stichpfad, der sich hinter dem Gebäude durch die Wiesen schwingt. Versteckt gelegen und steinig kann man diesen Uferabschnitt selbst bei Heldenwetter ganz für sich haben. Hyggelig

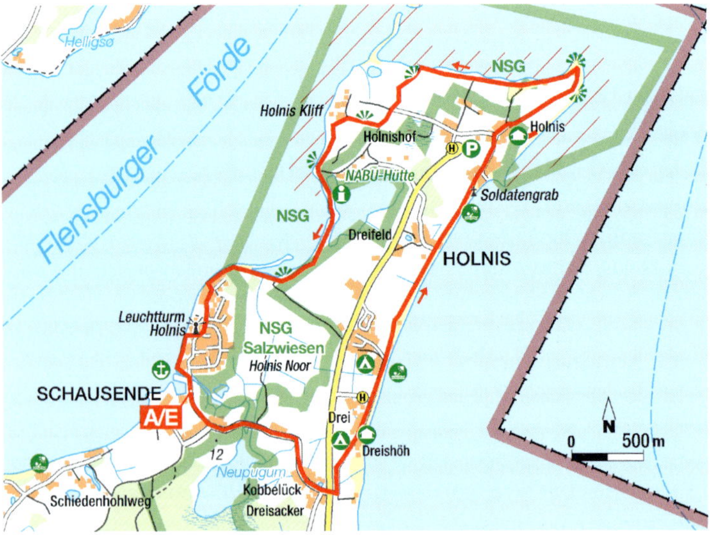

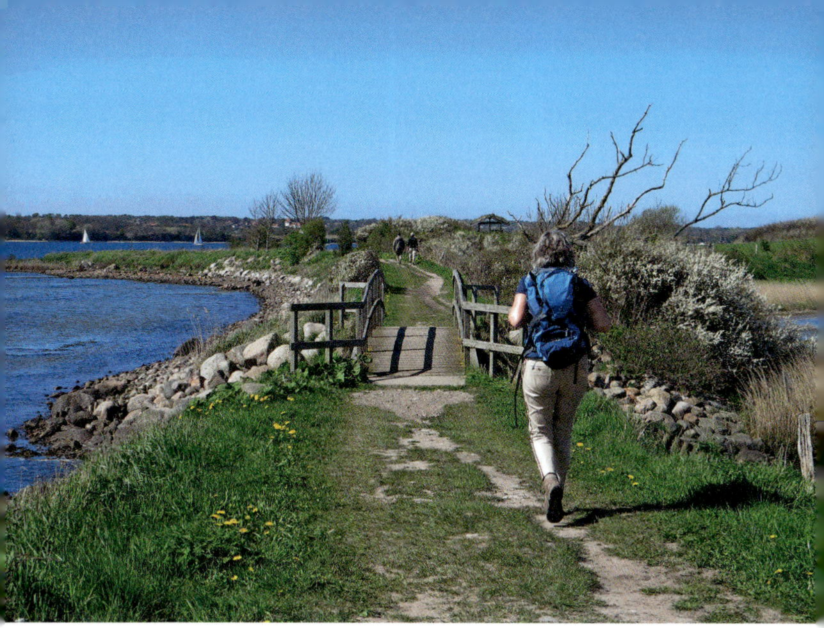

Zwischen Förde und Noor

würden unsere nordischen Nachbarn das nennen. Und das passt. Ist man dem dänischen Festland hier doch näher als dem deutschen.

Picknickplätze wie Perlen an der Schnur

Zurück auf der **Holnisser Fährstraße** geht es nun zum nordöstlichsten Zipfel Deutschlands. Ein von Hecken und Gehölzen gesäumter Pfad führt auf die pfeilartige **Holnisspitze**. Wie weit man von dort am ursprünglichen Naturstrand weitergehen kann, ist von Wind, Wetter und dem eigenen Spaß an der Sache abhängig. Es geht über Algenteppiche, Steine, Baumwurzeln und Muschelfelder. Wer's beschwerlich findet, dreht nach wenigen Hundert Metern ab vom Strand. Es lohnt sich aber, weiter stapfen, mindestens bis zum Seemannsgrab. Bei einem bestimmten Wasserstand muss man dabei an der einen oder anderen Stelle einige Schritte durch die Wellen waten. Oder vielleicht taucht man auch gleich ganz unter. Wenn man dann wieder auftaucht, hört man nichts als Möwengeschrei und Schwalbengezwitscher. Die sandige Steilwand eignet sich perfekt für die Bruttröhren der Vögel. Der westlichste Strandabschnitt ist daher auch ganz der Vogelwelt vorbehalten. Ein Zaun weist Wanderer darauf hin, dass sie nun das Kliff erstürmen dürfen.

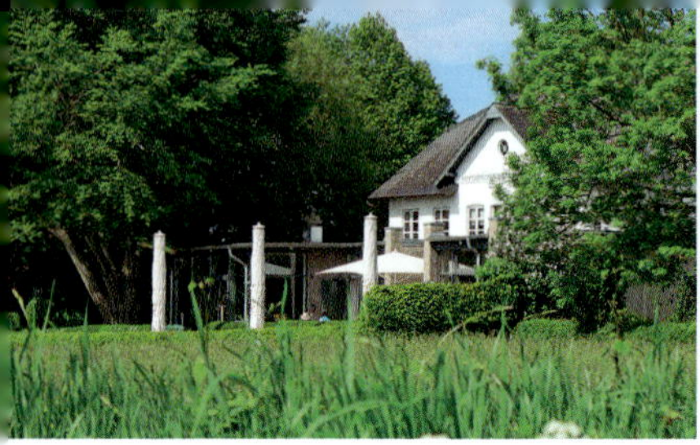

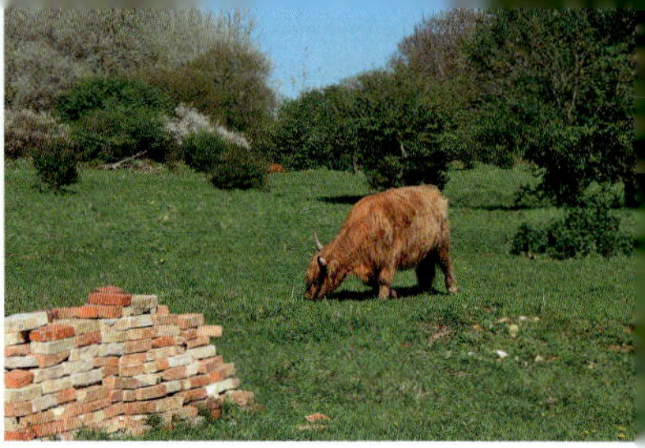

◀ Das alte Fährhaus auf Holnis ▶ Galloways pflegen die Landschaft.

Alle Hektik zu Hause lassen

Der Wanderweg führt durch geschützte Salzwiesen. An der zweiten Möglichkeit rechts stoßen Radfahrer dazu. Seit sie mit Elektroantrieb durch die Landschaft sausen, hat sich der Besucherdruck auf das markante Kliff deutlich erhöht. Es ist aber auch wirklich eine Bilderbuchlandschaft, die sich von der Kuppe gesehen auftut. Darum bloß nicht von der allgemeinen Eile anstecken lassen, sondern bewusst genießen, wie die Förde und das kleine Noor glitzern. Der letzte Wegabschnitt ist von hier oben beinahe in Gänze zu sehen. Er führt auf einem schmalen Damm zwischen dem ehemaligen Strandsee und der Flensburger Förde über die Noorbrücke nach Schausende. Dort lädt ein Steg am Leuchtturm zu einem Bad ein. Der Ausgangspunkt ist nur einen Katzensprung entfernt.

Tipp

Der Fördesteig, ein vom NABU konzipierter Fernwanderweg, funktioniert prima als Zubringer auf diese Tour. Dann geht es schon an der Seebrücke los. Etwa 2 Kilometer hält er sich dicht am Ufer, nach 2 weiteren am Waldrand entlang ist der Jachthafen von Schausende erreicht.

IM TAL DER LANGBALLIGAU

Die Flensburger sagen, ihre Förde sei die schönste der Welt. Auf dieser Schleifenwanderung kann man sich in Hangwäldern, Autälern und an kleinen Stränden davon überzeugen, wie kunstvoll eiszeitliche Gletscher die nördliche Ostseeküste gestalteten.

Am Anfang war ein Eiszeitsee

Start dieser Tour ist der Hafen von Langballigau, der einzige Fischereihafen der Flensburger Förde. An der Zufahrtsbrücke führt das Symbol des Fördesteigs zunächst nach rechts (Am Hafen) und dann linker Hand zu einer Treppe, die sich die Steilküste hinaufwindet. Der Ausblick auf die Förde ist fabelhaft. Die Natur hat lange daran gewerkelt: Es brauchte Jahrtausende und mehrere Eiszeiten, bis Schleswig-Holstein eine zweite Küste geschenkt bekam. Die heutige Ostsee entwickelte sich von einem Eiszeitsee zu einem Meer und wieder zurück in einen See, bis sie vor rund 7000 Jahren zur heutigen Form fand. Das aufgestaute Wasser des damaligen Ancylussees suchte sich seinen Weg durch den Großen Belt von Dänemark und füllte die Urstromtäler mit Salzwasser – so entstanden die Förden. Bis zum Waldrand geht es noch auf dem Fördesteig weiter, dann aber links auf dem Wanderweg nach **Siegumlund**. Nachdem das hübsche Dorf durchquert ist, taucht der Weg erneut in den Wald ein und führt nach etwa 700 Metern rechts nach **Bockholmwik**. Hier thront ein Campingplatz mit schöner Gastronomie hoch über der Förde.

Findlinge aus dem Norden

Den **Jachthafen Bockholmwik** hat man vom Campingplatz aus schon im Blick. Ein Weg windet sich zwischen den Wohnwagen bis zur Förde hinunter. Nördlich des Jachthafens wird es ein wenig unwegsam. Es gilt, über Steine zu balancieren, viele davon sind uralt und weit gereist. Gletscher schoben sie aus Norwegen, Schweden, Finnland, Dänemark und den baltischen Staaten in die Förde. Mineralogen liegt hier die gesamte Erdgeschichte zu Füßen. Die Küste kommt nie zur Ruhe. Wind, Wellen, Regen und Frost nagen daran und brechen ihre Ufer. So entstehen Sandbänke, Nehrungen

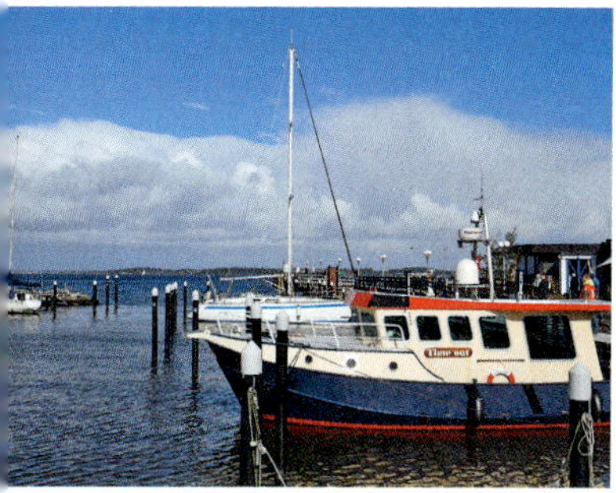

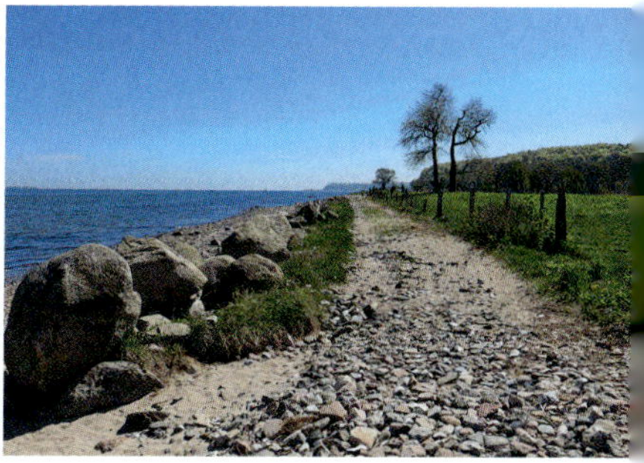

◀ Hafen von Langballigau ▶ Flachwasserzone Höftland

und Wälle im Wasser, die schließlich zu Lagunen oder Strandseen wachsen. Wo der Weg auf die bewaldete Steilküste zuführt, zeigen herabgestürzte Bäume, dass die Ostsee wild sein kann. Quellaustritte verstärken die Erosion. Der Weg steigt an und tritt etwa dort aus dem Wald heraus, wo er zu Beginn hineinführte. Auf der bekannten Route geht es zurück zum **Hafen**. Dort finden sich allerlei Einkehrmöglichkeiten für eine ausgedehnte Pause, bevor die zweite Schleife in Angriff genommen wird.

Das Tal der Langballigau

Auf dem Strandweg Richtung Norden leitet nach 800 Metern ein Fußpfad rechts zur **Haffstraße**. Jenseits davon beginnt der gut ausgeschilderte **Autal-Wanderweg**. Er führt durch stillen Hanglaubwald, der auf einem ehemaligen Kliff wurzelt. Dahinter liegt eines der schönsten Bachtäler der Ostseeküste. Das **Tal der Langballigau** steht seit 1990 unter Naturschutz. Hinter einer kleinen Brücke führen zwei Wege nach **Unewatt**.

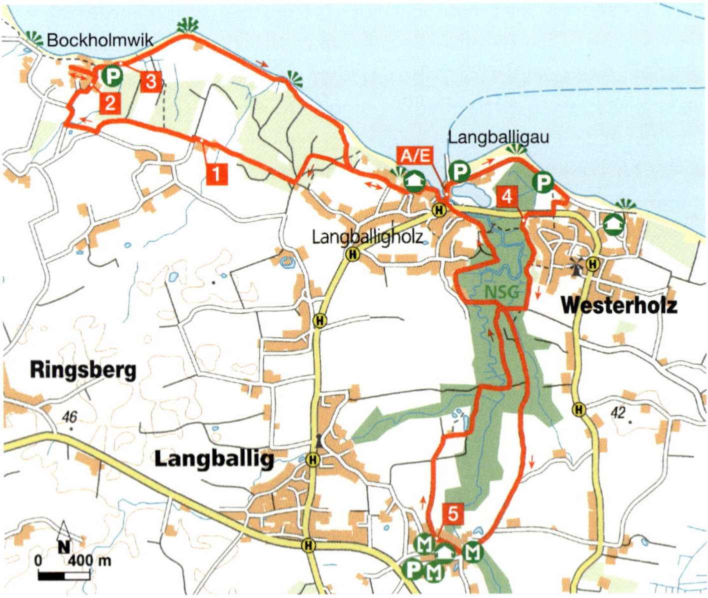

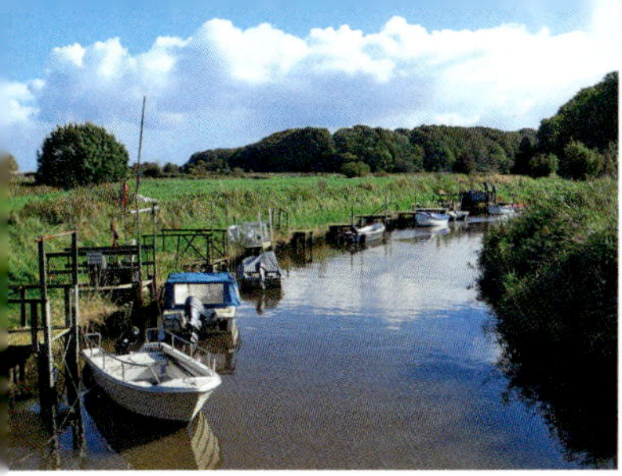

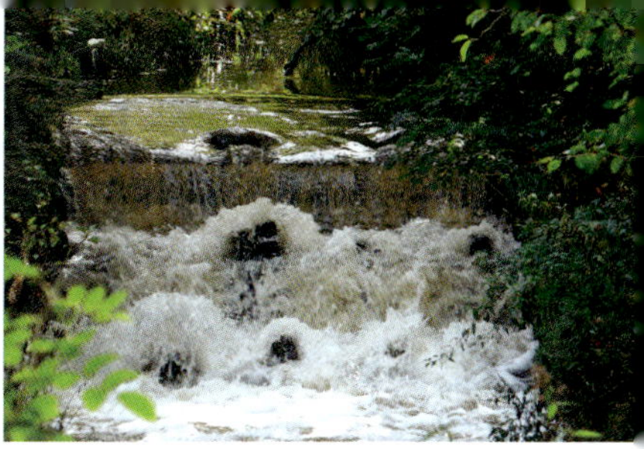

◀ Kurz vor der Mündung ▶ Es plätschert der Bach bei Unewatt.

Über den linken ist das Bilderbuch-Dörfchen nach etwa 2 Kilometern erreicht. Unewatt ist einerseits ein ganz normales Dorf, andererseits auch ein Museum. Die Ausstellungsflächen sind quer über den Ort verteilt. Ein Rundweg verbindet fünf sogenannte **Museumsinseln**. Dort widmen sich die historischen Gebäude dem früheren Leben in der Region Angeln. In der Ortsmitte bietet sich der Garten im Restaurant Unewatt by Hendrik zur Rast an, direkt daneben rauscht die Langballigau.

Auf einer Infotafel ist der Rückweg zum Hafen beschrieben. Er führt zunächst auf Asphalt zu den **Klärteichen**, dahinter aber schnell wieder in die ursprünglichen Lebensräume des Autals. An der bereits auf dem Hinweg passierten Holzbrücke geht es linker Hand unter dichten Laubbäumen in die **Talaue**. Seit sie nicht mehr entwässert wird, haben sich Sumpfpflanzen angesiedelt und Schilfmeere entwickelt. Bohlenwege überbrücken morastige Abschnitte. Nach längeren Regenfällen kann es dennoch matschig werden. Schließlich erreicht man den **Hafen von Langballigau** mit nicht mehr ganz so sauberen Schuhen wie zu Beginn dieser Wanderung.

PIRATEN IN SICHT? Zum besten Fotospot der Bucht ist ein Abstecher zum Wahrberg nötig. Er ist vom Campingplatz Bockholmwik nach etwa 750 Metern in nördlicher Richtung erreicht – und natürlich kein Matterhorn. Sein Name erinnert aber immerhin daran, dass man hier schon im 12. Jahrhundert nach Piraten Ausschau hielt. Heute ist die Wahrscheinlichkeit, Tümmler oder Schweinswale zu sichten, größer.

SKANDINAVIEN AHOI! Wer das dänische Ufer der Flensburger Förde kennenlernen möchte, sticht im Juli und August mit der »Feodora« in See. Der Ausflugsdampfer startet von Langballigau nach Sønderborg.

AUF EINEN BLICK

Info

STADT/REGION: Glücksburg/Flensburger Förde
BESTE REISEZEIT: Frühling und Herbst
OPTIMALE REISEDAUER: 3 Tage
TOURISTINFO: Tourismus Agentur Flensburger Förde, Tel. 0461/909 09 20, flensburger-foerde.de

SEHENSWÜRDIGKEITEN

SCHLOSS GLÜCKSBURG: 24960 Glücksburg, schloss-gluecksburg.de
MENKE PLANETARIUM: Fördestraße 37, 24960 Glücksburg, planetarium-gluecksburg.de
WALDMUSEUM: Holnisstraße 2, 24690 Glücksburg, Tel. 04641/21 34
FÖRDERUNDFAHRTEN: ab Seebrücke Sandwig, viking-schifffahrt.de

ÜBERNACHTUNG

STRANDHOTEL GLÜCKSBURG: Kirstenstraße 6, 24960 Glücksburg, Tel. 04631/61 41 0, info@strandhotel-gluecksburg.de, strandhotel-gluecksburg.de, **€€€**
INTERMAR: Fördestraße 2–4, 24960 Glücksburg, Tel. 04341/93 93 000, hello@intermar-appartements.de, intermar-apartments.de, **€€–€€€**
FERIENWOHNUNGEN AM SCHLOSSPARK: Collenburger Straße 1, 24960 Glücksburg, schlosspark-urlaub.de, **€€**
OSTSEECAMP HOLNIS: An der Promenade 1, 24960 Glücksburg, Tel. 04631/62 20 71, ostseecamp-holnis.de, **€**

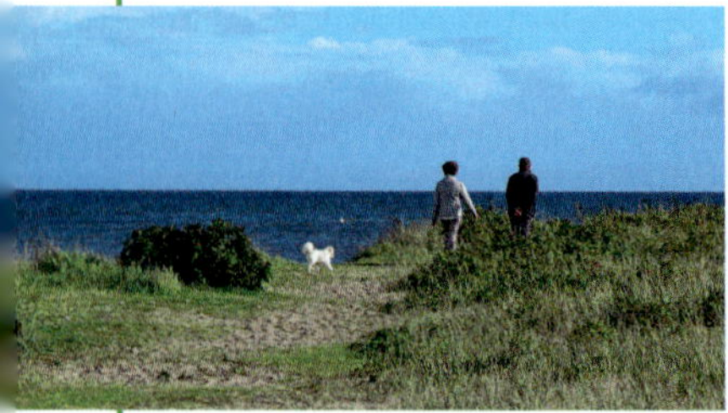

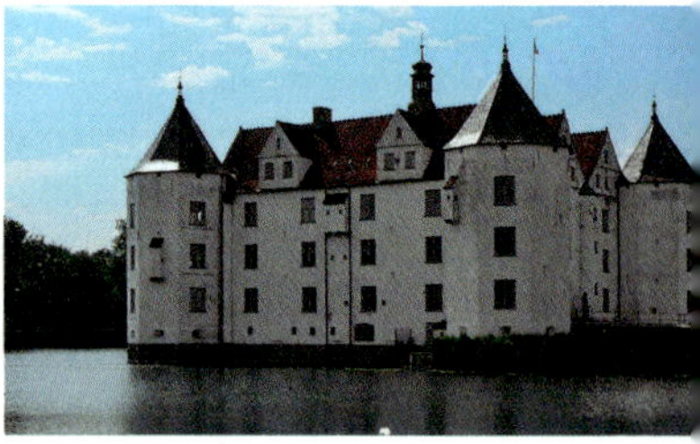

◀ Das Glück, am Wasser zu sein ▶ Das Glücksburger Wasserschloss

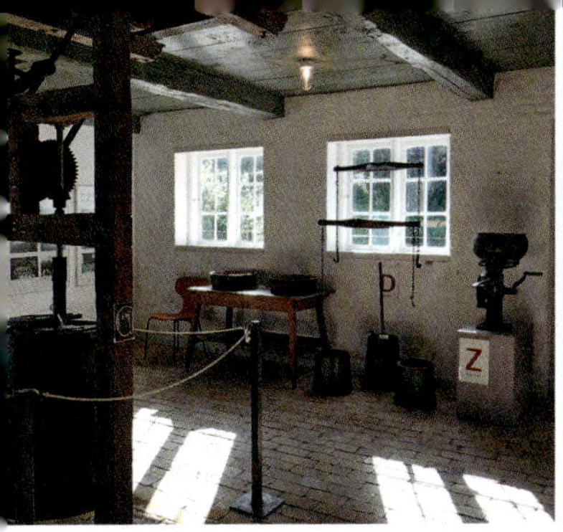

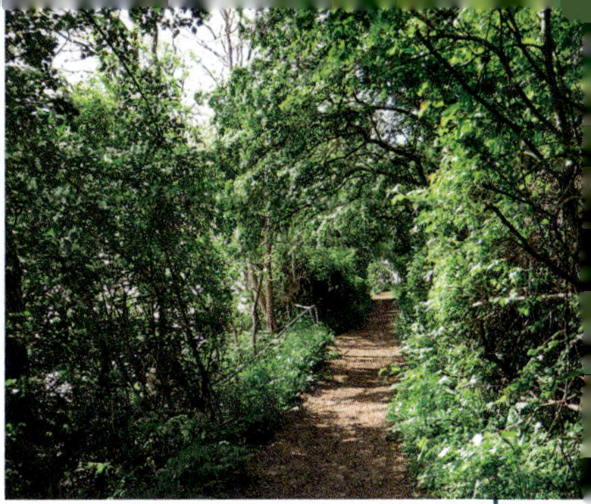

◀ Landschaftsmuseum Unewatt ▶ Wanderweg im Naturschutzgebiet

UM DIE HALBINSEL HOLNIS

DAUER: 2.30 Std.
HÖHENMETER: 27 Hm
LÄNGE: 10 km
SCHWIERIGKEIT: Leicht
AUSGANGS-/ENDPUNKT: Jachthaften Schausende
TOURENCHARAKTER: Beinahe immer am Wasser entlang auf Straßen, Wegen, Pfaden und am Strand.
BESTE JAHRESZEIT: Mai bis Oktober
EINKEHR UNTERWEGS: Restaurant Am Leuchtturm für den großen Hunger. Am Strand von Drei typische Strandgastronomie. Hoffentlich nach Renovierung bald wieder geöffnet: das Fährhaus Holnis.

IM TAL DER LANGBALLIGAU

DAUER: 4.30 Std.
HÖHENMETER: 48 Hm
LÄNGE: 16,5 km
SCHWIERIGKEIT: Mittel
AUSGANGS-/ENDPUNKT: Hafen Langballigau
TOURENCHARAKTER: Naturnahe Schleifenwanderung mit kulturellen Highlights und einem lebendigen Knotenpunkt im Fischereihafen.
BESTE JAHRESZEIT: Mai bis Oktober
EINKEHR UNTERWEGS: Aussichtsterrasse im Bistro Bock 17 auf dem Campingplatz Bockholmwik. Fabelhafte Torten im Café Anna & Meehr in Langballigau. Feinschmeckertreff im Restaurant Unewatt by Hendrik.

JENSEITS VON BULLERBÜ

Geltinger Bucht

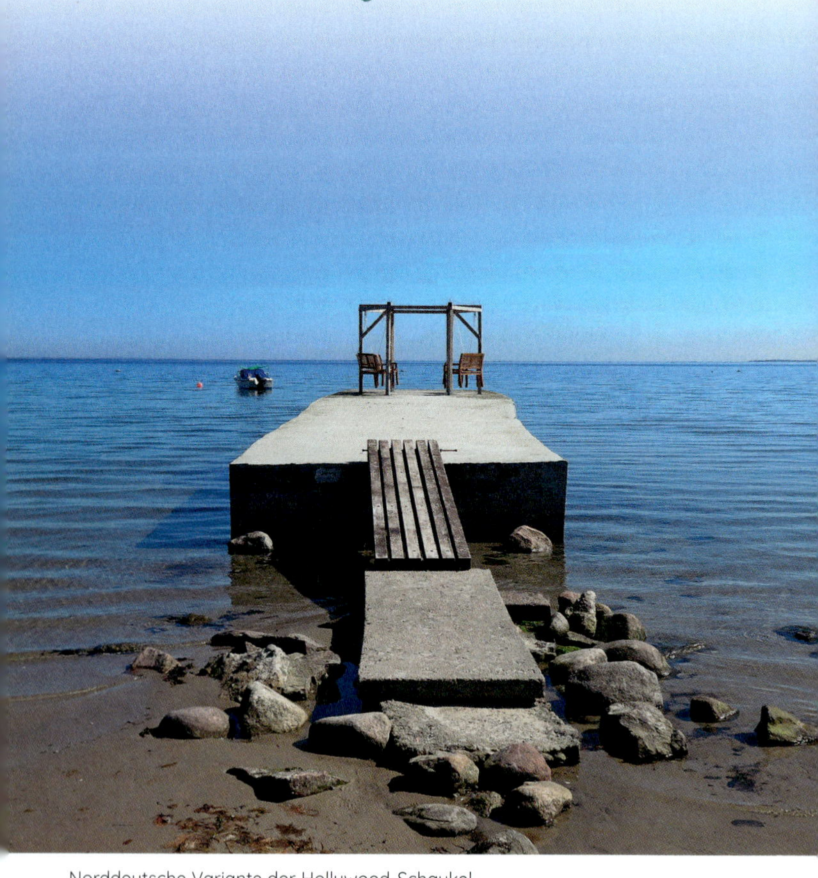

Norddeutsche Variante der Hollywood-Schaukel

Die Geltinger Bucht kuschelt sich zwischen Flensburger Förde und offener Ostsee. Im Süden wird sie von der Habernis Huk begrenzt. Im Norden liegt das Naturschutzgebiet Geltinger Birk. Die bummeligen 20 Kilometer Wasserkante ließen sich im Grunde an einem Nachmittag ablaufen, passen aber noch besser in ein Wochenende.

Drei Tage reichen, um jeden Strand, jeden Strauch und alle Bäume, die hier bis dicht ans Wasser wachsen, kennenzulernen und den Platz zu finden, an den man wiederkehren möchte. Mit mehr Zeit dann. Die Sandkörnchen scheinen hier nämlich ein wenig langsamer durch die Sanduhren zu rieseln als anderswo. Und das färbt ab. Auf jeder Bank möchte man hier eine Weile sitzen bleiben und die herrliche Aussicht genießen.
Wassersportler finden ihre perfekten Spots rund um den Sportboothafen Gelting Mole. Wer es romantisch und nostalgisch mag, wird sich in Steinberghaff verlieben. Mit Kindern ist man besonders gut in Norgaardholz aufgehoben. Die Rückzugsparadieschen liegen alle ein wenig ab vom Schuss und können keine schicken Läden oder Promenaden vorweisen. Daher werden sie auch nicht von den Massen angesteuert wie ihre gefälligeren Kollegen weiter südlich. Aber das macht ja gerade den besonderen Zauber aus.
Im Mittelalter drehte sich in Angeln alles Leben um die Gaarde, Hofanlagen von Adeligen oder Rittern. Ihre Ländereien lagen weit verstreut und sehr viel mehr Straßen ziehen sich auch heute noch nicht durch die geschwungenen Felder. Die für die Region typischen Wallhecken aus dichten Sträuchern und Gehölzen, die sogenannten Knicks, sind schon seit dem 18. Jahrhundert verpflichtend und geben der Landschaft ein gartenähnliches Aussehen. Ihnen kommt große Bedeutung als Lebensraum für kleine Tiere, Vögel und Insekten zu. Und für Menschen, die so etwas zufrieden macht.

EINFACH DEN WECKER zwei, drei Stunden vorstellen, um am Strand von Steinberghaff der Sonne beim Aufgehen zuzuschauen. Und dann an den gedeckten Frühstückstisch im Hof Norderlück in Steinberghaff setzen, wo frisch gebackenes Brot und Kuchen ganz herrlich duften. Hotelgäste müssen sich natürlich nicht vorher anmelden – alle anderen Glückssucher schon unter hof-norderlueck.de.

2

DIE BENUTZUNG DES Strandes ist – ungewöhnlich für Schleswig-Holstein – in der gesamten Geltinger Bucht kurtaxenfrei. Das gilt auch für die Seebadeanstalt in Norgaardholz. Mit Spiel- und Sportplätzen, Sanitäranlagen, Spatzengezwitscher, einem Kiosk, SUP-Verleih, Liegewiesen und viel Platz am Strand fühlen sich Familien so richtig wohl. Das Beste ist die Badebrücke, die die DLRG netterweise im Sommer aufbaut. Auf ihr überwindet man spielend steinige Uferbereiche bis zur nächsten Sandbank.

STEINBERGHAFF: HAUPTSACHE NATUR

Verschwiegene Strände, ein stilles Moor, ein Riff und dazwischen einige wenige Einkehrmöglichkeiten machen diese Tour zu einem entspannten Erlebnis. Besonders im Sommer, wenn man die kleinen Strände direkt einem Badetest unterziehen kann.

Der Wanderparkplatz im Fischerholz empfängt mit wohltuender Ruhe. In nördlicher Richtung leitet der Waldweg nach wenigen Hundert Metern an den Strand von Steinberghaff. Welchen Empfang die Ostsee bereitet, ist nicht vorherzusagen. Vielleicht begrüßt sie mit ganz leichtem Wellenschlag, vielleicht liegt sie glatt wie ein Spiegel. Die Wogen könnten aber auch so hoch gehen, dass man nasse Füße auf dem Uferpfad bekommt. Während des Jahrhunderthochwassers 1872 stand die Ostsee 100 Meter die Fischerstraße hinauf. Wo er sich eine kleine Anhöhe hinaufzieht, geht es am Strand weiter.

Der Strand ist nicht weiß und breit wie in einem Werbeprospekt, sondern bloß ein schmaler Sandstreifen voller Steine, Seetang und Muscheln. Für Seevögel ist das der Himmel. Wer baden will, wartet damit bis Kilometer 3,5.

An der Huk

In Norgaardholz befindet sich eine Seebadeanstalt. Im Sommer schaukelt eine Badeinsel in den Wellen und der Strand wird von der DLRG bewacht. Es ist ein feines Plätzchen für eine Pause. Bei klarer Sicht ist das Schloss im dänischen Sønderborg gut zu erkennen. Gestärkt geht es weiter über den folgenden Strand, wahlweise am Wellensaum oder auf dem begleitenden Pfad bis zur Huk. Vor der markanten Landzunge liegt Deutschlands

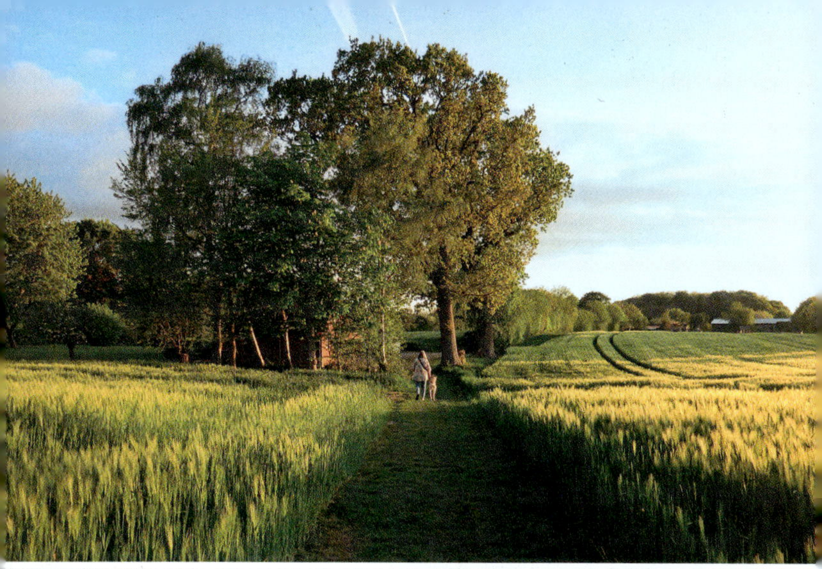

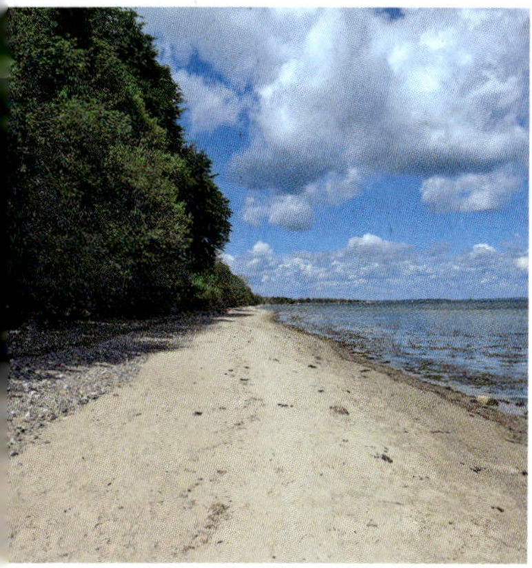

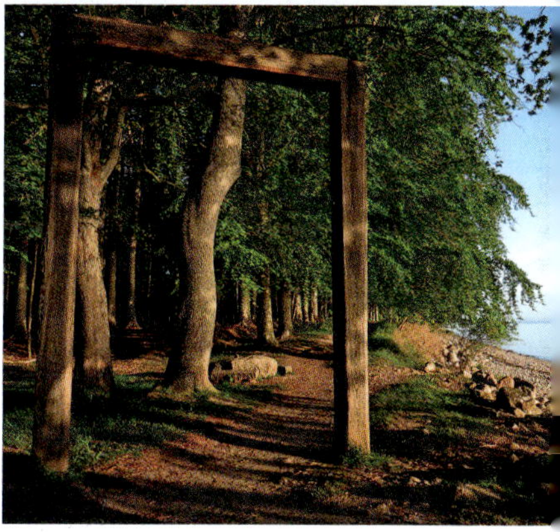

▲ Wiesenwege ziehen sich durch Felder. ◀ Küstenwälder begleiten den Strand.
▶ Uferpfad im Fischerholz

nördlichstes Riff. In den Seegraswiesen, in denen sich Meerforellen und Hornhechte tummeln, endet die Geltinger Bucht. Es geht ein Stück landeinwärts über **Na de Huk**, eben jene hinauf und dann wieder hinunter. Meerblicke erhascht man nur zwischen den Häusern hindurch. Aber man ist ja schon bald wieder selbst dort, wenn man am Fuß der Huk rechts zum **Strand von Habernis** dreht. Er liegt schon an der Flensburger Förde und bietet sich ebenfalls zum Baden und Pausieren an.

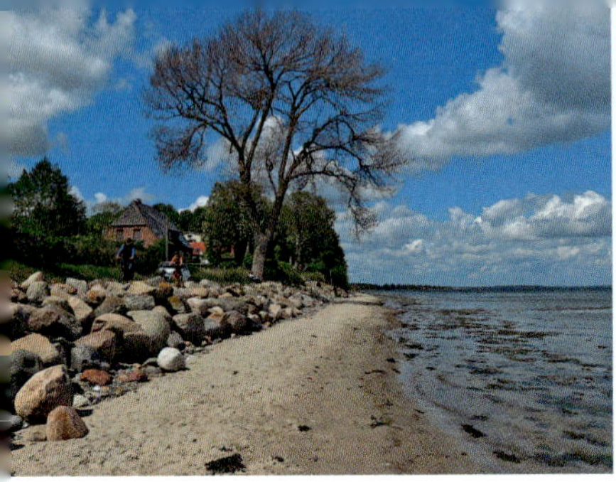

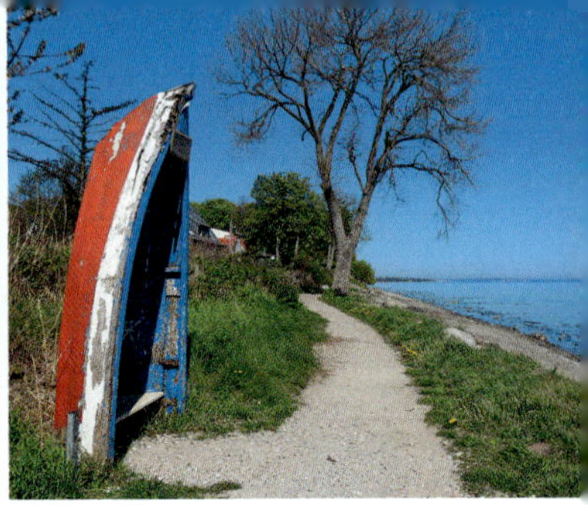

◀ Nordischer Himmel in Weiß-Blau ▶ Ruhebank in Schleswig-Holstein-Farben

Moor von Habernis Au

Am Ende des Strandes von Habernis windet sich gegenüber vom Parkplatz ein Wiesenpfad in das **Moor von Habernis Au**. Auf der blauen Route 8 gelangt man über Wege, Pfade und Stege zur **Quelle von Wolsroi**, einem artesischen Brunnen. Stündlich speist er 600 Liter klarsten Wassers in einen Quelltopf. Im größten naturnah erhaltenen Auniederungsgebiet der Region Angeln kann es durchaus matschig werden – auf den Bohlenwegen recht rutschig. Mückenschutz ist in den Sommermonaten geradezu überlebenswichtig. Die Route tritt am **Mittweg** aus dem Wald. Nach Querung geht es über die so gut wie unbefahrene **Straße Nordstern** wieder zur **Seebadeanstalt**. Am Wanderweg befindet sich ein Gedenkstein für drei Marinesoldaten, die in den letzten Tagen des Zweiten Weltkrieges auf einem Schiff hingerichtet wurden. Der Auszug aus dem Abschiedsbrief eines Soldaten an seine Eltern geht unter die Haut.

Zurück durch die Dörfer

Nach den Strand- und Sumpfkilometern geht es nun entlang der verkehrsberuhigten Straße recht leichtfüßig durch die **Dörfer Norgaardholz und Steinbergholz**. Etwa bei Kilometer 13 bietet sich ein Abstecher auf den Landschaftspfad **Stürsholz** an. Dafür in die **Kösterstraße** einbiegen und kurz nach Überquerung der Habernis Au Ausschau nach dem Pfad halten, der rechts abknickt. Eine Infotafel erzählt von ökologischem Landbau und den landschaftlichen Besonderheiten. Wem die Beine ohnehin langsam schwer werden, hebt sich den kleinen Exkurs für ein anderes Mal auf und nimmt bei Kilometer 14 die Straße Steinberghaff Richtung Strand. Nach 600 Metern führt rechter Hand ein Weg vorbei am wunderbaren **Hof Norderlück** zur Fischerstraße. Wer nun noch einmal an den Strand möchte, biegt links ab. Wen es zum Auto zieht, der quert die Straße, folgt

Ohrensberg bis zum Ende und trifft dort auf einen Pfad, der am Knick entlang in den Wald führt.

Tipp

Streckenwanderungen sind nicht jedermanns Sache, manche finden sie toll. Besonders wenn der Weg knapp 8 Kilometer so dicht am Wasser entlangführt wie von Steinberghaff bis zur Halbinselspitze Quisnis. Die Einkehr in Gelting Mole und Wackerballig ist dabei locker drin, wenn man sich für eine Übernachtung auf dem kostenfreien Trekkingplatz entscheidet. Nur eine Nacht, lautet die Regel, und nicht mehr Ausrüstung als in einen Rucksack oder eine Satteltasche passt. Mehr Infos unter wildes-sh.de.

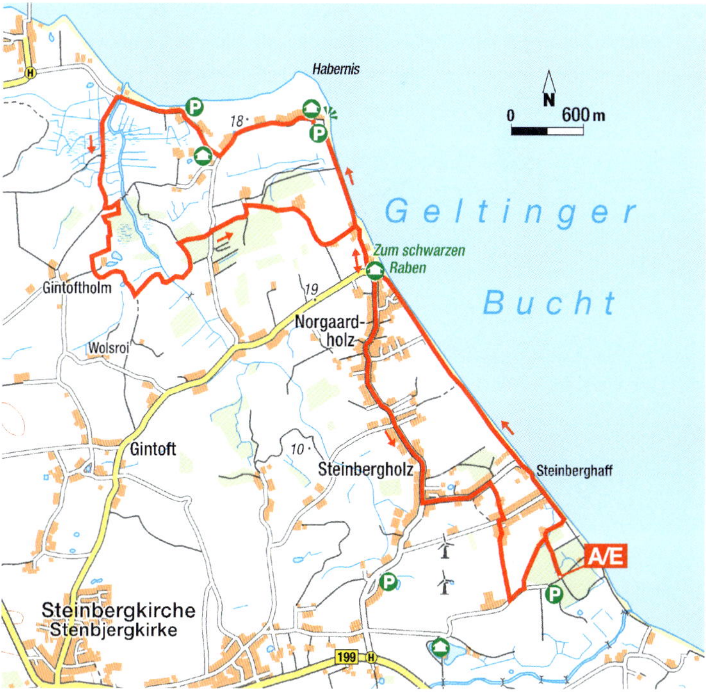

2

UM DIE GELTINGER BIRK

Vielen gilt die Umrundung der Geltinger Birk als schönstes Pflichtprogramm von Angeln. Für die Kür verlässt man abschnitts- und ausnahmsweise gern die Wasserkante, um in das Herz des Naturschutzgebietes einzutauchen, wo die wilden Tiere wohnen.

Koniks und Möwen

Ausgangspunkt ist der **Birkparkplatz**. Dort macht die **Picknickstation Birklein** mit veganem Kuchen und kleinen Speisen schon Lust auf die Rückkehr. An einer Infotafel sind die Wanderwege verzeichnet, die durch das Naturschutzgebiet führen. Konik- und Möwenweg leiten gemeinsam an der **Mühle Charlotte** vorbei in das kleine Paradies. Koniks sind Wildpferde. Sie leben hier beinahe ohne menschliche Hilfe. Und mit ein bisschen Glück kommt man einer Herde sehr nah. Wo der Konikweg rechts abzweigt, folgen wir aber erst einmal dem **Möwenweg**.

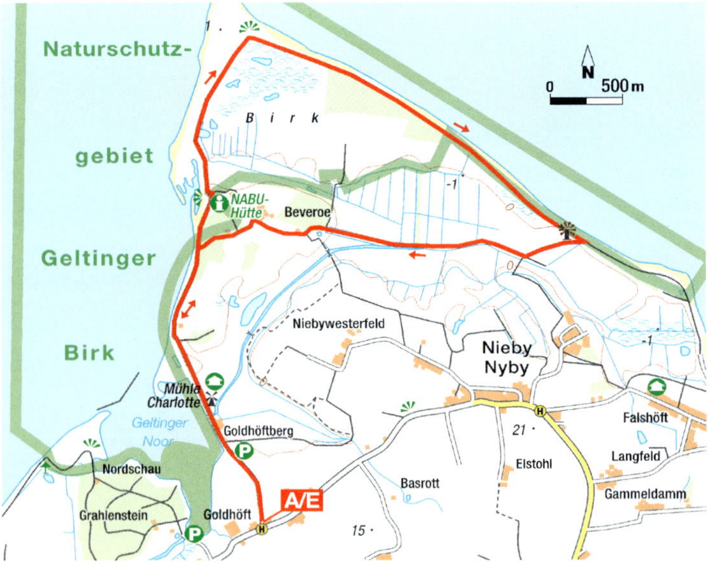

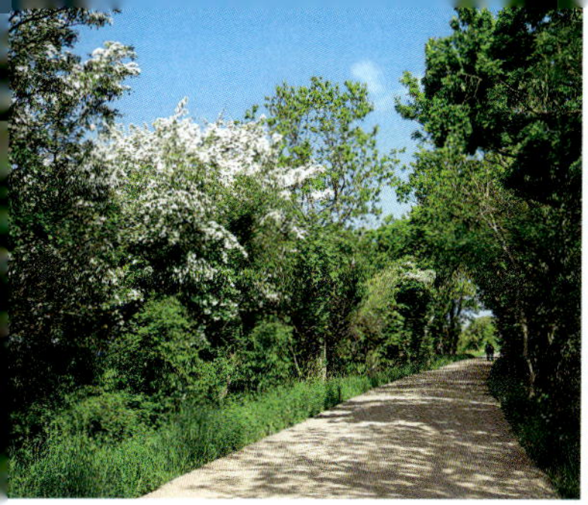 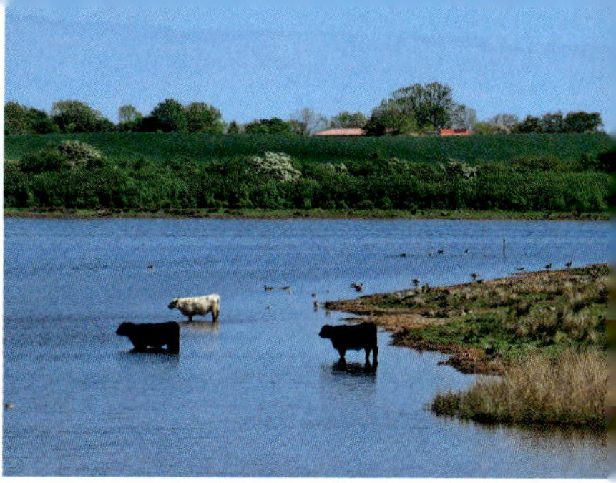

◀ Die Birk steht seit 1934 unter Schutz. ▶ Galloways zogen erst 2013 ein.

Hochlandrinder und Ziegen

An der NABU-Hütte auf der **Lehminsel Beveroe** steht ein Fernglas zur Vogelbeobachtung zur Verfügung. Dicht am Wasser geht es zur windzerzausten nordöstlichen Spitze Angelns: **Birk-Nack**. Der Möwenweg verläuft nun gemeinsam mit dem Hochlandrindweg. Vielleicht sieht man ja einige der urwüchsigen Galloways, die hier die Landschaft pflegen. Zur Hilfe kommen ihnen dabei afrikanische Ziegen. Kurz hinter dem Aussichtsturm mit Blick auf die dänischen Inseln geht es durch ein Klapptor auf die **Wilden Weiden**.

Kröten und Eulen

Auf dem **Krötenweg** sind Wanderer ganz für sich – und überhaupt nicht traurig, E-Biker und Radfahrer hinter sich zu lassen. Nur zu Fuß darf man sich den Weidegründen der tierischen Birkbewohner nähern. Wo die Markierung Kröte auf Hochlandrind und Möwe trifft, geht es rechts. Bald stößt der Eulenweg dazu und dann wieder der **Konikweg**. Ihm folgend gelangt man zur Brücke über den urwüchsigen **Meta Norgaards Bruch**. Am anderen Ufer steht man schon wieder auf Beveroe in der Nähe der NABU-Hütte. Das ist Absicht. Diesen Weg geht man nämlich gern noch einmal wie gekommen, weil der Blick auf die Halbinsel Quisnis so reizvoll ist. Aber jetzt locken erst einmal Linsensüppchen oder Karottenkuchen in Bioqualität im Birklein am Ausgangspunkt.

Tipp

Die Geltinger Birk ist ein Naturschätzchen. Allerdings ist der Besucherdruck an Wochenenden und in den Ferien erheblich. Schlechtes Wetter ist darum gutes Wetter in der Birk; Frühling und Herbst viel schöner als der Sommer – schon allein wegen der Seevögel, die dann in Schwärmen kommen oder gehen.

AUF EINEN BLICK

Info

STADT/REGION: Geltinger Bucht
BESTE REISEZEIT: Frühling bis Herbst
OPTIMALE REISEDAUER: 3 Tage
TOURISTINFO: Ferienland Ostsee – Geltinger Bucht e.V., Nordstraße 1a, 24395 Gelting, Tel. 04643/777, info@ferienlandostsee.de, ferienlandostsee.de

SEHENSWÜRDIGKEITEN

KIRCHE NEUKIRCHEN: Neukirchen 83, 24972 Quern, kirchenbuero@quern-neukirchen.kkslfl.de, kirchenkreis-schleswig-flensburg.de
BISMARCKTURM AUF DEM SCHEERSBERG: Scheersberg 2, 24972 Steinbergkirche, info@scheersberg.de, scheersberg.de
GUT OESTERGAARD: Oestergaard 2, 24972 Steinberg, gut-oestergaard.de

ÜBERNACHTUNG

HOF NORDERLÜCK: Steinberghaff 16, 24972 Steinberg, Tel. 04632/66 69 96 0, info@hof-norderlueck.de, hof-norderlueck.de, **€€€**
CAMPINGPLATZ WACKERBALLIG: Glampingunterkünfte, Strandweg 2a, 24395 Gelting, Tel. 04643/13 35, info@campingplatz-wackerballig.de, campingplatz-wackerballig.de, **€€**
CAMPINGPLATZ STEINBERGHAFF: Fischerstraße 21, 24972 Steinberg, Tel. 04632/247, info@campingplatz-steinberghaff.de, campingplatz-steinberghaff.de, **€**

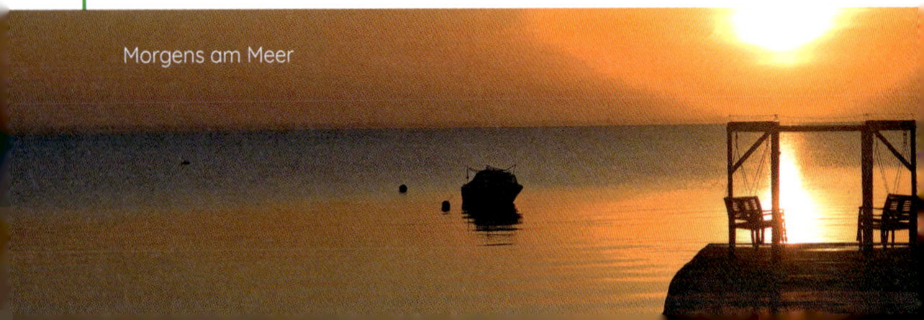

Morgens am Meer

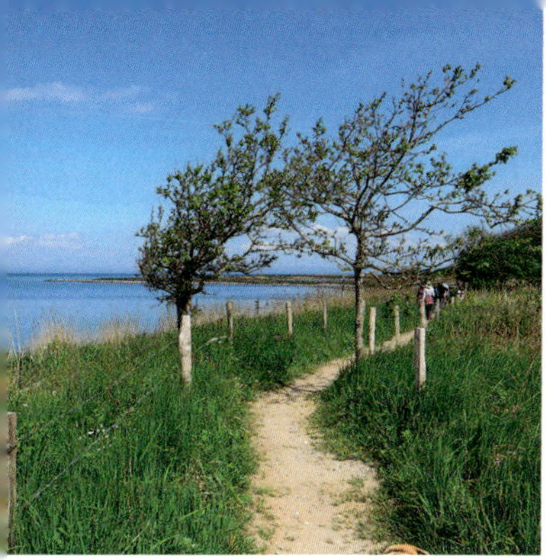

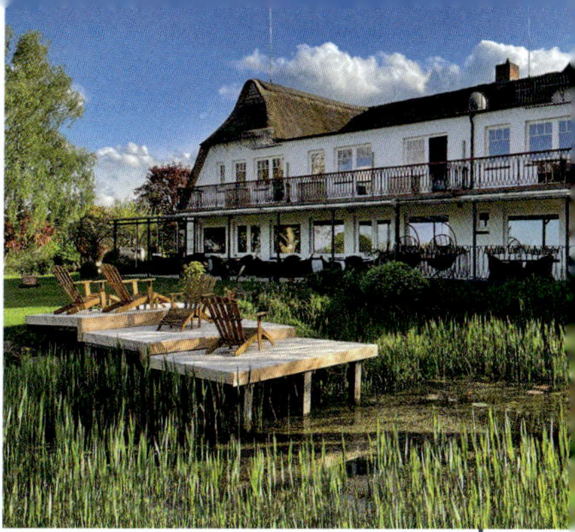

◀ Woher der Wind weht, zeigen die Bäume. ▶ Hof Norderlück in Steinberghaff

STEINBERGHAFF

DAUER: 4 Std.
HÖHENMETER: 27 Hm
LÄNGE: 16 km
SCHWIERIGKEIT: Mittel
AUSGANGS-/ENDPUNKT: Parkplatz Fischerholz
TOURENCHARAKTER: Gut begehbare Wege und Pfade, am Strand kann es anstrengender werden, im Moor glitschig.
BESTE JAHRESZEIT: April bis Oktober
EINKEHR UNTERWEGS: Strandrestaurant Steinberghaff, Strandlokal Schwarzer Rabe Norgaardholz, Strand Lounge Habernis

GELTINGER BIRK

DAUER: 2.30 Std.
HÖHENMETER: 11 Hm
LÄNGE: 10,5 km
SCHWIERIGKEIT: Leicht
AUSGANGS-/ENDPUNKT: Geltinger Birk Parkplatz
TOURENCHARAKTER: Im Paradies der Wildpferde, Robustrinder, Seevögel und seltener Pflanzen darf man sich ausschließlich auf den gut ausgeschilderten Wegen und Pfaden bewegen.
BESTE JAHRESZEIT: Frühling und Herbst
EINKEHR UNTERWEGS: Birklein Picknick-Station; für Öffnungszeiten Instagram checken. Ein eigenes Picknick mit Meerblick schmeckt natürlich auch wunderbar.

ZWISCHEN MEER UND SCHLEI

Halbinsel Schwansen

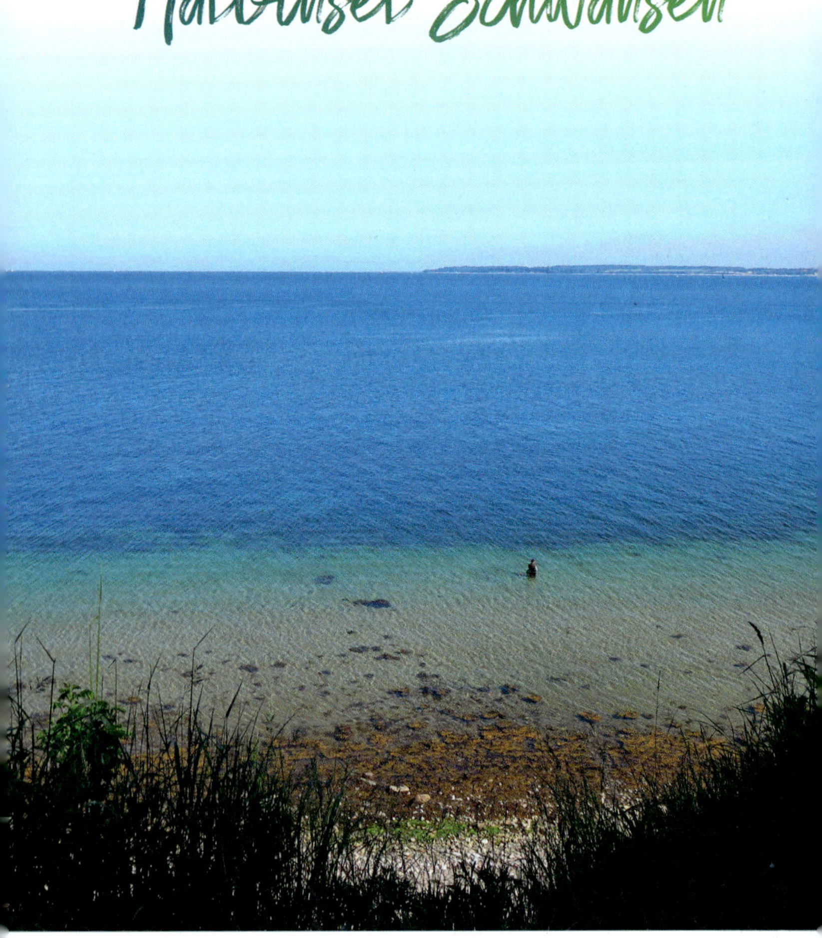

Statt Tracht trägt man in Schleswig-Holstein Wathosen.

3

Nördlich von Eckernförde und südlich der Stadt Kappeln erstreckt sich die Landschaft Schwansen. Umarmt von Ostsee und Schlei galt die Region über Jahrzehnte vor allem als Eldorado der Segler und Camper. Letztere konzentrieren sich vor allem an den Sandstränden. Dazwischen finden sich oft steinige Abschnitte, die vor allem von Anglern und Spaziergängern frequentiert werden.

Im Winter, wenn Wohnmobile und Segelboote in den Schuppen verschwinden, sind die Küsten abseits der Tourismuszentren auch schon mal menschenleer. Das sind die Tage, an denen man das große Los ziehen kann. Wenn sich ein eisblauer Himmel über die türkise Ostsee spannt und der eigene Schritt das lauteste Geräusch weit und breit ist, fühlt sich Schleswig-Holstein wie der ganz hohe Norden an. Dann könnte die Steilküste bei Waabs auch in Island liegen oder in einer anderen entlegenen Gegend Skandinaviens. Dementsprechend darf man keine Einkehrmöglichkeit an jeder Milchkanne erwarten.

In Schwansen läutet die Rapsblüte die Hochsaison ein. Sie wird in ganz Schleswig-Holstein sehnlichst erwartet und entsprechend gefeiert. Es wird einem ganz schwindelig von dem speziellen Duft und selbst unter grauem Himmel knallt das Gelb so richtig fröhlich ins Gemüt. Denn Raps bedeutet auch: Jetzt kommen die guten Zeiten. Von Woche zu Woche entwickelt sich die Gegend mehr zum Idyll. Alles grünt und blüht, insbesondere in den Gärten der märchenhaften Schleidörfer. Je näher die Sommerferien rücken, desto größer wird allerdings auch der Trubel an den Lieblingsplätzen der Touristen. Irgendwas ist also immer. Man muss nur wissen, wo. Am leichtesten findet man es heraus, wenn man sich zu Fuß durch Schwansen treiben lässt. Die besten Wege sind nämlich sogar für Zweiräder zu schmal.

Tipp

Die Runde von Schönhagen kombiniert zwei Nordic-Walking-Routen; ist also wunderbar geeignet, um die Sommertrainingsmethode der Langläufer und Biathleten einmal auszuprobieren. Stöcke verleiht die Touristinformation an der Promenade gegen ein kleines Pfand. Am Strandparkplatz befindet sich eine Übersichtskarte aller Strecken.

3

DAS SCHÖNSTE VON SCHÖNHAGEN

Nehmen Sie sich viel Zeit für diese vielfältige Tour – besonders wenn Sie zu zweit oder mehreren unterwegs sind. Dann will die eine vielleicht hier und der andere dort verweilen, denn Geschmäcker sind bekanntlich unterschiedlich. Und der Norden auch.

Nordisch gehen

Am **Strandparkplatz in Schönhagen** findet sich eine Übersichtskarte mit vier Nordic-Walking-Routen. Die längste, Route 4, ist gut ausgeschildert, allerdings im Uhrzeigersinn. Ergänzt durch Tour 3 läuft sie sich in der Gegenrichtung aber besser – aus dramaturgischen Gründen. Also los:

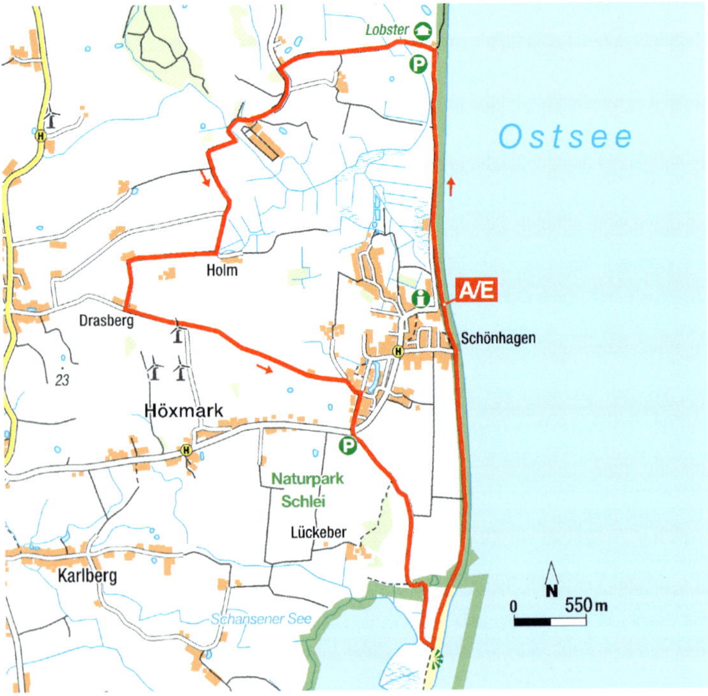

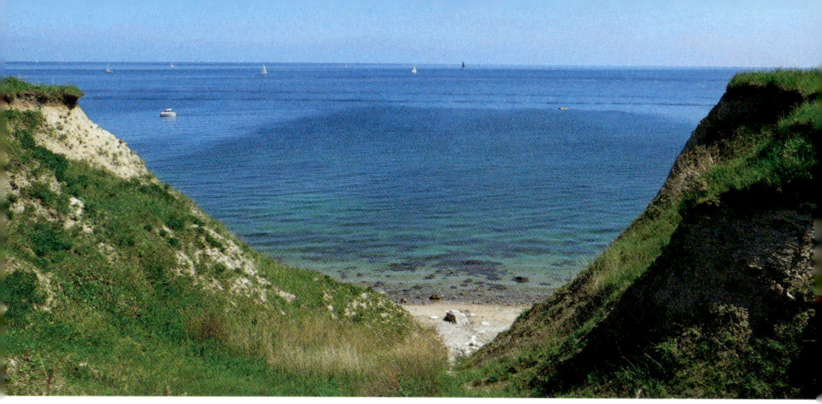

Vorsicht an der Abbruchkante: Steilküste von Schönhagen

auf der Strandpromenade, die sich noch nicht allzu sehr dem Zeitgeist unterworfen hat. Ganz anders als das Ostseeresort Olpenitz am Horizont. Das Ferienzentrum wächst und wächst und wächst, wo bis vor wenigen Jahren noch gar nichts war. Dass sich der einst abgelegene Weidefelder Strand in eine Art City-Beach verwandelt hat, halten etliche Einheimische und treue Stammgäste für nicht gerade gelungen. Doch es gibt auch eine neue Klientel von Urlaubern, denen die Bebauung gefällt. Die Lage zumindest ist außergewöhnlich schön und wenigstens auf das Strandrestaurant Lobster können sich alle einigen. Es ist noch gar nicht so lange her, da war der Holzbau das einzige Gebäude weit und breit. Wie sich diese äußerste Spitze der Halbinsel Schwansen damals anfühlte, erahnt man noch, wenn man von der Strandstraße links in den Weidefelder Weg einbiegt.

Ab durch den Knick

Auf diesem Teil der Strecke gibt es keinen Fußweg. Doch die Straße ist so wenig befahren und windet sich so herrlich durch Wiesen und Felder, dass der Naturgenuss nicht zu kurz kommt. In den Knicks singen die Vögel um die Wette und es grünt und blüht beinahe wie in Gärten. Knicks sind historisch gewachsene, wichtige Lebensräume, die während der Agrarreform um 1770 zur Flurstücksabgrenzung angelegt wurden. Ein Knick besteht aus einem aufgeschütteten Wall, der mit heimischen Gehölzen bewachsen ist und bummelig alle zehn Jahre auf den Stock gesetzt (geknickt) wird. Kurz hinter dem Tierheim geht der Weidefelder Weg in den Wiesenredder über. Von ihm zweigt nach 500 Metern in einer Rechtskurve ein Wiesenpfad ab. Über Langacker geht es auf den Drasberger Weg, wo der Verkehr einen Tick zunehmen kann. Doch das ist nach wenigen

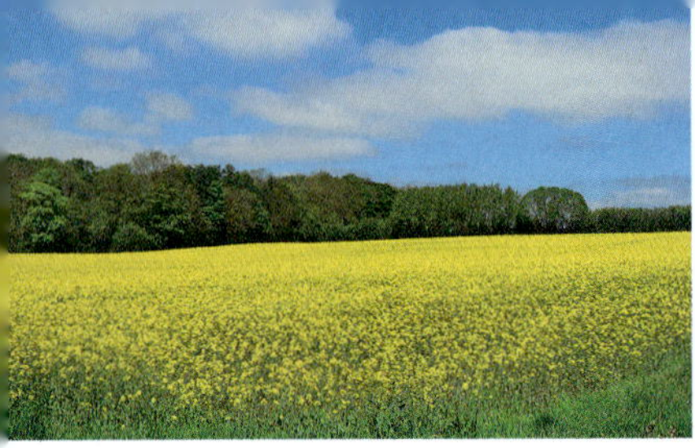 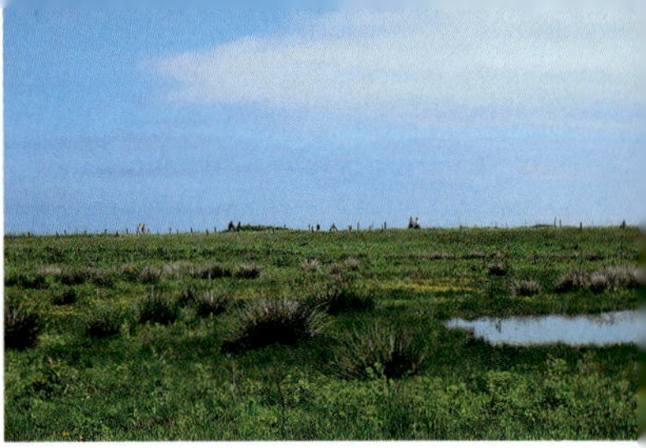

◀ Die Rapsblüte läutet den Frühling ein. ▶ Wasser- und Watvögel lieben Schwansen.

Hundert Metern schon wieder vorbei, wenn es bei zwei gigantischen Windrädern geradeaus auf einem Pfad querfeldein geht. Hier öffnet sich der Blick weit bis zur Ostsee und man könnte denken, schöner kann's nicht werden. Doch das Gegenteil ist der Fall.

Vom Schloss zum Schwanensee

Der Pfad erreicht Schönhagen auf dem Eiskellerweg, der wiederum auf die Schloßstraße trifft. Hier heißt es, die Nordic-Walking-Route 4 verlassen. Rechts geht es zur Ostseestraße und nach Querung auf die Route 3. Sie startet auf einem kleinen Parkplatz, wo Texttafeln über das Naturschutzgebiet Schwansener See informieren. Vom dänischen Svans Sø (Schwanensee) hat die Halbinsel ihren Namen. Es sind vor allem Höckerschwäne, die sich hier – besonders im Spätsommer – in großer Zahl sammeln. Es kommen aber auch jede Menge anderer Wasser- und Watvögel zum Rasten, Brüten, Leben. Von der NABU-Naturstation kann man sie in der Ferne ausmachen. Noch etwas ferner ragen die Hochhäuser von Damp in den Himmel. 1968 als »Damp 2000« aus dem Boden gestampft, wirkte die Anlage schneller als geplant hoffnungslos unmodern. Inzwischen hat sich das Ostseebad einen gewissen Charme erarbeitet. Wer mag, kann sich gleich jetzt davon auf einem Abstecher überzeugen (siehe Tipp). Speziell mit Kindern lohnt sich aber auch ein Extraausflug.

Die Steilküste

Die letzten 2,5 Kilometer dieser Wanderung sind die herrlichsten. Denn nun geht es hinauf auf die bis zu 18 Meter hohe Steilküste, wo einem Uferschwalben um die Ohren sausen. Bei klarer Sicht sind am Horizont die dänischen Inseln zu sehen. Der Klippenpfad ist ganz Wanderern vorbehalten und geht an seinem Ende auf die Strandpromenade von Schönhagen über. Dort endet die Tour in einem Strandlokal oder mit einem Bad in der Ostsee.

3

Tipp

Verlängerung nach Damp gefällig? Der Abstecher in den Kunstort schlägt mit 4 Kilometern zu Buche; einfache Strecke. Doch das ist nicht der Grund, warum man ihn nie, wirklich niemals mit Kindern absolvieren sollte. Zu groß ist die Gefahr, dass die lieben Kleinen dank Wikingergolf, Skaterpark, Entdeckerbad und anderen Spiel- und Sportmöglichkeiten nicht wieder wegzubekommen sind.

SCHLEIIDYLL

Sieseby gilt als das schönste aller Schleidörfer. Die reetgedeckten Fachwerkhäuser wurden für Tagelöhner und Fischer errichtet. Heute müsste man schon einiges an Hering fangen, um sich hier einen Wohnsitz zu leisten. Im Jahr 2000 wurde das Dorf zum ersten Flächendenkmal des Landes erklärt. Alle Häuser stehen unter Denkmalschutz. Zu verdanken ist dies dem Hamburger Kaufmann Gustav Anton Schäffer, der Sieseby im 19. Jahrhundert im großen Stil aufmöbeln ließ. Seine Initialen zieren noch heute die Gebäude entlang der Dorfstraße, über die es hinunter an die Schlei geht.

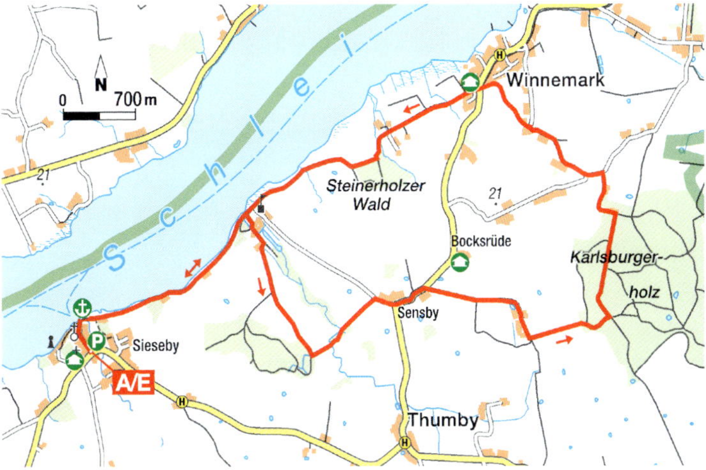

3

Meerestochter Schlei

Die Schlei ist kein Fluss, auch wenn sie so aussieht. Und sie ist auch kein Fjord, obwohl das Marketingleute behaupten. Die Schlei ist eine Förde. Der längste Meeresarm Schleswig-Holsteins zieht sich von Schleimünde bei Maasholm 43 Kilometer ins Landesinnere bis Schleswig. »Die Meerestochter selbst« dichtete Ludwig Hinrichsen aus Kappeln. Und man kann auch wirklich poetisch werden angesichts der malerischen Kulisse.

Durch die Gutslandschaft

Zunächst geht es linker Hand dicht am Ufer zum **Gut Bienenbek** mit dem denkmalgeschützten Herrenhaus. Die Familie von Schleswig-Holstein-Sønderborg-Glücksburg erwarb es vom Kaufmann Schäffer – wie das gesamte Dorf Sieseby übrigens. Bis heute lebt die Herzogin auf Bienenbek. Natürlich weiß man auch in Schwansen, dass es längst keinen Adel mehr gibt. Aber es sagt sich so nett und passt so schön in die Gegend, wo beinahe mehr alte Rittergüter als Wohnhäuser stehen. Zum kleineren **Gut Staun** zieht sich der Weg durch Felder, über Alleen und unter alten Obstbäumen. Das anschließende **Karlsburger Holz** ist das größte Waldgebiet Schwansens. Nun sind es noch gut 3 Kilometer zum **Gasthof Victoria in Winnemark**. Hier kehrte schon die letzte Kaiserin, Auguste Viktoria, mit ihrem Gemahl Kaiser Wilhelm II. ein. Ihre Schwester lebte ganz in der Nähe auf Gut Grünholz. Dort logiert heute der Prinz von Schleswig-Holstein.

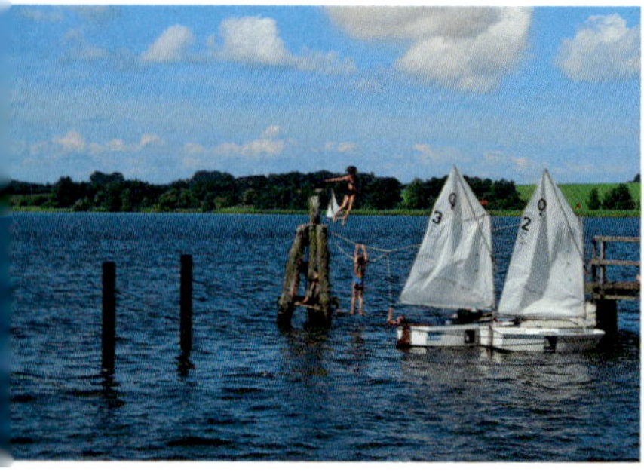
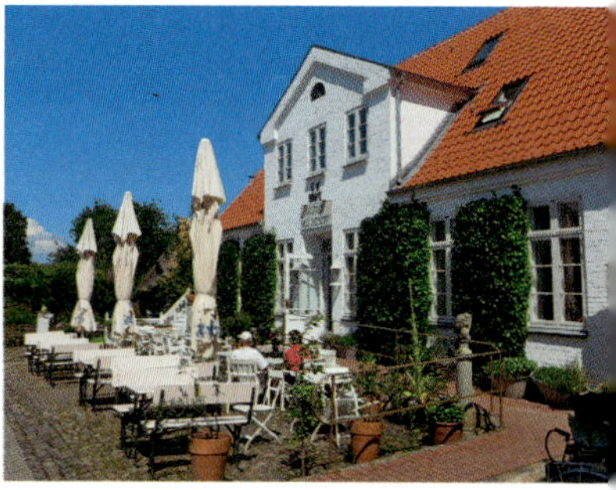

◀ An der Schlei gehören Badesachen in den Rucksack. ▶ Gasthof Alt-Sieseby

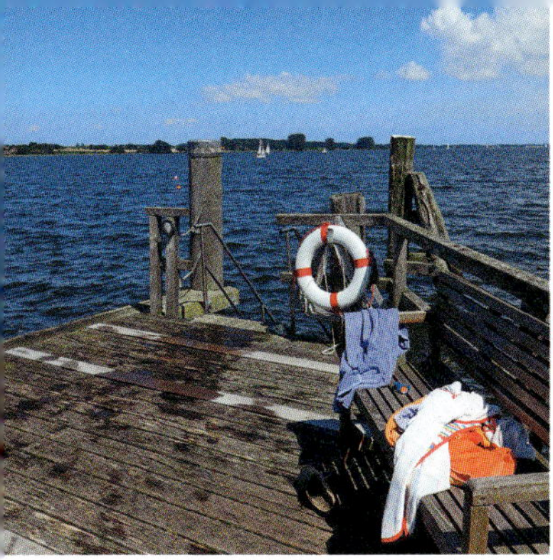 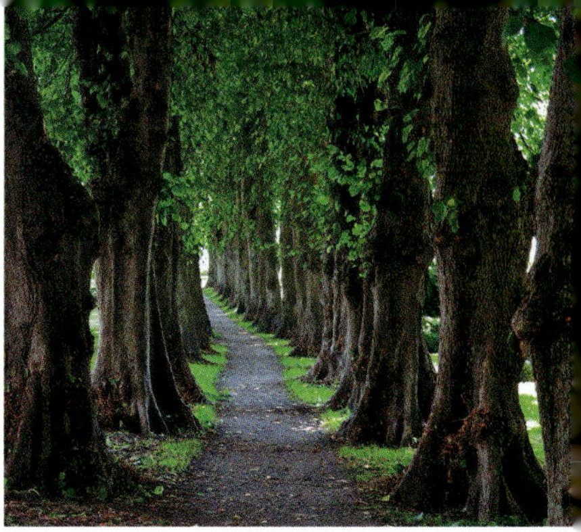

◀ Badeplatz am Meeresarm Schlei ▶ Lindenallee auf dem Sieseber Kirchhof

„AUFS WASSER MIT EUCH“ lautet das Motto der Kajak- und Kanuvermietung EventNature in Sundsacker. Von Winnemark ist es nur ein Katzensprung zur Verleihstation, gleich beim Anleger der Schleifähre. Die pendelt im Sommer im 5-Minuten-Takt rüber nach Arnis. Deutschlands kleinste Stadt gehört übrigens zum Pflichtprogramm für Schwansen-Reisende. Auch wenn sie drüben in Angeln liegt. Preise und Öffnungszeiten für Kanuten unter kanuvermietung-schlei.eventnature.de.

Pilgern für Anfänger

Auf der **Via Jutlandica**, dem jütländischen Jakobsweg, geht es nun zurück und stets herrlich nah an der Schlei entlang. Die letzte Etappe ab Gut Bienenbek kennt man schon. Nicht aber **Sieseby**, das nun unbedingt auch noch erkundet werden will. Und da man ja nun schon im Pilgern erprobt ist, bietet sich der kleine Pilgerweg an, den die Kirche rund um das schneeweiße Gemäuer angelegt hat. Er leitet zu sechs Stationen, an denen man »gute Gedanken« auf Acryltafeln geschrieben findet. Die letzte Tafel befindet sich bei einer Bank an der Schlei. Gar nicht weit entfernt von dem Steg, der auch als Badebrücke genutzt wird.

GEMÜSE AUS GÖTHEBY, Kartoffeln vom Bistensee und das Obst wächst auf Gut Stubbe nur einige Kilometer die Schlei hinauf. Im Gasthof Alt-Sieseby kocht Maria von Randow nur mit dem Besten, was die Region zu bieten hat. Zum Abendessen in dem mit viel Liebe ausstaffierten, historischen Dorfkrug ist eine Tischreservierung ratsam: gasthof-alt-sieseby.de.

AUF EINEN BLICK

STADT/REGION: Halbinsel Schwansen
BESTE REISEZEIT: Ganzjährig
OPTIMALE REISEDAUER: 2 bis 3 Tage
TOURISTINFO: Touristinformation Ostseefjord Schlei, Plessenstraße 7, 24827 Schleswig, Tel. 04621/85 00 45, info@ostseefjordschlei.de, ostseefjordschlei.de

SEHENSWÜRDIGKEITEN

GUT LUDWIGSBURG: 24369 Waabs, Tel. 04358/988 18, gut-ludwigsburg.de
LANGBETT KARLSMINDE: Megalithanlage, 24369 Waabs, N 54.505951, E 9.925032
HEIMATMUSEUM UND MUEHLE ANNA: Möhlnbarg 5, 25345 Rieseby, muehle-anna.de

ÜBERNACHTUNG

GASTHOF ALT-SIESEBY: Dorfstraße 25, 24351 Thumby/Sieseby, Tel. 04352/966 99 33, info@gasthof-alt-sieseby.de, gasthof-alt-sieseby.de, **€€€**
HOF SCHWANSEN: Schloßstraße 8, 24398 Schönhagen, Tel. 04644/970 42 88, post@hof-schwansen.de, hof-schwansen.de, **€€**
HEU-HERBERGE GUT SOPHIENHOF: 24369 Waabs, Tel. 04358/10 25, gut-sophienhof@t-online.de, gutsophienhof.de, **€**
CAMP LANGHOLZ: Fischerstraße 9, 24369 Waabs, Tel. 04352/91 14 84, reservierung@camp-langholz.de, camp-langholz.de, **€**

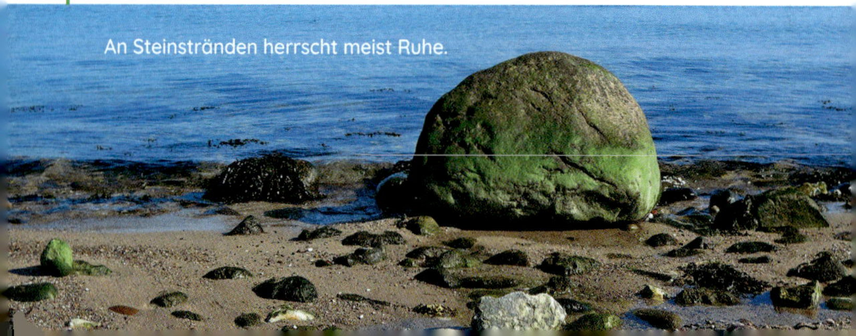

An Steinstränden herrscht meist Ruhe.

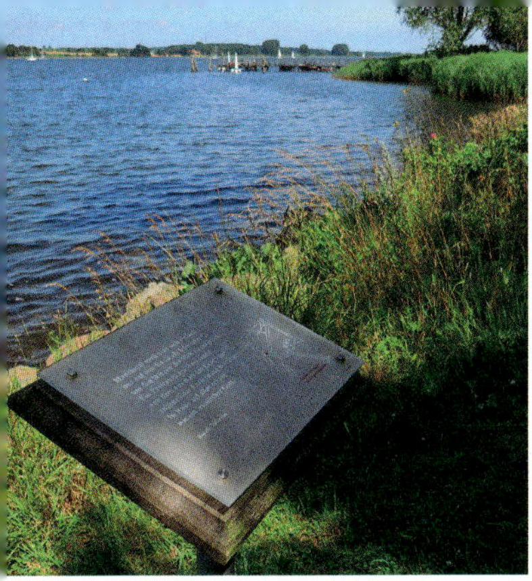
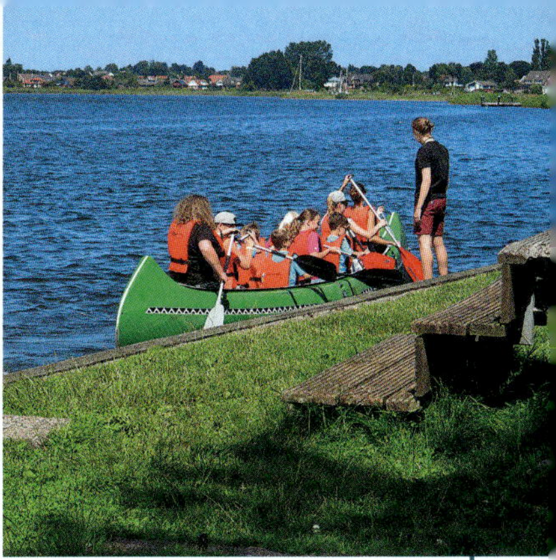

◀ Pilgerpfad Sieseby ▶ Die Schlei ist ein tolles Kanu-Revier.

DAS SCHÖNSTE VON SCHÖNHAGEN

DAUER: 3 Std.
HÖHENMETER: 41 Hm
LÄNGE: 13 km
SCHWIERIGKEIT: Leicht
AUSGANGS-/ENDPUNKT: Strandparkplatz Schönhagen
TOURENCHARAKTER: Auf dieser Tour sind neben Pfaden und Wegen auch etliche Kilometer auf Asphalt zu absolvieren. Davon sollte man sich aber nicht abschrecken lassen – sondern auf Turnschuhe setzen.
BESTE JAHRESZEIT: Mai bis September
EINKEHR UNTERWEGS: In Weidefeld Strandrestaurant Lobster, Pfoten-Café im Tierheim. In Schönhagen klassische Strandgastronomie

SCHLEIIDYLL

DAUER: 3.45 Std.
HÖHENMETER: 29 Hm
LÄNGE: 15 km
SCHWIERIGKEIT: Leicht
AUSGANGS-/ENDPUNKT: Besucherparkplatz Sieseby
TOURENCHARAKTER: Leichte Wanderung auf gut begehbaren Wegen
BESTE JAHRESZEIT: Frühling bis Herbst
EINKEHR UNTERWEGS: Gasthof Viktoria Winnemark

KULTURTEMPEL

Schleswig

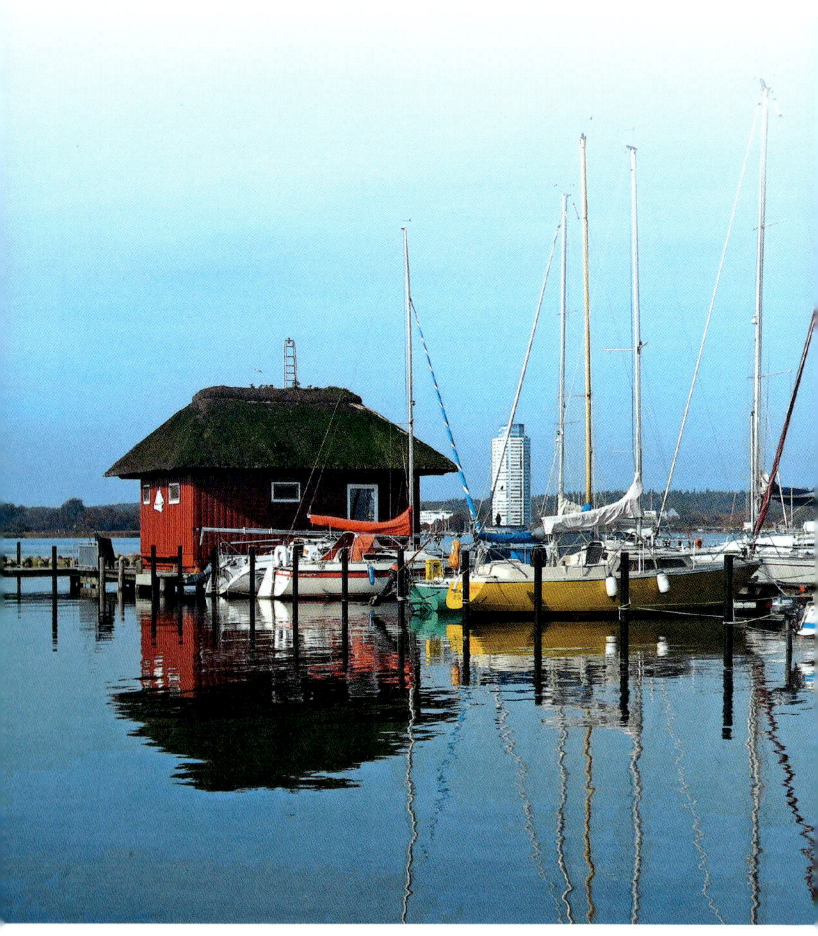

Blick von Haithabu auf den Wikingturm

4

Am Ende der idyllischen Schlei gelegen, etwa 25 Kilometer von der Ostsee entfernt, 35 von der Nordsee und bummelig eine halbe Stunde von Dänemark, weiß man in Schleswig kaum, in welche Richtung man sich zuerst wenden soll. Am besten bleibt man erst einmal da und wandert auf legendären Spuren.

Die Historie der Stadt ist untrennbar mit den Wikingern verbunden, die hier zum Ende des ersten Jahrtausends ihre Zelte aufschlugen. Die einstmals blühende **Handelsmetropole Haithabu** und der **Grenzkomplex Danewerk** sind seit 2018 in die Welterbeliste der UNESCO eingeschrieben. Im Mittelalter stieg Schleswig zum bedeutenden **Bischofssitz** auf. Diese Ära lässt sich am besten bei einem Altstadtbummel erleben. Auf der **Museumsinsel** schließlich taucht man in die prunkvolle Zeit der Herzöge von Gottorf ein, die hier ab 1544 ihre ständige Residenz errichteten. Zwischen den kulturellen Highlights erholt man sich im versteckten **Bibelgarten**, in der lässigen Gastronomie an der Schlei oder im **Luisenbad** mit Sandstrand.

WANDERN NACH HERZOGS LUST

Da es ohnehin unmöglich ist, alles Sehenswerte auf Schloss Gottorf bei nur einem Besuch aufzunehmen, kann man sich auch gleich entspannen und einen Schwerpunkt setzen – zum Beispiel auf Kunst, Geschichte und Kultur in Parkanlagen, Gärten und Wald.

Die Schlossinsel

Schloss Gottorf ist das größte und prächtigste Schloss Schleswig-Holsteins. Den Burgsee ließ Herzog Adolf I. 1582 durch einen Damm abtrennen. Eine Allee verbindet ihn mit der heutigen Museumsinsel. Das Schloss beherbergt die Landesmuseen für Archäologie sowie für Kunst und Kulturgeschichte. Sie zählen zu den bedeutendsten Sammlungen Nordeuropas. Im Reitstall und den früheren Stallungen finden zudem hochkarätige Sonderausstellungen statt. Falls vor oder nach dieser Wanderung keine Zeit für den Besuch bleibt, sollte wenigstens die Umrundung der **Schlossinsel** mit auf den Plan. Die Parkanlage präsentiert mehr als 50 Werke der Bildhauerkunst vom Ende des 19. Jahrhunderts bis in die Gegenwart. Und das bei freiem Eintritt.

4

Der Barockgarten

Vom Schlosshof leitet die rund 500 Meter lange Schlossallee zur Kleinen Kaskade im Neuen Werk. Herzog Friedrich III. ließ den terrassierten Barockgarten ab 1637 anlegen. Er war berühmt für seine exotischen Pflanzen und im Ursprung um einiges größer. Seit der Rekonstruktion 2007 möchte man auf jedem nur möglichen Weg spazieren. Das Zusammenspiel historischer Gartenkunst und zeitgenössischer Skulpturen macht einfach Freude. Kostenpflichtig ist lediglich der Besuch des Gottorfer Globus. Die begehbare Kugel, das erste Planetarium der Menschheit, galt im 17. Jahrhundert als eine Art achtes Weltwunder. Heute nimmt man in einer Replik Platz, um sich wie im Nachthimmel zu fühlen.

Die Wildgehege

Oberhalb des Gottorfer Globus weist die Jakobsmuschel den Weg. Das alte Wildgehege der Herzöge schließt direkt an den Barockgarten an. Nach nur

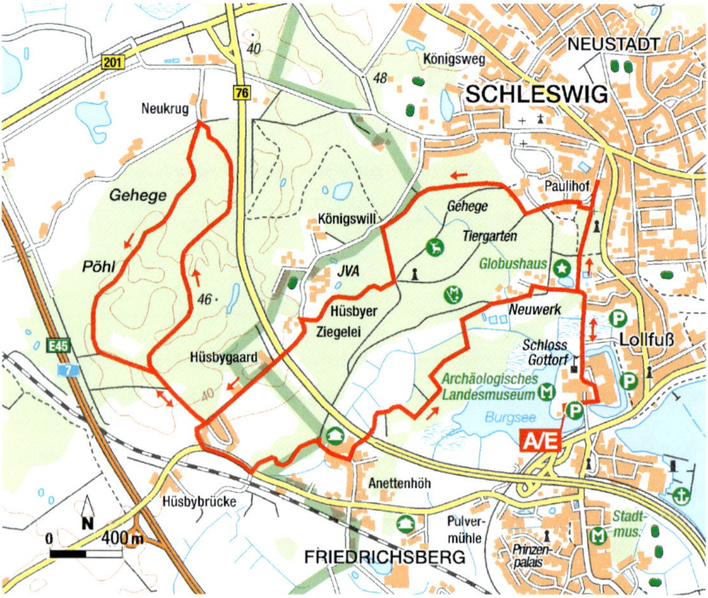

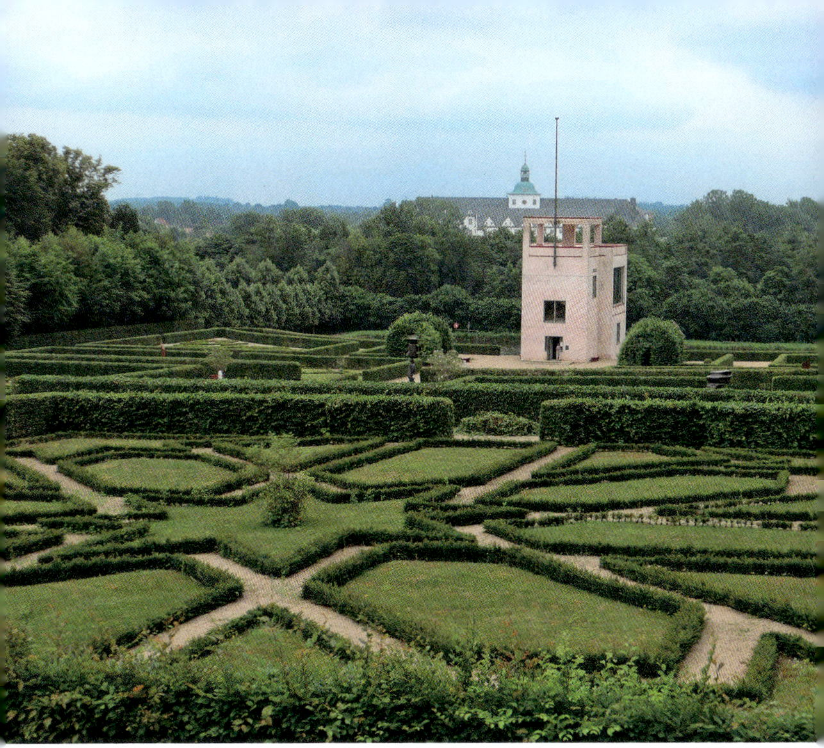

Im Globushaus befindet sich das erste Planetarium der Welt.

500 Metern auf dem Jakobsweg geht es bei der zweiten Möglichkeit links. Nun immer der Ausschilderung nach – über Kolonnenweg zum Wickeltal. Mit kleinen Schluchten und Bächen kommt beinahe Mittelgebirgsflair auf. Hier grenzt das **Pöhler Gehege** an den Tiergarten. Die Runde führt über Hüsbygaard zum **Hotel Waldschlösschen**. Von dort kann der Rückweg auf zwei Varianten erfolgen. Die etwas kürzere führt vorbei an **Herzog Abels Grab**, der eine Zeit lang im Schleswiger Dom spukte. Dessen Besichtigung lohnt sich übrigens – genau wie die von Schloss Gottorf, dem Endpunkt dieser Tour.

Tipp

Lust zum Weiterwandern? Vom Schloss sind es nur 2,5 Kilometer zur Altstadt mit dem St.-Petri-Dom, historischen Häusern und Klöstern sowie der niedlichen alten Fischersiedlung Holm. Dafür einfach dicht am Ufer schleiabwärts spazieren – vorbei an Luisenbad, Königswiesen und Seglerhäfen.

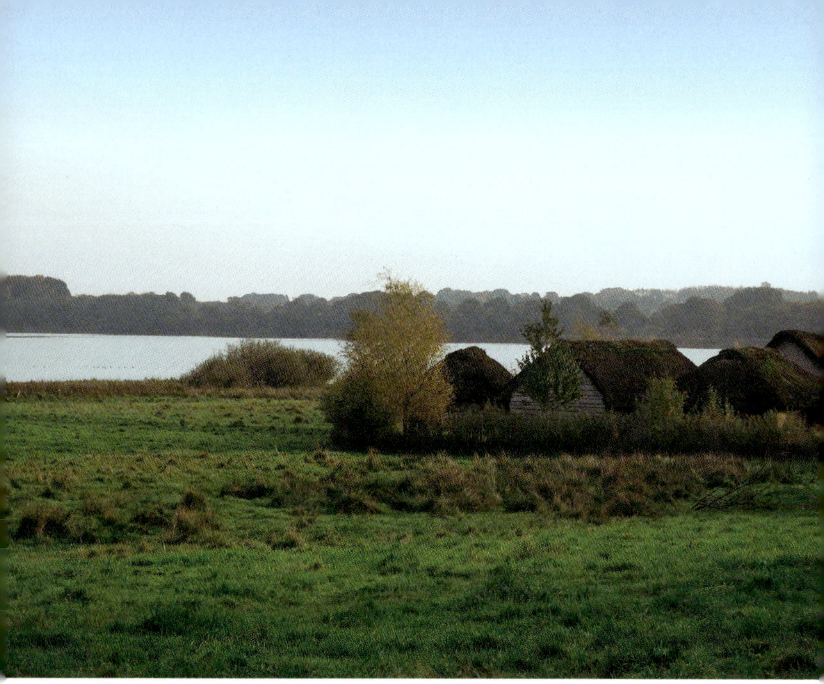

Die Wikingerhäuser wurden nach Originalfunden rekonstruiert.

NOORE BEI HAITHABU

Das Wort Noor leitet sich vom dänischen Nor ab und ist vor allem in der Schleiregion gebräuchlich. Es bezeichnet von einem größeren Gewässer abgetrennte seeartige Bereiche. Auf dieser Tour lernt man zwei schöne Exemplare kennen.

Haddebyer Noor

Der Wanderweg rund um die Noore startet am **Wikingermuseum Haithabu**. Den ersten Abschnitt absolviert man noch gemeinsam mit den Museumsbesuchern. Er führt zum **Gräberfeld** am Halbkreiswall. Am Ufer laden rekonstruierte Wikingerhäuser ein, in die Welt der ehemaligen Handelsmetropole Haithabu einzutauchen. Die Siedlung wurde 770 gegründet und galt als Hauptumschlagsplatz zwischen Skandinavien, Westeuropa und dem Baltikum. Slawen zerstörten Haithabu 1066 und beendeten damit die Wikingerzeit. Die Einwohner gründeten daraufhin am anderen Schleiufer Schleswig. Dem Wanderweg im Uhrzeigersinn folgend weist nach etwa einem Kilometer eine Markierung linker Hand auf den schmalen Pfad zur Noorbrücke. Sie überspannt die Enge zwischen Haddebyer und Selker Noor. Hier kann die Tour abgekürzt werden.

Selker Noor

Die Umrundung des Selker Noors gestaltet sich zunächst etwas weniger idyllisch. Es geht entlang der Straße. Kurz vor Selk bietet der Königshügel einen tollen Blick über die Landschaft. Bei Niederselk führt ein Wanderweg zurück ans Wasser. Bald ist auch wieder die Noorbrücke erreicht. Hier bietet sich ein kurzer Abstecher zum großen Sigtryggstein an. Fünf solcher Runensteine aus dem 10. Jahrhundert wurden bisher in der Umgebung gefunden. Danach kann die Tour am Ostufer des Haddebyer Noors vollendet werden.

Nach Haithabu oder Schleswig

Der Pfad führt nun stetig auf und ab, vielfach über Treppen. Immer wieder öffnen sich zwischen den Bäumen herrliche Aussichten auf das Noor, Haithabu und Schleswig. Zu schnell kündigt Verkehrslärm die Bundesstraße an. Hier fehlt leider eine Fußgängerampel. Über den Damm ist nach etwa 700 Metern das Restaurant Odins erreicht. Die kleine Feldsteinkirche gegenüber gilt als erste Kirche Dänemarks und liegt dicht am Ausgangspunkt. Hier endet die Tour – vielleicht ja mit dem Besuch des Wikingermuseums.

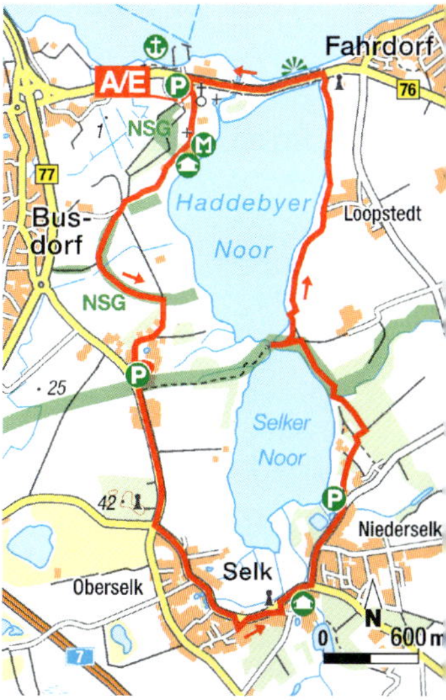

MIT ORIGINALFUNDEN UND modernen Medien gibt sich die Dauerausstellung im Wikingermuseum mindestens so spannend wie die Architektur im skandinavischen Stil. Im hauseigenen Kino wird die Welt der Wikinger ebenso lebendig wie auf den Freiflächen.

AUF EINEN BLICK

Info

STADT/REGION: Schleswig
BESTE REISEZEIT: Mai bis Oktober
OPTIMALE REISEDAUER: 2 bis 3 Tage
TOURISTINFO: Touristeninformation Schleswig, Plessenstraße 7, 24837 Schleswig, Tel. 04621/85 00 56, schleswig@ostseefjordschlei.de, ostseefjordschlei.de

SEHENSWÜRDIGKEITEN

MUSEUMSINSEL SCHLOSS GOTTORF: Museumsinsel 1, 24837 Schleswig, Tel. 04621/81 32 22, service@landesmuseen-sh.de, schloss-gottorf.de
WIKINGER MUSEUM HAITHABU: Am Haddebyer Noor 3, 24866 Busdorf, 04621/81 31 22, service@landesmuseen-sh.de, haithabu.de
DANEVIRKE MUSEUM: Ochsenweg 5, 24867 Dannwerk, Tel. 04621/378 14, info@danevirkemuseum.de, danevirkemuseum.de
ST.-PETRI-DOM: Norderdomstraße 4, 24837 Schleswig

ÜBERNACHTUNG

HOTEL STRANDLEBEN: Schleibogen 6, 24837 Schleswig, Tel. 04621/396 99 65, info@strandleben-schleswig.de, strandleben-schleswig.de, **€€€**
HOTEL F-RITZ: Friedrichstraße 100, 24837 Schleswig, Tel. 04621/93 22 80, info@hotel-f-ritz.de, hotel-f-ritz.de, **€€**
WOHNMOBILSTELLPLATZ AM STADTHAFEN: Am Hafen 5, 24837 Schleswig, Tel. 04621/80 14 50, womo-sl@stadtwerke-sh.de, womoplatz-schleswig.de, **€**

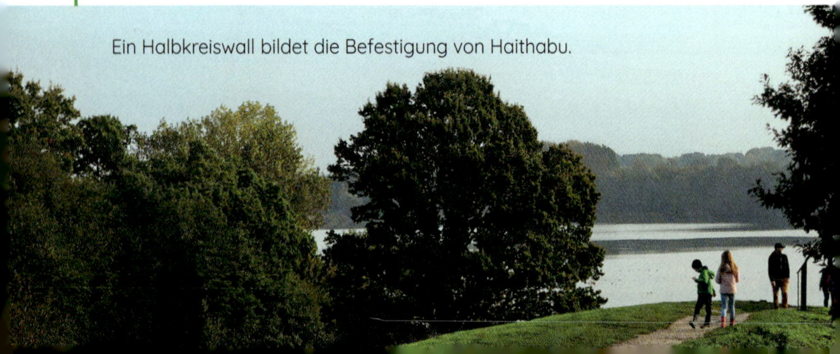

Ein Halbkreiswall bildet die Befestigung von Haithabu.

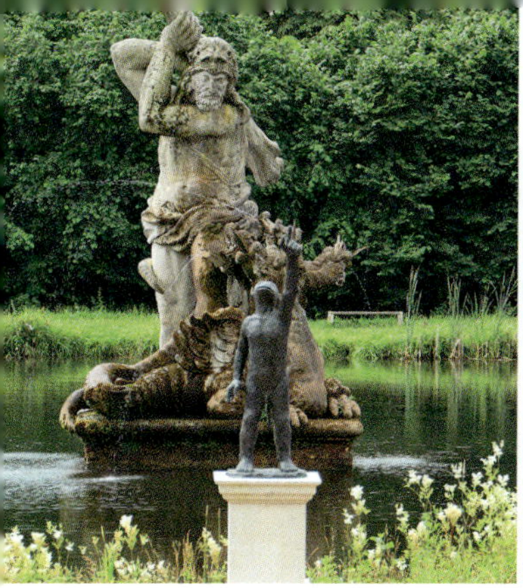

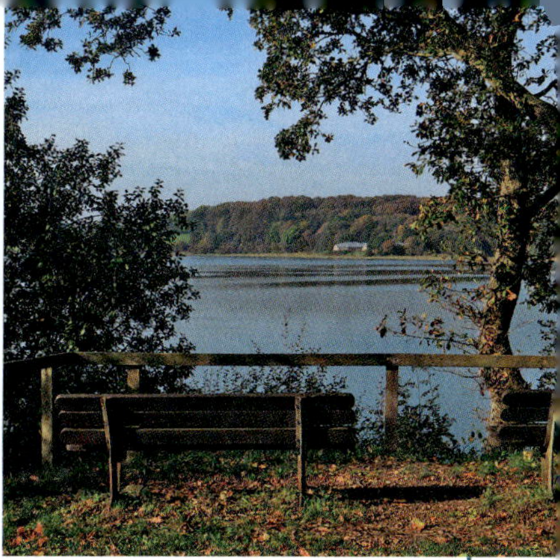

◀ In Gottorf trifft alte auf neue Bildhauerkunst. ▶ Am Haddebyer Noor

WANDERN NACH HERZOGS LUST

DAUER: 3 Std.

HÖHENMETER: 42 Hm

LÄNGE: 12,5 km

SCHWIERIGKEIT: Leicht

AUSGANGS-/ENDPUNKT: Parkplatz Schlossinsel Gottorf

TOURENCHARAKTER: Gute Wege durch Parkanlagen und Wald mit etlichen geschichtlichen und künstlerischen Höhepunkten

BESTE JAHRESZEIT: Mai bis Oktober

EINKEHR UNTERWEGS: Konditorei und Brasserie Occo im Schlosspark, Restaurant Olearius im Hotel Waldschlösschen, Eis und Waffeln am Minigolfplatz beim Barockgarten

NOORE BEI HAITHABU

DAUER: 2.30 Std.

HÖHENMETER: 13 Hm

LÄNGE: 10 km

SCHWIERIGKEIT: Leicht

AUSGANGS-/ENDPUNKT: Besucherparkplatz Haithabu

TOURENCHARAKTER: Rundwanderung auf historischen Pfaden, Wegen und Straßen

BESTE JAHRESZEIT: Mai bis Oktober

EINKEHR UNTERWEGS: Café und Restaurant Quellental in Selk, Restaurant Odins in Haddeby

WASSER, WIND UND WALD

Dänischer Wohld

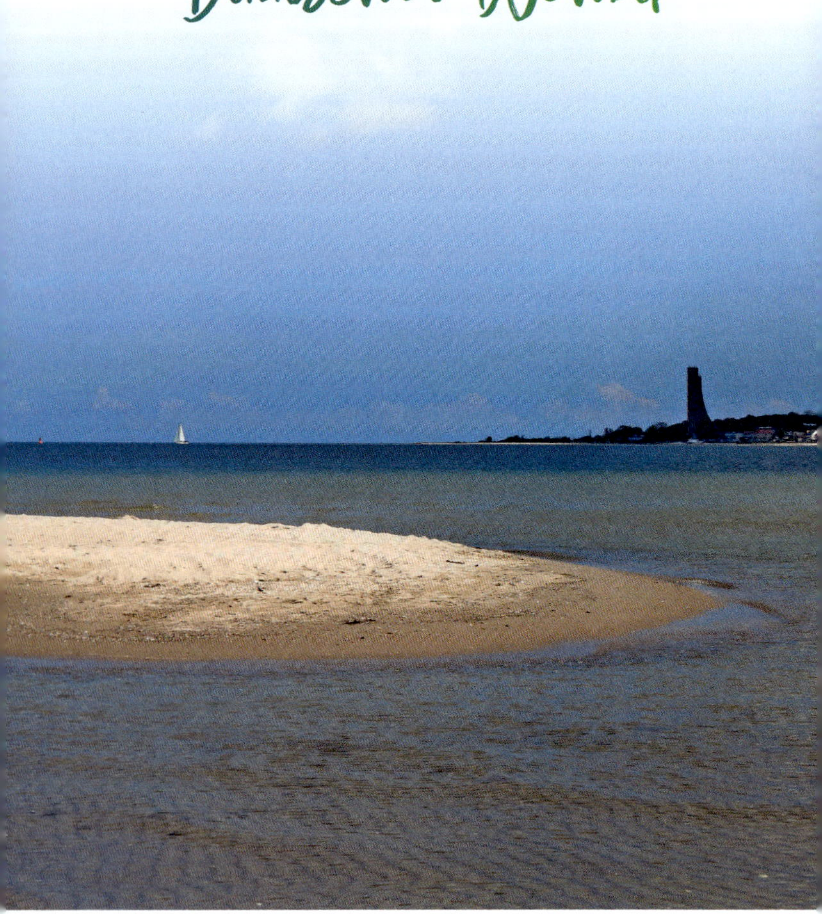

Kiels längster Strand vis-à-vis des Marine-Ehrenmals von Laboe

5

Zwischen Eckernförder Bucht und Kieler Förde liegt die Landschaft Dänischer Wohld. Der namensgebende Urwald wurde schon in der Edda besungen. Und auch das heutige Zusammenspiel von Feldern, Wiesen, entspannten Stränden, knorrigen Bauminseln und atemberaubenden Steilküsten ist Jubelgesänge wert.

Strategisch günstig liegt das **Ostseebad Strande**. Der kleine Ort mit ultralanger Promenade punktet mit maritimer Atmosphäre, Fisch frisch vom Kutter und perfekter Lage zwischen Einsamkeit und Leben. Dafür sorgt unter anderem die Anbindung an die Landeshauptstadt; zum Beispiel mit den Dampfern des Kieler Nahverkehrs.

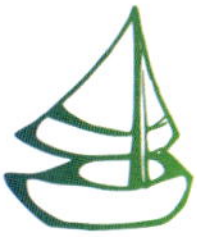

DIE FÖRDEDAMPFER SCHIPPERN in den Sommermonaten von Strande nach Falkenstein, in die Kieler City oder zu den Seebädern am Ostufer der Förde, wie Laboe und Heikendorf. Allein die Schiffsreise lohnt das Ticket, schaukelt man doch dicht an dicht mit Ozeanriesen. Preise und Pläne unter sfk-kiel.de.

SCHWEDENECK

Diese Wanderung kann einen Urlaub ersetzen. Erlebt man doch alles, wofür die Ostseeküste von Schleswig-Holstein steht. Also Badesachen eingepackt oder dick eingemummelt und raus in die Herrlichkeit – am besten frühmorgens, denn dieser Tag wird lang und herrlich und das erste Stück ist dann auch nicht so voll.

Moin, Moin, Hein

Vom Hauptbadestrand zieht sich die **Strander Promenade** bis zum 4 Kilometer entfernten **Leuchtturm**. Hein Bülk wird der grün-weiß geringelte Kollege genannt. Er thront auf der **Huk**, einer Landzunge, die als Grenzlinie zur Eckernförder Bucht gilt. Das beliebte Spazierziel für Kieler und Konsorten hat man selbst in den Wintermonaten nie für sich allein. Weitergewandert, sieht die Sache schnell anders aus. Nach Durchquerung eines kleinen **Wäldchens** geht es am Strand weiter. Er wird mit jedem Meter steiniger. Das hält das Badeleben in Grenzen. Bald ragt die **Steil-**

küste von Stohl wie eine Wand über der Ostsee auf. Rau und urtümlich wirkt das Kliff, beinahe archaisch. Bei einer hölzernen Megatreppe geht es auf die Abbruchkante hinauf.

Steilküstenkiek Dänisch-Nienhof

Die Ausblicke von der bis zu 30 Meter hohen Steilküste sind spektakulär. Da mag man kurz bedauern, wenn der Pfad vom freien Feld in den Wald eintaucht. Doch schnell überwiegt die Freude, unter Baumriesen zu wandern. Lang währt aber auch diese Freude nicht, wird sie doch gleich von der nächsten abgelöst. Nach insgesamt 9 Kilometern führt eine Treppe hinunter an den Strand von Dänisch-Nienhof. Dort wartet schon im StrandHaus Schwedeneck – je nach Jahreszeit – das Kalt- oder Heißgetränk. Auf der Speisekarte stehen Ostseeküsten-Klassiker und mediterrane Gerichte. Wer auf dem Rückweg einkehren möchte, sollte jetzt ruhig schon eine Reservierung vornehmen. So dicht am Wellenrand wie auf der großzügigen

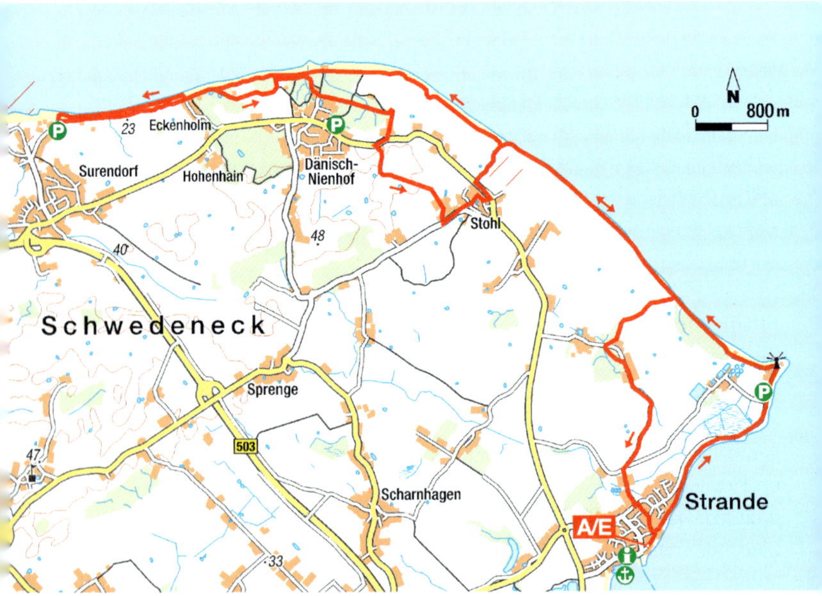

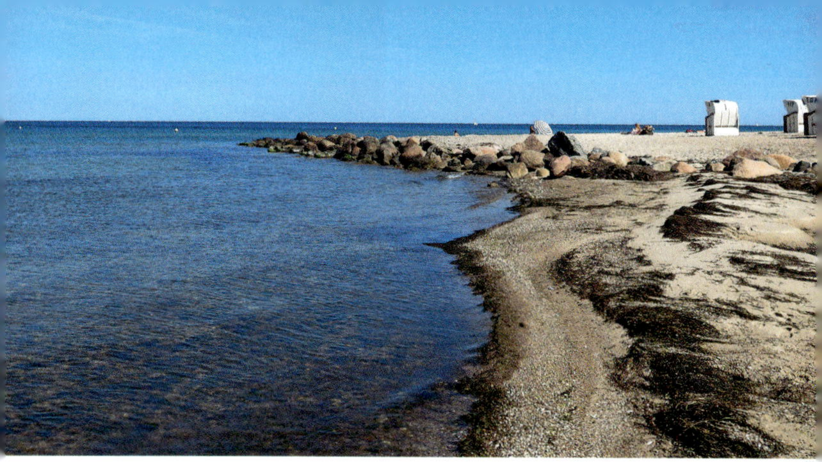

Surendorf bietet sich für eine Pause im Strandkorb an.

Holzterrasse isst man selbst in Schleswig-Holstein selten. Und an kalten Tagen knistert kaum ein Kamin so gemütlich wie der im StrandHaus mit Blick auf die aufgewühlte See.

Strandparadies Schwedeneck

Weiter geht es am Strand. Er gehört zu den vom Glück Geküssten. Nicht nur, weil man hier den Sonnenauf- wie -untergang zelebrieren kann. Er liegt auch fernab der Straßen und über Kilometer ist die Küste unbebaut. Trotz beeindruckender 16 Strandkilometer hat die Gemeinde Schwedeneck mehr Ruhe und Ursprünglichkeit bewahren können als viele andere Küstenorte. Vielleicht weil es einen Ort Schwedeneck gar nicht gibt. Bei der Gebietsreform 1927 wurden die bisherigen Gutsbezirke Dänisch-Nienhof, Hohenhain, Grönwohld und Birkenmoor zu einer politischen Landgemeinde zusammengeschlossen. Als Urlauberzentrum kann Surendorf gelten. Dort sind die Campingplätze noch ein bisschen größer, der Kurstrand ist noch ein weniger feinsandiger und es findet sich die einzige Promenade zwischen Eckernförde und Kiel.

Wer surfen oder kiten möchte, ein SUP-Board oder Tretboot leihen, in einem der entspannten Beachbistros einkehren, in der Sonne oder der wunderschönen Eckernförder Bucht baden möchte, zahlt gern die 1,50 Euro Kurtaxe und bleibt vielleicht für Stunden und Stunden, obwohl noch nicht einmal die Hälfte der Tour geschafft ist.

Tipp

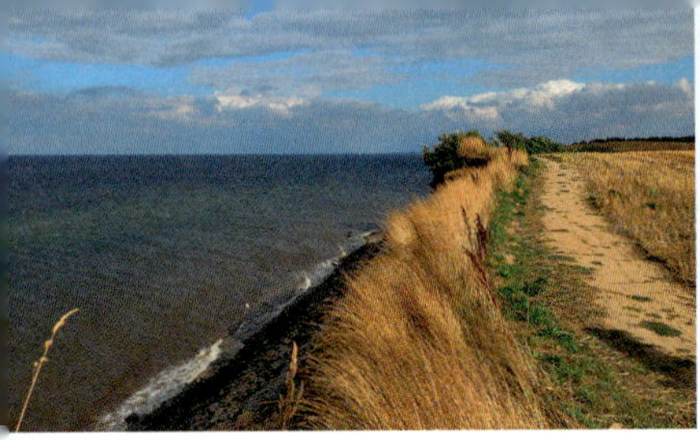

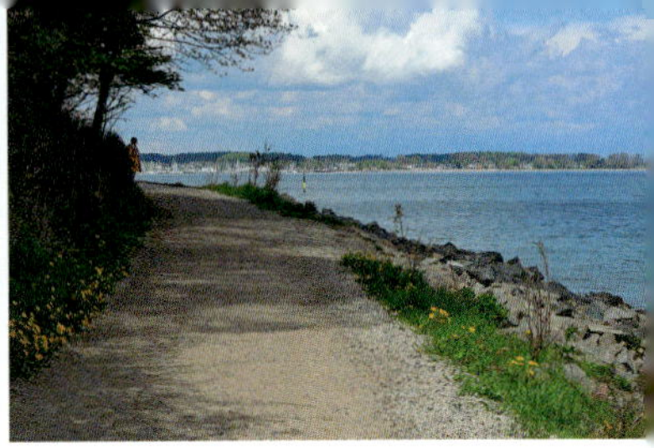

◀ Stohler Steilufer, ein aktives Kliff ▶ Uferwanderweg an der Kieler Förde

Der Eisenwald

Im Süden geht die Promenade auf einen Pfad über, der sich zwischen Hecken und Feldern wieder auf die **Steilküste** schwingt. Vom Dänischen Wohld, dem Eisenwald, der einst die gesamte Halbinsel zwischen Eckernförde und Kiel bedeckte, ist nur ein Galeriewald geblieben. Beim Eintritt kann man sich nun auf die **Markierung des E1** verlassen. Das weiße Andreaskreuz leitet vorbei an den unsicheren und gesperrten Stellen, wo die Steilküste zu brechen droht. Wo der E1 auf einen sandigen Parkplatz trifft, führt ein Stichweg hinunter zum bereits bekannten **StrandHaus**. Der Wanderweg verläuft weiter geradeaus bis zum Waldende. Dort geht es rechts zur Landstraße, wiederum rechts und nach etwa 200 Metern auf der anderen Straßenseite querfeldein. Der Pfad ist leicht zu übersehen. Wenn man ihn aber erst einmal entdeckt hat, lässt er sich gut begehen. Er verläuft mitten durch die Felder und unter einer gewaltigen **Windkraftanlage** hindurch, bis er am Heidberg **Stohl** erreicht. Das Andreaskreuz leitet über die Dorfstraße, vorbei an der **Gastwirtschaft Zur Steilküste** bis zur Landstraße.

Beim Wäldchen landeinwärts

Vom Parkplatz in Stohl zieht sich ein Pfad durch die Felder zur **Steilküste**. Er läuft direkt auf die bereits bekannte Holztreppe zu. Daneben hat der Bürgermeister ein Schild anbringen lassen, das vor dem Küstenpfad warnt. »Betreten auf eigene Gefahr« steht dort. Tatsächlich sollte man an zwei, drei Stellen Kinder auf dem ungesicherten Pfad nicht unbeaufsichtigt lassen. Auch nach längeren Regenfällen ist die Strecke nicht zu empfehlen. Ansonsten sind die rund 3 Kilometer am Klippenrand eine fabelhafte Sache. Hein Bülk ist schon wieder zu sehen. Die Tour führt aber nicht ganz zum Leuchtturm, sondern beim Wäldchen landeinwärts zum **Gut Alt-Bülk**. Der Wanderweg lotst an den Deputathäusern vorbei, die früher von Bediensteten bewohnt wurden, und weiter bis nach **Strande**.

5

FALCKENSTEIN

Einer der größten Jachthäfen Deutschlands, eine bewaldete Steilküste, wunderbare Strände und urbane Gastronomie: die einzige Landeshauptstadt am Meer zeigt am Westufer der Förde, was das Leben in Kiel ausmacht.

Olympisches Feuer

Vom **Seebad Strande** gelangt man auf einem Wanderweg ins benachbarte **Schilksee**. So etwas Schönes habe er noch nie gesehen, soll Bundestagspräsident Gustav Heinemann bei seinem Besuch 1972 gesagt haben. Das würde heute angesichts des **Olympiazentrums** im Stil des Brutalismus vermutlich nicht mehr jedermann unterschreiben. Auf den Terrassen der Betonbauten mit Blick auf die Ostsee sieht die Sache allerdings schon anders aus. Vielleicht ja im **Eiswerk**. Dort setzt man bereits seit 40 Jahren auf frische regionale Zutaten und die Eiskarte vergisst weder Allergiker noch Veganer. Super ist auch die Aussichtsplattform der **Hafenmeisterei**, wo die Fackel des Olympischen Feuers steht. Der Jachthafen ist wirklich etwas ganz Besonderes, nicht nur einer der größten der deutschen Ostseeküste, sondern auch einer der spannendsten. Segeln wird hier als Spitzensport betrieben. An den Bootsliegeplätzen in südliche Richtung spaziert, dockt an das letzte Hafenbecken der **Badestrand** an. Die Strandpromenade steigt sanft an und mit ihr die Ahnung, dass Gustav Heinemann vielleicht doch gar nicht so falsch lag.

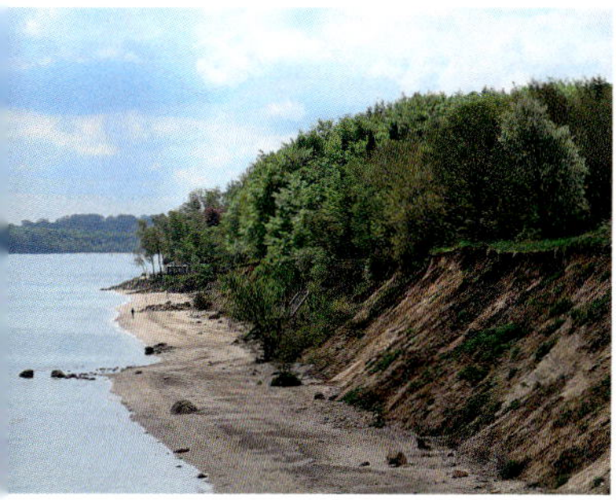

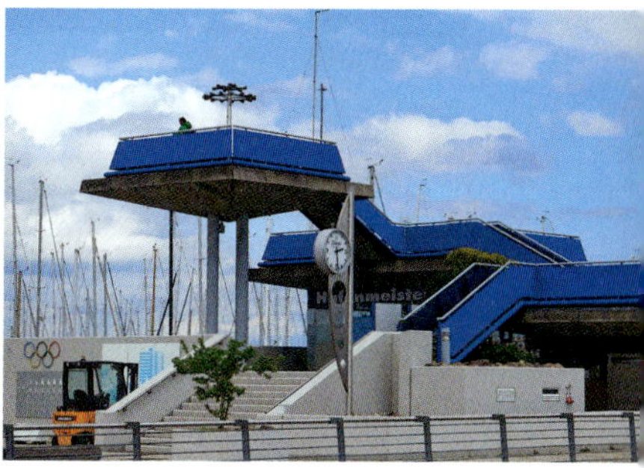

◀ Auf dem Schilkseer Steilküstenpfad ▶ Olympisches Feuer im Hafen

5

Wasser, Wind und Wellen

Schilksee ist Kiels einziger Stadtteil an der offenen Ostsee. Und Kiel vermutlich die einzige Großstadt, in der naturverbundene Seelen genauso gern Richtung City spazieren wie aus den Stadttoren hinaus. Nachdem der Weg vom Hohen Ufer einen kleinen Schlenker durch den Seeschwalbenweg und eine Grünanlage gezogen hat, führt er schnell wieder zur Steilküste zurück. In 20 Metern Höhe ist der Weitblick fantastisch. Doch allzu nah sollte man nicht an die Abbruchkante treten und Absperrungen sollte man niemals überklettern. Festen Boden hat man hier nämlich nicht gerade unter den Füßen. Das Steilufer ist aktiv. Das heißt auch: unbebaubar. Auf den ersten Blick vegetationsarm ist die Steilküste in Wahrheit ökologisch besonders wertvoll. Uferschwalben, Wildbienen und Wespen sowie seltene Pflanzen wie Gemeiner Dost und Wundklee lieben die trockenwarmen Hänge.

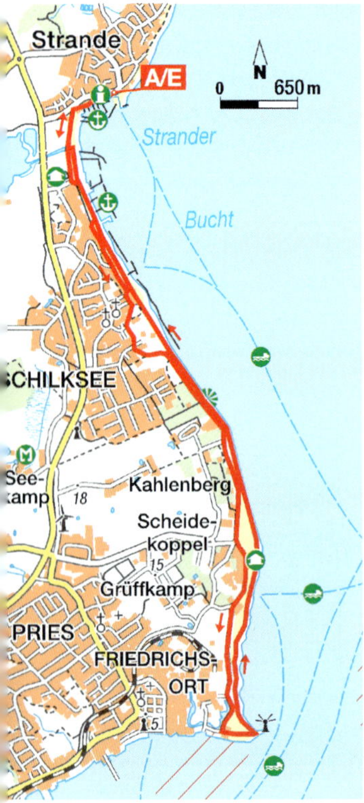

Erde in Bewegung

Wenn der sandige Weg nach gut 3 Kilometern in einen asphaltierten übergeht, ist der Falckensteiner Strand erreicht. Er profitiert von den Abbrüchen des Steilufers. Durch küstenparallele Strömungen lagert sich der Sand hier ab. So sind Dünen und Strandwälle entstanden, Nehrungen und Sandhaken. Das ist an der Ostseeküste gar nicht so selbstverständlich, wie man meinen sollte. Im Gegenteil. Strandwälle und Dünen gelten als stark gefährdet. Lässige Beachbistros wie der Elefant am Strand oder Ute im Bikini erinnern daran, dass man sich in einer Großstadt befindet. Aber es ist eben Kiel, die Stadt mit dem Strandortvorteil. Kurz hinter dem High Spirits Hochseilgarten geht es auf den

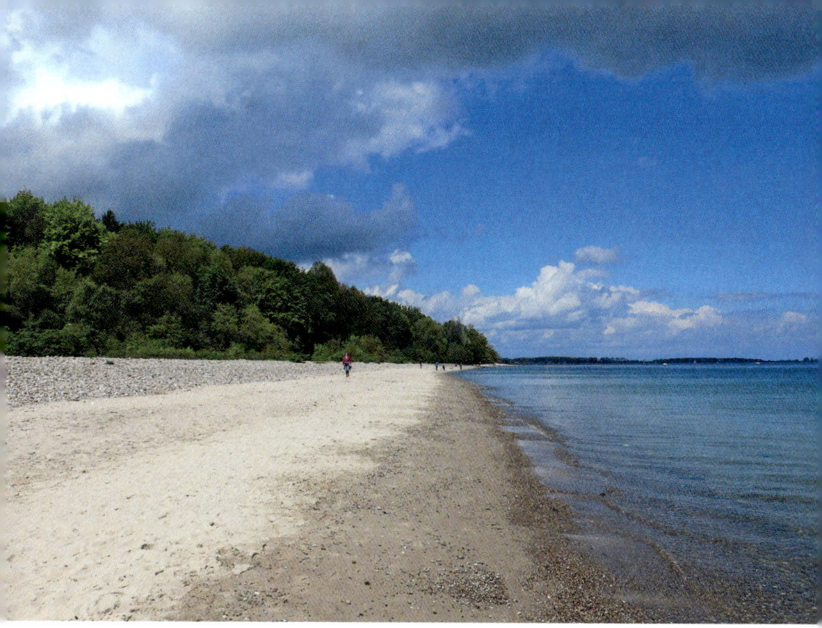

Typisch Strandwandern: Schuhe aus und Hosen hochkrempeln

Deich. Er leitet direkt zur Deichperle im alten Leuchtturmwärterhäuschen. Dort sitzt man vis-à-vis des Leuchtturms Friedrichsort und findet auf der wechselnden Tageskarte viel Bio und Vegetarisches, aber auch Klassiker wie Fischbrötchen und Deichburger mit Süßkartoffelpommes. Das Vorland steht unter Schutz und darf nur auf den Pfaden betreten werden, die sich von der Terrasse zur Leuchtturminsel ziehen.

Seeluft macht glücklich

Pittoresk ist der Stahlbetonbau aus den 1970er-Jahren nicht gerade zu nennen. Der alte Bau von 1866, dessen Fundament noch zu sehen ist, wirkte um einiges malerischer. Die Lage an der engsten Stelle der Kieler Förde ist hingegen top. So dicht gleiten die Schiffe hier vorüber, dass man am liebsten aufspringen würde, um auf große Fahrt zu gehen. Der Rückweg nach Schilksee tut's aber auch. Denn nun geht es unten am Strand entlang – der offenen Ostsee entgegen. Im Winter muss man bei hohen Wasserständen vielleicht für ein kurzes Stück auf den Weg zurück. Im Sommer zieht man lieber die Schuhe aus und watet durch die Wellen. Und falls man die Zeit in der Deichperle vergessen hat, nimmt man einfach die Fähre.

AUF EINEN BLICK

Info

STADT/REGION: Strande
BESTE REISEZEIT: Mai bis September
OPTIMALE REISEDAUER: 3 Tage
TOURISTINFO: Touristinformation Strande, Strandstraße 12, 24229 Strande, Tel. 04349/290, info@strande.de, strande.de

SEHENSWÜRDIGKEITEN

LEUCHTTURM BÜLK: Leuchtfeuer Bülk 1, 24229 Strande/Bülk, leuchtturm-buelk.de
MARINE-EHRENMAL LABOE: Strandstraße 92, 24235 Laboe, deutscher-marinebund.de
FESTUNG FRIEDRICHSORT: Deichweg 16, 24159 Kiel, festung-friedrichsort.org

ÜBERNACHTUNG

STRANDHOTEL STRANDE: Strandstraße 21, 24229 Strande, Tel. 04349/917 90, info@strandhotel.de, strandhotel.de, €€€
ACQUA STRANDE HOTEL: Strandstraße 15, 24229 Strande, Tel. 04349/80 80, info@acquastrande.de, acquastrande.de, €€€
HAUS AM MEER: Bülker Weg 47, 24229 Strande, Tel. 04349/330 info@hotelgarni-haus-am-mee.de, hotelgarni-haus-am-meer.de, €€
WOMOSTELLPLATZ OLYMPIAHAFEN: Drachenbahn 19, 24159 Kiel, €

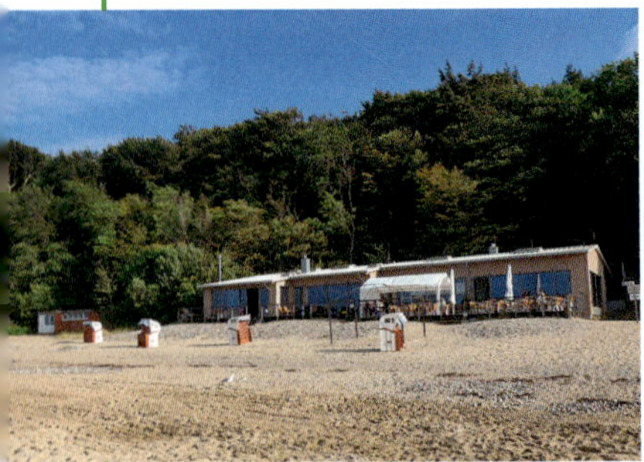

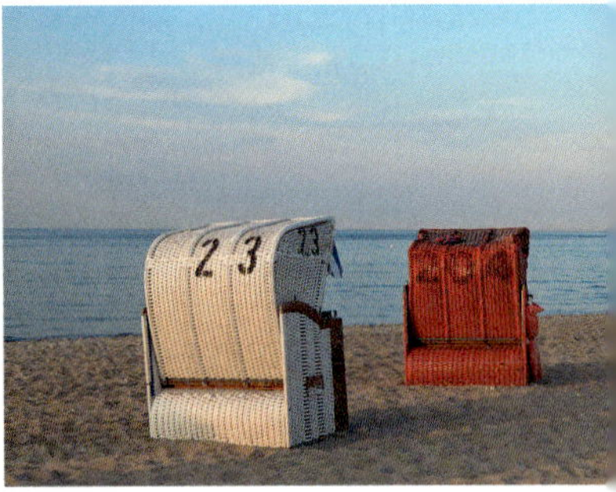

◀ StrandHaus Schwedeneck ▶ Schleswig-Holsteins liebster Sommersitz

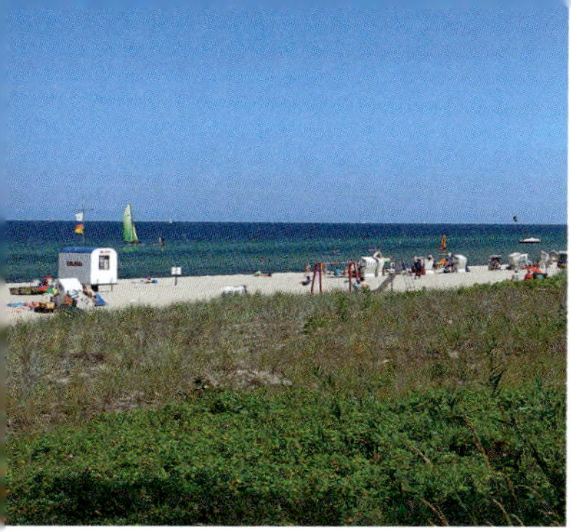

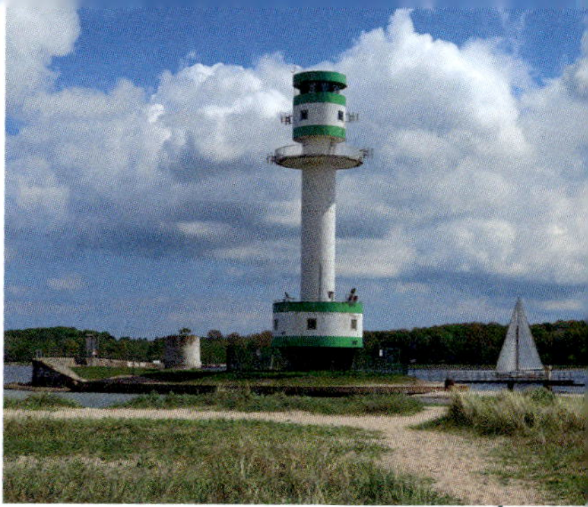

◀ Urlaubsgefühle in Surendorf ▶ Leuchtturm Friedrichsort

SCHWEDENECK

DAUER: 4.30 Std.
HÖHENMETER: 55 Hm
LÄNGE: 26 km
SCHWIERIGKEIT: Schwer
AUSGANGS-/ENDPUNKT: Hafen Strande
TOURENCHARAKTER: Streckenwanderung am Strand, auf Steilküstenpfaden, über Wald- und Wiesenwege. Die Strandkilometer gehen durchaus in die Beine.
BESTE JAHRESZEIT: Frühling bis Herbst, nicht nach langen Regenfällen
EINKEHR UNTERWEGS: StrandHaus Schwedeneck in Dänisch-Nienhof; am Surendorfer Strand diverse Möglichkeiten

FALCKENSTEIN

DAUER: 3 Std.
HÖHENMETER: 25 Hm
LÄNGE: 12,5 km
SCHWIERIGKEIT: Leicht
AUSGANGS-/ENDPUNKT: Hafen Strande
TOURENCHARAKTER: Der Hinweg auf dem Hohen Ufer ist ganz leicht zu finden und schwer zu toppen. Für den Rückweg am Strand gilt das ja sowieso immer.
BESTE JAHRESZEIT: Ganzjährig
EINKEHR UNTERWEGS: In Schilksee eher Pizza und Pommes, am Falckensteiner Strand wird die Küche urbaner.

AM WELLENRAND DER BERGE

Hohwacht

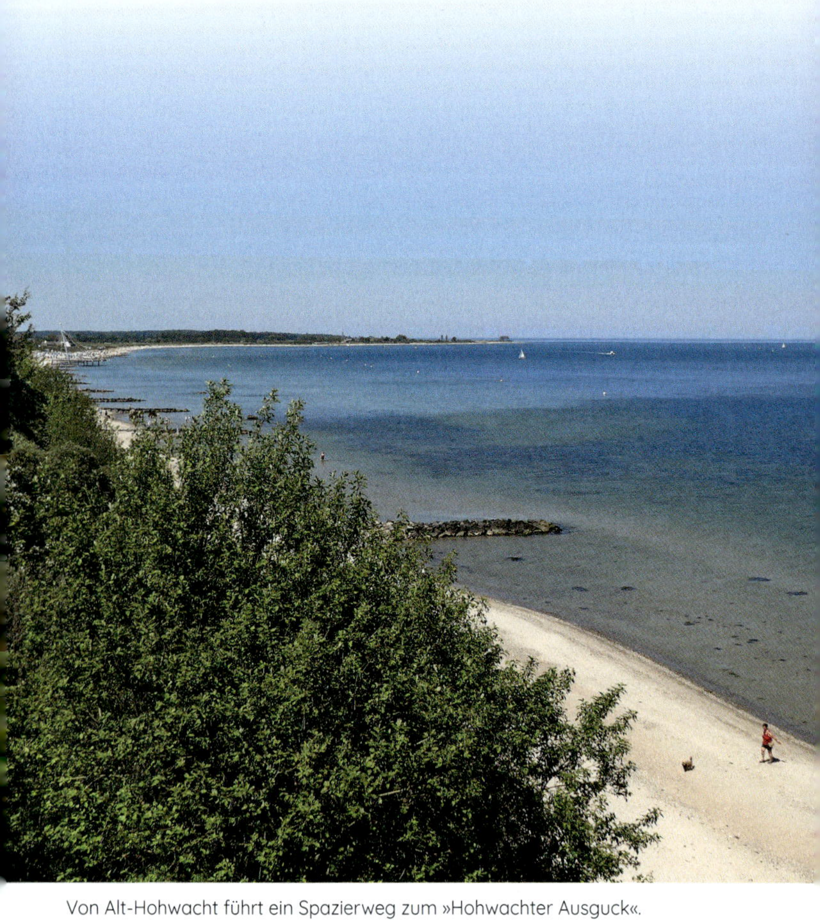

Von Alt-Hohwacht führt ein Spazierweg zum »Hohwachter Ausguck«.

6

In der Hohwachter Bucht greift die schönste Verordnung Schleswig-Holsteins: Kein Haus darf die Baumkronen überragen. Das gilt schon seit den 1960er-Jahren, also ungefähr seit dem Zeitpunkt, als Bausünden schwer in Mode kamen, mit denen sich viele andere Seebäder heute mehr schlecht als recht arrangieren müssen.

Statt Bettenburgen bestimmen bei Hohwacht schlanke Buchen und mächtige Eichen die **Steilküste** und schützen oben auf dem Hochufer Promenade, Kurpark, Pensionsgärten und Hotelterrassen vor kaltem Seewind.
Unten am **Strand** stehen nur einige bunte Holzhütten. Einige der Badebuden werden schon seit Generationen in den Familien weitergereicht. Ganz in der Nähe fühlt man sich auf der 24 Meter hohen Seeplattform Flunder wie an Deck eines Ozeanriesen. Als feinsandige Sichel zieht sich der Kurzstrand bis zur **Seebrücke von Alt-Hohwacht**. Hier macht die Steilküste für einige Kilometer einer der letzten intakten **Ostseelagunen** Platz. Salzwiesen und Dünenlandschaft sind weitflächig für Pflanzen, Vögel und Amphibien reserviert. Landeinwärts erheben sich die Ausläufer der **Holsteinischen Schweiz**.
All das und die relative Entfernung zur nächsten Autobahn machen Hohwacht zum beliebtesten »Geheimtipp« an der Ostseeküste. Nicht wirklich geheim, auch nicht menschenleer. Aber doch idyllischer und heimeliger als andere Badeorte zwischen Fehmarn und Kiel.

Tipp

Gleich hinter der Seebrücke führt der Tivoli-Wanderweg in das Naturschutzgebiet Sehlendorfer Binnensee. Die Lagune entwässert über die Broeck ins Meer und lässt sich von zwei Aussichtsplattformen mit Infotafeln erleben. Der beliebte Spazierweg kann auf einem prächtigen Panoramapfad über die Steilküste von Wangels bis zum 5 Kilometer entfernten Gut Weissenhaus verlängert werden.

FACKELN AM STRAND, chillige Sounds, Salsa-Abende und Sommerkonzerte: In Toms Hütte am Hohwachter Strand wird der Sonnenuntergang nicht bloß genossen, sondern zelebriert. Veranstaltungen werden auf Facebook angekündigt.

6

BINNENSEERUNDE

Zwischen Hohwacht und Behrensdorf liegen ein kleiner Hafen und das herrliche Naturschutzgebiet »Kleiner Binnensee und angrenzende Salzwiesen«. Statt Souvenirshops warten Bohlenwege und unvergessliche Momente.

Ab in die Salzwiesen

Die Tour startet am Parkplatz an der **Seestraße in Hohwacht**. Am Strand etwa 300 Meter dem Dünenweg in nördlicher Richtung folgend, liegt das Hotel und **Restaurant Genueser Schiff**. Die Einkehr lohnt hier unbedingt. Vielleicht schon als Finale. Die drei reetgedeckten Häuser in Alleinlage am Meer punkten bei Sonnenschein mit Strandkorbcafé und bei Schietwetter

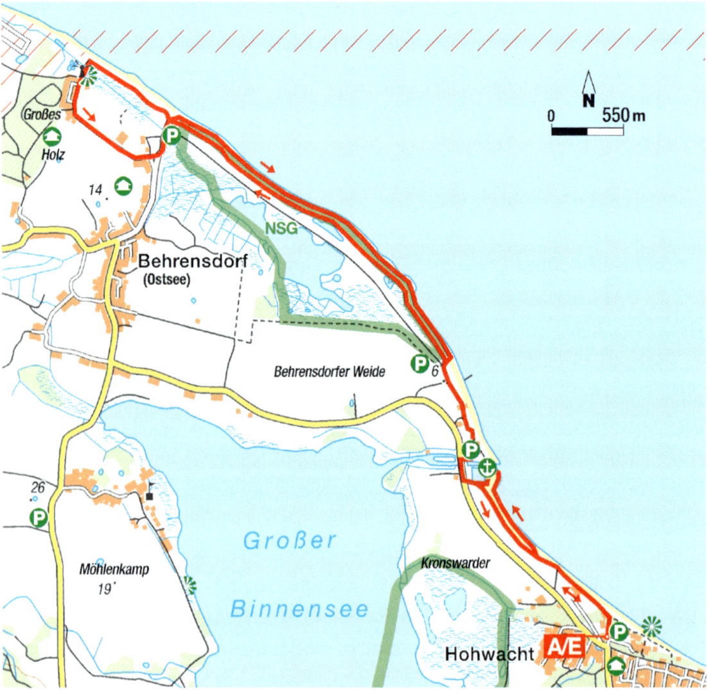

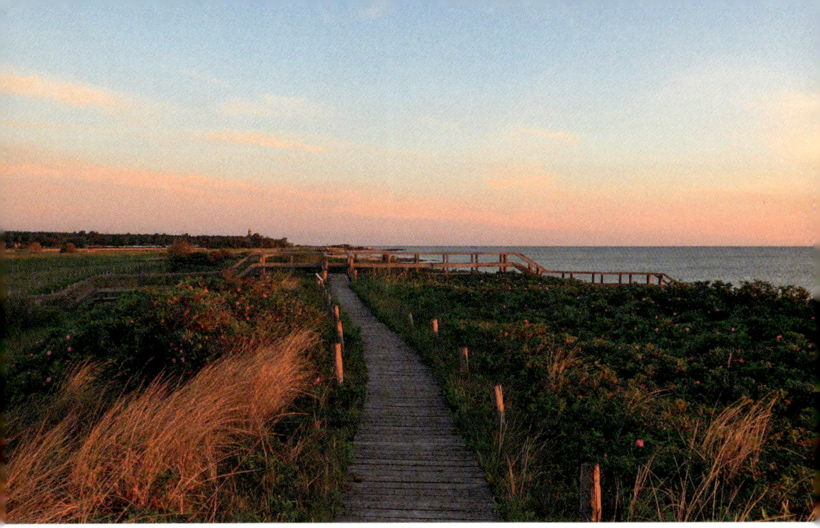

Das ist selten: ein Naturschutzgebiet direkt an der Ostsee.

mit original Englischer Tea Time. Aber eigentlich soll ja gewandert werden. Also los. 1,6 Kilometer durch die Dünen oder direkt an der Wasserkante entlang bis zum **Jachthafen von Lippe**. Er gilt unter Seglern als besonders idyllisch, noch nicht so glatt gebügelt wie andere Häfen an der Ostseeküste. Dementsprechend lässig geht es rund um die 210 Liegeplätze zu. Am Parkplatz beginnt ein Wanderweg, über den schnell das **Naturschutzgebiet »Kleiner Binnensee und angrenzende Salzwiesen«** erreicht ist.

An der Ausgleichsküste

Für die folgenden Kilometer gibt es zwei Varianten. Egal für welche man sich entscheidet, kann man sich schon auf den Rückweg freuen. Dann ist die andere dran. Es geht entweder immer am Strand entlang, teilweise auf dem erhöhten **Holzbohlenweg** mit tollen Aussichten von der Düne oder auf dem etwas tiefer gelegenen Weg hinter der Düne und damit näher am **Kleinen Binnensee**. Strandseen wie dieser entstehen, wenn Wind und Wellen Sand verfrachten. Die Brandung kann ihn über weite Strecken transportieren, bis er sich hinter Landvorsprüngen oder Einbuchtungen absetzt. Dann bilden sich Sandbänke, die zunächst zu Strandwällen anwachsen. Haben sie eine gewisse Größe erreicht, werden sie Nehrungshaken genannt. Diese Nehrungshaken bilden oft Buchten. Solange die Buchten noch Verbindung zum offenen Meer haben, spricht man von Lagunen. Reichen sich zwei Nehrungshaken die Hand oder dockt

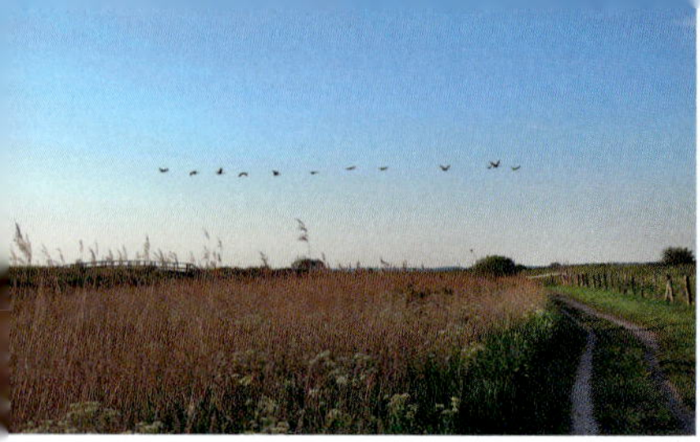 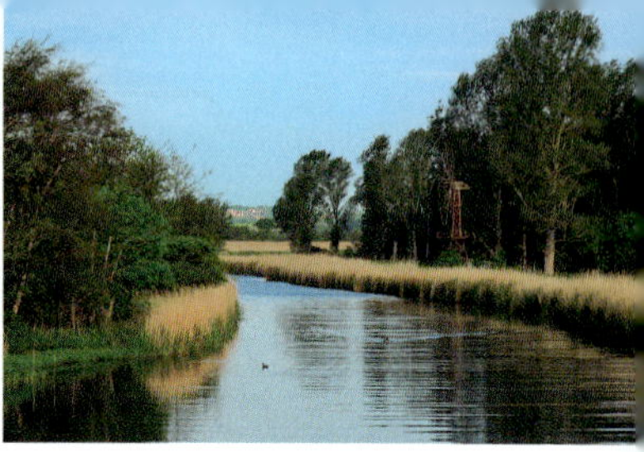

◀ Zugvögel sieht man vor allem im Frühjahr und Herbst. ▶ Kossau bei Lippe

einer ans Festland an, ist ein Strandsee entstanden. Sie werden nur noch in sehr seltenen Fällen überflutet und süßen langsam aus. Der Kleine Binnensee ist für brütende, durchziehende und überwinternde Vogelarten von großer Bedeutung. Auch der Strandwall- und Dünenkomplex ist ein wichtiger Lebensraum für Seevögel, etwa Zwergschwalben und Sandregenpfeifer, die ihre Nester in steinigen Kiesflächen anlegen. Auf beiden Wegvarianten erzählen Infotafeln von Flora und Fauna, bevor ein Parkplatz den Badestrand von Behrensdorf ankündigt.

Neuland

Der **Behrensdorfer Strand** ist ganzjährig kurtaxenfrei. Dem Strandweg einen knappen Kilometer folgend, macht ein Zaun das Weiterkommen unmöglich. Er schirmt den **Truppenübungsplatz Todendorf** ab. Es ist auch die Bundeswehr, die den **Leuchtturm Neuland** betreibt. Darum ist er abgesehen von wenigen Terminen pro Jahr nicht zugänglich. Es lohnt sich trotzdem, der 40 Meter hohen Backsteinschönheit von 1915 einen Besuch abzustatten. Bis dorthin sind es nur einige Schritte landeinwärts. Zusammen mit den Warnfeuern von Heiligenhafen, Blank-Eck, Wessek, Hubertsberg und Heidkate schickt der denkmalgeschützte Leuchtturm seine lichtstarken Signale übers Meer, wenn die Marine das Schießen übt. Ansonsten ist der Turm mit seinen Nebengebäuden ein friedlicher Ort. Sogar heiraten kann man auf der Plattform mit der hohen Eisenlaterne. 210 Stufen über der Ostsee. Im Anschluss führt die Straße Neuland zwischen Feldern, Wiesen und Campingplätzen zurück zur Strandstraße.

Tipp

Zur Hochsaison ist diese Tour am schönsten in den frühen Morgenstunden, wenn das Gros der Urlauber noch schläft. Wer zum Sonnenaufgang die Segel setzt, schenkt sich nicht nur ein unvergessliches Erlebnis, sondern läuft auch pünktlich zum Frühstück in Hohwacht ein.

6

HOFGUT ZUM VERLIEBEN

Bei der Wanderung durch alte Buchenwälder und über geschwungene Stauchmoränen geht es überraschend knackig zur Sache. Man könnte sich glatt in bergigen Gefilden wähnen, würden die Ausläufer der Holsteinischen Schweiz nicht immer wieder mit Meerblicken belohnen. Zur Besteigung des Hessensteins benötigt man eine 1-Euro-Münze für das Drehkreuz.

Gut Panker

Es ist nicht schwer, sich in Gut Panker zu verlieben – so wurde auch Kurt Tucholskys erste Erzählung »Rheinsberg: Ein Bilderbuch für Verliebte« 1967 auf Panker verfilmt. Nichts stört die Harmonie in dem jahrhundertealten Bilderbuchdorf mit seinen Ateliers, Galerien, Designertempeln, mit Kirche, Herrenhaus und den weiten, geschwungenen Weiden, auf denen edle Trakehner grasen. Selbst die weiß lackierten Wegweiser zeugen von erlesenem Geschmack. Einer gibt die Richtung nach Stöfs vor. Auf dem Weg vom Gestüt zum Torhaus kommt man schwerlich umhin, Hedwig Ulrike Taube von Odenkat Respekt zu zollen. Sie war die Mätresse Friedrichs von Hessen-Kassel, der 1721 zum König von Schweden ernannt wurde. Bei aller Liebe verlor sie darüber nicht den Verstand. Ganz im Gegenteil bat sie sich vorausschauend das Gut zur Versorgung ihrer unehelichen Söhne aus. Die gründeten hier die Herrschaft Hessenstein, zu der neben Panker noch weitere Güter gehören. Bis heute befindet sich Panker im Besitz der

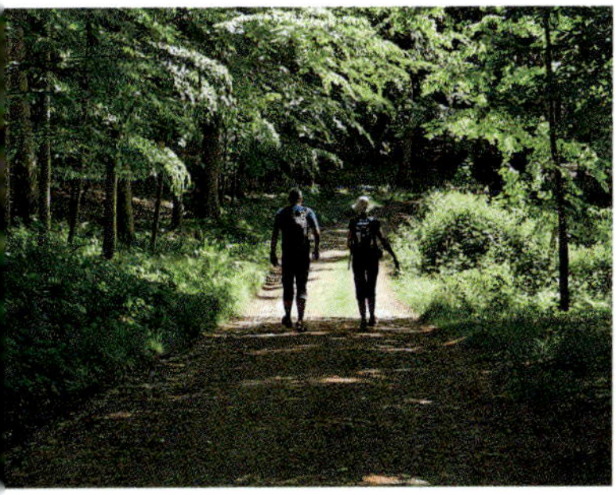

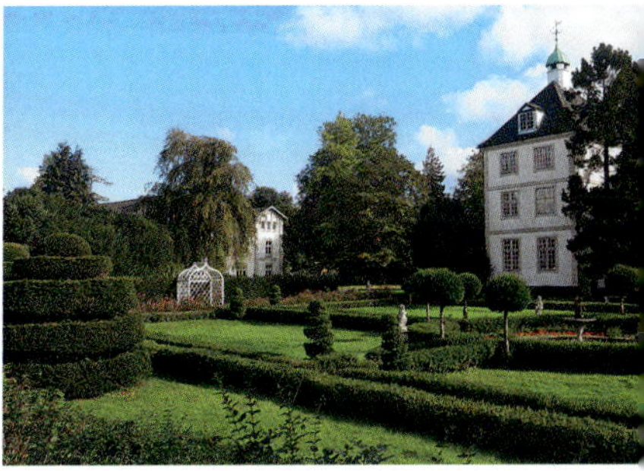

◀ Waldläufer ▶ Herrenhaus von Gut Panker mit Garten im Stil der Renaissance

6

Familienstiftung. Das über 500 Jahre alte Herrenhaus bewohnen die von Hessens bis heute. Genau wie Barockgarten und Parkanlage kann es daher nicht besichtigt werden.

Zum Königstein

An der **Blumenboutique Flora Magica** weist der Wegweiser links ins Grüne. Der Pfad steigt munter an. Nach der ersten Verzweigung ist rechter Hand schnell das **Gehölz Dohl** erreicht. Hier befindet sich die Grabstätte der Familie Waldersee vom nahegelegenen Gut Waterneverstorf. Kurz dahinter tritt der Weg bei Stöfs aus den Bäumen hervor. Die Aussicht auf Binnensee und Hohwachter Bucht ist wirklich eindrucksvoll. Den offiziell besten Blick erhascht, wer der Landstraße rechts etwa 650 Meter folgt. Dort markiert der **Königstein** die Stelle, an der Preußenkönig Wilhelm I.

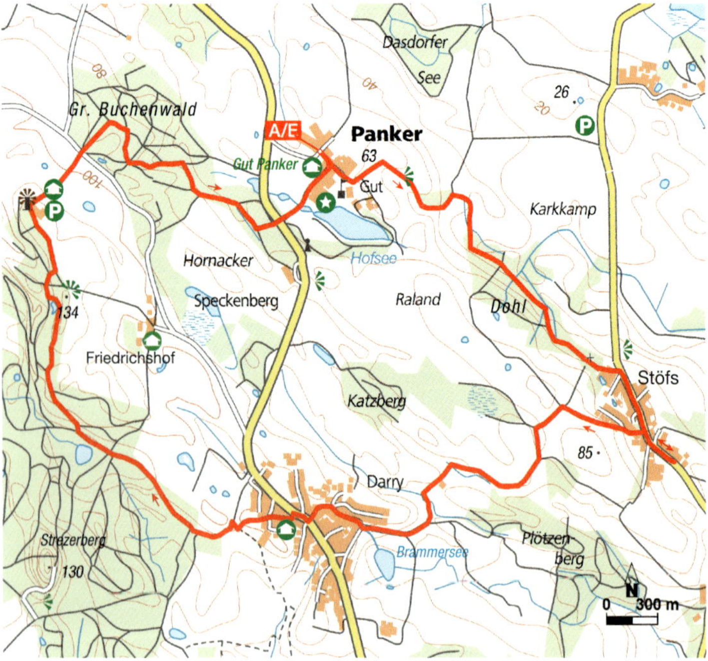

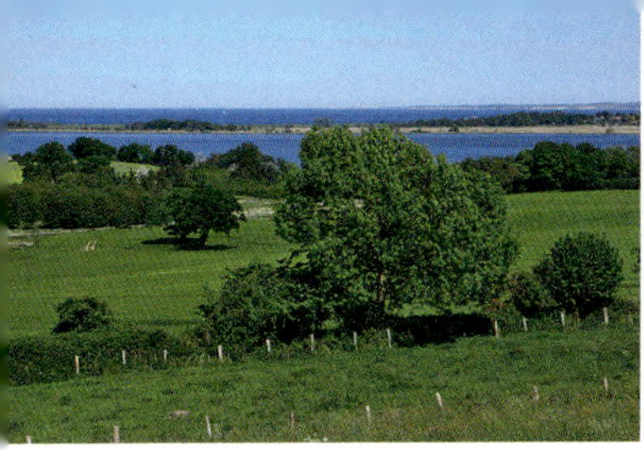 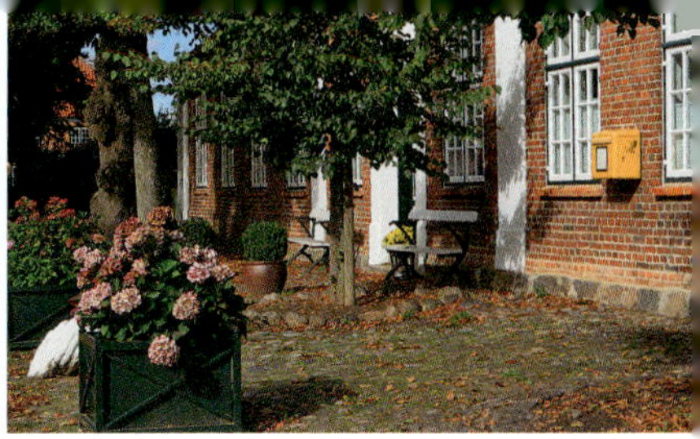

◀ Gute Aussicht von Stöfs ▶ Jedes Gutsgebäude ist liebevoll restauriert.

1868 mit seinem Gefolge das Gesinde von Waterneverstorf empfing. Zurück geht es auf den ersten 350 Metern wie gekommen und dann links in die **Weberkoppel**. Die Straße mündet in den Weg nach Darry.

Der Grundlose See

Das **Dorf Darry** wird über die Straße Seebrook erreicht. Am Ende knickt links die Dorfstraße ab, die wiederum auf die Hauptstraße zuläuft. Nach deren Querung weist Am Heisch ein Schild zum **Grundlosen See**. In Wahrheit ist der Toteissee ein eher flaches Gewässer. Er misst an der tiefsten Stelle gerade mal 3,5 Meter. Auch ist der **Strezerberg**, an dessen Fuß sich der Weg schmiegt, kein Berg, sondern eine Stauchmoräne, also bloß von einem Gletscher aufgeworfenes Material. Doch das tut der Schönheit der beiden eiszeitlichen Zeugen keinen Abbruch.

Hessenstein und Pilsberg

Nun heißt es, einem weiteren Wegweiser durch wunderbaren Buchenwald auf den **Pilsberg** zu folgen. Und wir ahnen schon, dass wir es wieder nicht mit einem Berg zu tun haben, dennoch handelt es sich beim 134 Meter hohen Pilsberg immerhin um die zweithöchste Erhebung von ganz Schleswig-Holstein. Auf dem Gipfel thront der von 1839 bis 1841 im neugotischen Stil erbaute **Aussichtsturm Hessenstein**. Buntglasfenster tauchen das Turminnere in die erstaunlichsten Farben. Wer die 111 gespindelten Stufen aus Eisenfachwerk erklimmt, wird mit Fernblick belohnt. Zur Seeseite sind Kiel, Dänemark und die Insel Fehmarn auszumachen. Landeinwärts breitet sich das hügelige Relief der Holsteinischen Schweiz wie ein bunter Quilt aus. Seen glitzern, als ob sie Schmucksteine wären. Falls am Ende der Wanderung eine Einkehr im **Forsthaus Hessenstein** geplant ist, empfiehlt es sich, vorab zu reservieren. Das gilt erst recht für die Sterneküche im **Restaurant Ole Liese** auf Gut Panker. Dorthin ist es vom Hessenstein nicht weit. Wegweiser leiten durch Wald und Ruheforst zurück.

AUF EINEN BLICK

Info

STADT/REGION: Hohwacht
BESTE REISEZEIT: Sommer und Herbst
OPTIMALE REISEDAUER: 2 bis 3 Tage
TOURISTINFO: Touristinformation Hohwacht, Berliner Platz 1, 24321 Hohwacht, Tel. 04381/955 55, info@hohwacht.de, hohwachterbucht.de

SEHENSWÜRDIGKEITEN

TURMHÜGELBURG LÜTJENBURG: Nienthal 10, 24321 Lütjenburg, turmhuegelburg.de
EISZEITMUSEUM: Nienthal 7, 24321 Lütjenburg, eiszeitmuseum.de

ÜBERNACHTUNG

HOTEL GENUESER SCHIFF: Seestraße 18, 24321 Hohwacht, Tel. 04381/75 33, hotel@genueser-schiff.de, genueser-schiff.de, €€€
HOTEL SEELUST: Strandstraße 8, 24321 Hohwacht, Tel. 04381/407 90, info@hotelseelust.de, hotelseelust.de, €€
CAMPINGPLATZ PLATEN: Wewerin 2, 24327 Sehlendorf, Tel. 04382/351, info@campinplatz-platen.de, campingplatz-platen.de, €

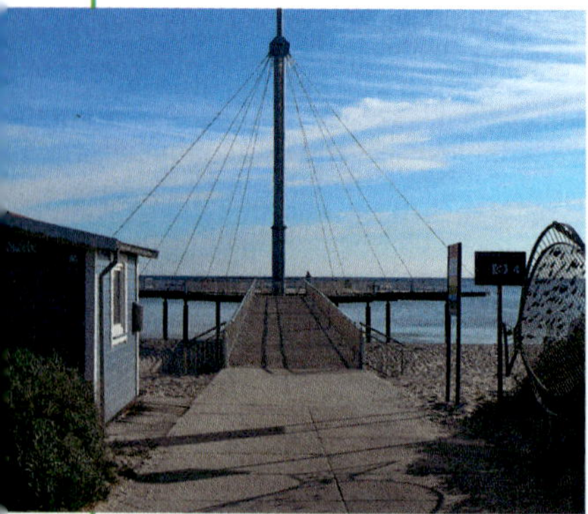

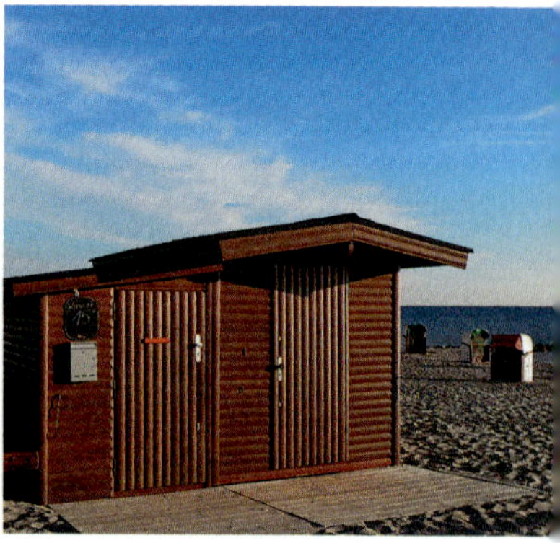

◀ Seeplattform Flunder in Hohwacht ▶ Behrensdorfer Strand

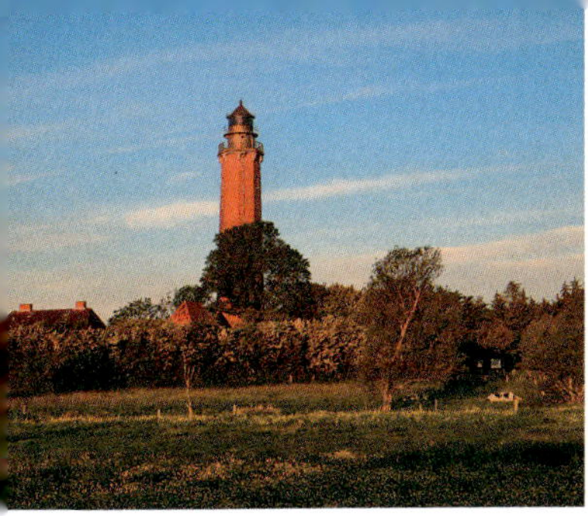 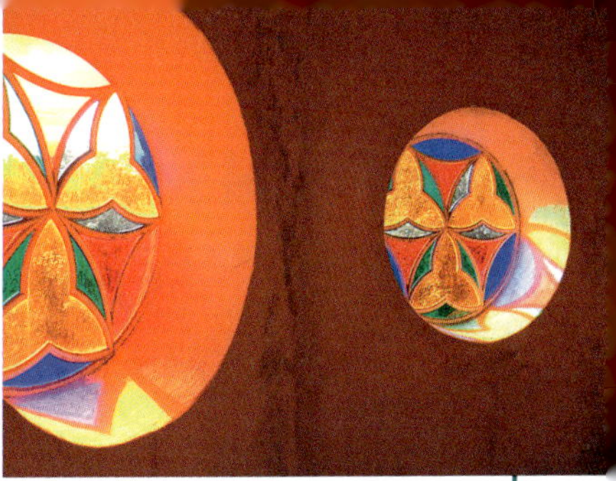

◀ Leuchtturm Neuland, Behrensdorf ▶ Buntglasfenster im Hessenstein

BINNENSEERUNDE

DAUER: 3.15 Std.
HÖHENMETER: 11 Hm
LÄNGE: 13,5 km
SCHWIERIGKEIT: Leicht
AUSGANGS-/ENDPUNKT: Besucherparkplatz Seestraße Hohwacht
TOURENCHARAKTER: Diese lockere Tour mit Meeresrauschen im Ohr sieht auf der Karte wie eine Streckenwanderung aus. In natura ermöglichen die nebeneinander verlaufenden Wege eine Rundwanderung mit ganz unterschiedlichen Eindrücken.
BESTE JAHRESZEIT: Herbst
EINKEHR UNTERWEGS: Seepudel Behrensdorf, Klabautermann Lippe

HOFGUT ZUM VERLIEBEN

DAUER: 3.30 Std.
HÖHENMETER: 114 Hm
LÄNGE: 13 km
SCHWIERIGKEIT: Mittel
AUSGANGS-/ENDPUNKT: Gut Panker
TOURENCHARAKTER: In Ostholstein kommt beinahe Bergatmosphäre auf. Flachlandtiroler fühlen sich von den kurzen An- und Abstiegen durchaus gefordert, werden aber mit Fernblick belohnt.
BESTE JAHRESZEIT: Herbst
EINKEHR UNTERWEGS: Spitzenküche im Restaurant Ole Liese auf Gut Panker. Feinste Traditionen im Forsthaus Hessenstein. Reservierungen sind ratsam.

FEHMARN VORM BALKON

Heiligenhafen

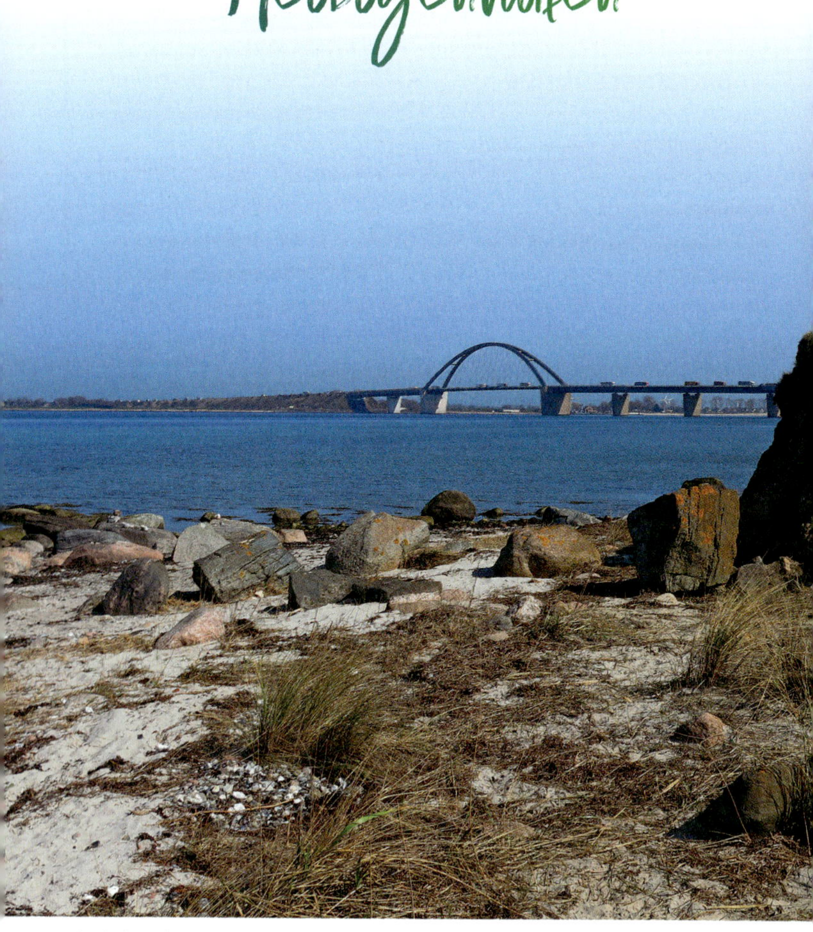

Kleiderbügel nennt der Volksmund die Fehmarnsundbrücke

7

Wenn Einheimische, Badetouristen, Naturliebhaber und Sportskanonen einen Ort gleichermaßen ins Herz schließen, hat das meist einen guten Grund. In Heiligenhafen sind es sogar viele: allein 1000 Segelboote liegen hier vor Anker.

Der **Fischereihafen** von Heiligenhafen mit seinen bunten Kuttern und Fischbuden duftet noch nach echter Arbeit. Das Naturschätzchen **Graswarder** lädt zum Träumen ein, gleich neben dem weißen Strand. Bei Westwind rollen die Wellen nahezu ungebremst auf die Sandbänke. Das fordert die Könner unter den Surfern heraus. Der **Binnensee** ist hingegen wie geschaffen für erste Versuche auf dem Brett. Am Fuß der Steilküste kommen Fossilienjäger voll auf ihre Kosten. Und all das mit Blick auf die **Insel Fehmarn**, deren Besuch natürlich auf dem Programm stehen sollte. Klar, dass diese Vielfalt jede Menge Gäste anzieht. Wer Ruhe sucht, liebt vor allem den Winter.

Die Erlebnis-Seebrücke hat es richtig in sich. Sie zieht sich weit in die Ostsee, verzweigt sich, verläuft teilweise doppelgeschossig und hat in ihren Ecken und Winkeln etliche Sonnendecks, Badepontons, Spielplätze, Aussichtsplattformen und eine verglaste Meereslounge zu bieten.

Tipp

HIGHLIGHTS HEILIGENHAFEN

Auf dieser Tour lassen sich nicht nur die unterschiedlichen Naturräume Heiligenhafens erleben. Sie zeigt auch die ganze Bandbreite touristischer Auswirkungen auf die Ostseeküste Schleswig-Holsteins.

Fischerhütten

Beim **Großplatz am Binnensee** hält eine Bronzefigur den Blick zum Horizont gerichtet. Dank Rauschebart und Südwester könnte man die Skulptur schlicht für den Inbegriff eines Fischers halten – aber Georg-Friedrich Stüben war viel mehr als bloß ein Original. Er galt schon zu Lebzeiten als Legende und wahrer Held im deutsch-dänischen Krieg. Fehmarn hielten die Dänen schon seit Ewigkeiten besetzt, als Stüben in den frühen Morgenstunden des 15. März 1864 neun Fischerboote mit 160 preußischen Soldaten unbemerkt an den dänischen Kriegsschiffen vorbei an Land lotste. Die Besatzer wurden buchstäblich in ihren Betten überrascht, sodass Fehmarn im Handstreich zurückerobert werden konnte. Damit endete nicht nur die 150-jährige dänische Herrschaft auf der Insel, sondern auch ihr traditionelles Selbstverwaltungsrecht. Dass Stüben selbst in Nysted auf Lolland geboren wurde, also in Dänemark, lässt die kriegerische Vergangenheit Holsteins einmal mehr seltsam verworren erscheinen. Oder anders herum: das Heute wunderbar friedlich. An den Masten der 1000 Segelboote im Jachthafen flattern neben deutschen auch jede Menge dänischer Flaggen. Entlang der Bootsstege geht es durch die Marina.

Bädervillen

Beim letzten Steg führt ein Pfad auf den Graswarder. Die Halbinsel aus Nehrungen und Lagunen zählt zu den schönsten Plätzen von Schleswig-Holstein. Die Bädervillen aus der Zeit der Jahrhundertwende gehören zu den teuersten Immobilien im Land, etliche stehen unter Denkmalschutz. Wenn einem eines der entzückenden Häuser irgendwie bekannt vorkommt,

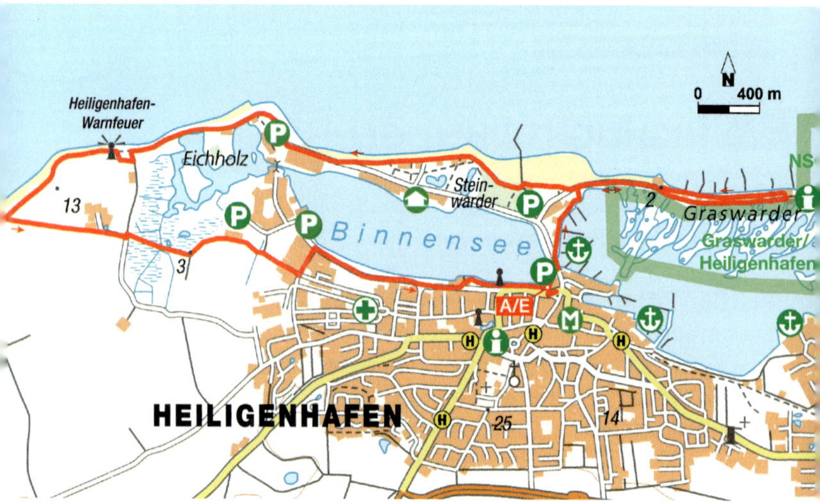

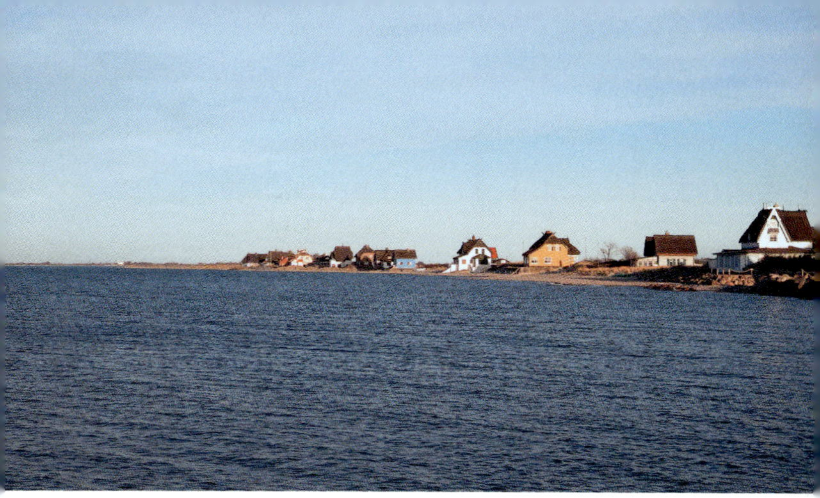

Der Graswarder, eine der feinsten Adressen in Schleswig-Holstein

ist das kein Zufall: So einige Kino- und Fernsehfilme wurden hier gedreht. Der Graswarderweg endet beim Beobachtungsturm. Ab hier darf man nur in Begleitung der Naturführer des NABU weiter. Etwa zur Hälfte ist die Halbinsel als Naturschutzgebiet ausgewiesen. Die Vielfalt der Tier- und Pflanzenwelt in diesem kleinen Idyll ist beeindruckend. Zurück geht es nun direkt am Strand entlang, jedenfalls wenn die Ostsee es zulässt. Ihre Wellen schwappen nicht selten in die Vorgärten der Bädervillen.

Bettenburgen

Das Hotel Bretterbude im Hamptons-Look markiert den Übergang zum Steinwarder. Der Damm zwischen Gras- und Steinwarder wurde erst 1954 gebaut. Zuvor musste man auf die Warder rudern. So beschreibt es Theodor Storm in der Novelle »Hans und Heinz Kirch«. Storm verarbeitete mit dem Werk den Konflikt mit seinem alkoholkranken Sohn Hans. Er hatte eine kurze Weile in Heiligenhafen als Arzt gearbeitet, doch seine Praxis bald wieder aufgegeben. Heute stellt der Übergang zwischen den Wardern einen der trubeligsten Flecken weit und breit dar. Wer die verwinkelte, zum Teil zweigeschossige Seebrücke komplett abschreitet, muss beinahe 1 Kilometer zur Strecke addieren. Vom Brückenkopf ist die Aussicht auf die Fehmarnsundbrücke und Graswarder einfach herrlich. Schaut man landeinwärts, ist es schwer vorstellbar, dass sich bei Einweihung der Seebrücke 2011 noch nicht ein einziges Gebäude an der Seepromenade befand. Inzwischen ist in der ehemaligen Dünenlandschaft ein ganzes

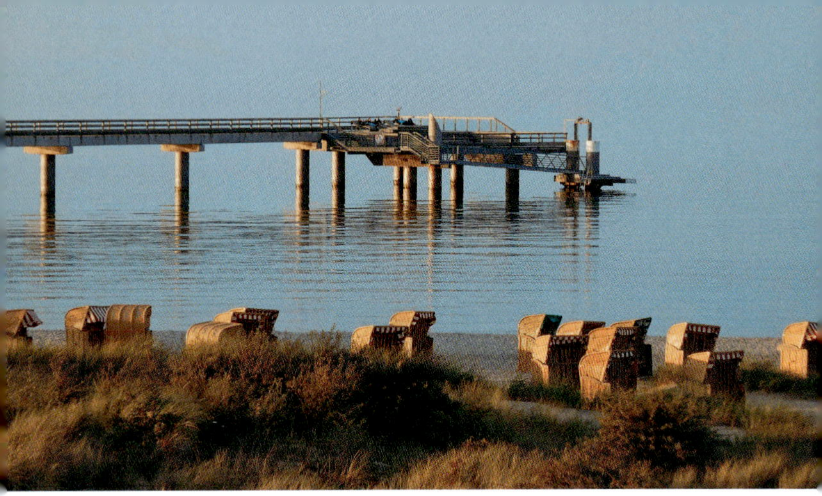

Erlebnis-Seebrücke von Heiligenhafen

Viertel entstanden. Ob man den Steinwarder am Strand oder auf dem asphaltierten Promenadenweg erwandert, ist eine Frage von Vorliebe, Wind und Kondition. Die Betonburgen des Ferienparks aus den 1970er-Jahren plakatieren so oder so den Ausblick. Hat man sie erst einmal passiert, übernimmt wieder die Natur.

Unbebaubar

Nach 1 Kilometer am Naturstrand ist das erhöht liegende Leuchtfeuer erreicht. Ein befestigter Weg führt weiter westwärts am Rand des Steilufers entlang. In der Ferne leuchtet die Hohwachter Bucht. Kurz hinter einem Rastplatz knickt landeinwärts der ausgeschilderte Rückweg nach Heiligenhafen ab. Er führt in Richtung Ferienpark und gleich dahinter am Ufer des **Binnensees** zurück zu Fischer Stüben. Seine Nachfolger landen ihren Fang im nur wenige Schritte entfernten Fischereihafen an. Und ein Fischbrötchen gehört zu dieser Wanderung einfach dazu.

WO EIN FISCHER zum Volkshelden wird, kann auch ein Landwirt ein Museum gründen. Carl Bütjes Funde bildeten den Grundstock und erzählen von den Ureinwohnern Heiligenhafens. Weitere Schwerpunkte in der Jugendstilvilla von 1904 sind das Badeleben vergangener Epochen sowie die Welt der Küstenfischer, Hochseefischer, Steinfischer und natürlich Fischer Stüben. Mehr unter heimatmuseumheiligenhafen.de.

7

INSELAUSFLUG NACH FEHMARN

Das Naturschutzgebiet Grüner Brink auf Schleswig-Holsteins einziger Ostseeinsel verändert sich mit jedem Tag. Wasser, Wind und Wellen formten seit der Eindeichung 1872 immer neue Nehrungshaken, die sich im Laufe der Jahrzehnte zu Strandseen entwickelten.

Schiffe gehen, Seen entstehen

Am **Parkplatz Am Niobe** in Gammendorf auf Fehmarn befindet sich eine Infotafel, die einen guten Überblick über die Nördliche Seeniederung der Insel verschafft. Obwohl die hier beschriebene Runde nicht schwer zu finden ist, kann das Faltblatt aus dem Zettelkasten nicht schaden. Das **Naturschutzgebiet Grüner Brink** lässt sich auf alternativen Pfaden erkunden und es ist gut möglich, dass es einen so verzaubert, dass man noch den einen oder anderen Haken schlagen möchte. Los geht es am großen Fahnenmast, der vom Deich schon zu sehen ist. Das **Niobe-Denkmal** erinnert an den Untergang des Segelschulschiffs Niobe im Jahr 1932, bei dem 69 Männer ihr Leben verloren. Von hier führt ein Pfad durch die Dünenlandschaft zur See. Die Küstenlinie im Nordwesten Fehmarns ist von einem herrlichen Strandwallsystem geprägt. Wind und Wellen schaffen hier immer wieder neue Lebensräume für hochspezialisierte Lebenskünstler aus Fauna und Flora. Diese Prozesse laufen weitgehend ohne menschlichen Einfluss ab,

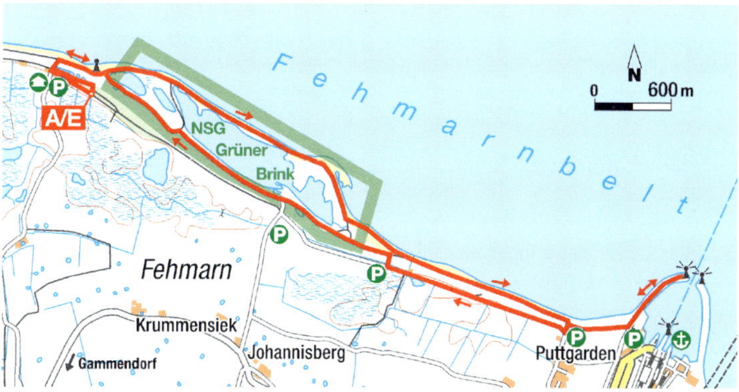

7

was sie besonders wertvoll macht. In den Sommermonaten, von April bis Oktober, werden Wanderer bereits nach einigen Hundert Metern wieder landeinwärts geleitet. Dann ist der Strand aus Naturschutzgründen gesperrt und es geht auf einem Weg zwischen zwei Strandseen weiter. Beide Varianten sind wunderbar. Nicht zuletzt, weil am Fehmarnbelt über das Jahr fast die Hälfte aller europäischen Vogelarten bei Brut, Rast, Mauser oder Nahrungssuche beobachtet werden können. Fernglas und Kamera gehören für Vogelfreunde daher unbedingt in den Rucksack. Die Routen treffen sich am Strand am Grünen Brink. Dort hat man das wichtigste Drehkreuz für Zweibeiner gut im Blick: den Fährhafen Puttgarden.

Zur Westmole von Puttgarden

Bis zum Fährhafen sind es nur noch 1,5 Kilometer immer am Deich lang. Eine hölzerne Mönchsfigur begrüßt die Wanderer dieser Tour dort, wo die Jakobspilger der Via Scandinavica auf die Radfahrer des Mönchswegs treffen. Während die Via Scandinavica in Puttgarden endet, findet der Mönchsweg als Munkevejen seine Fortsetzung in Rødby auf der Insel Lolland. Wer auf Fehmarn bleibt, schnappt Hochseeluft am Kopf der Westmole. Auch ein Blick in den Bordershop gehört zum Pflichtprogramm. Der mehrstöckige, schwimmenden Supermarkt ist das Ziel der skandinavischen Schnäppchenjäger. Sie kommen aus Dänemark, Schweden und sogar Norwegen über die Grenze, um gewaltige Mengen Alkohol zu erstehen. Was für ein Spektakel nach der Stille zuvor – welche Wohltat, wenn man zurück in die Ruhe wandert.

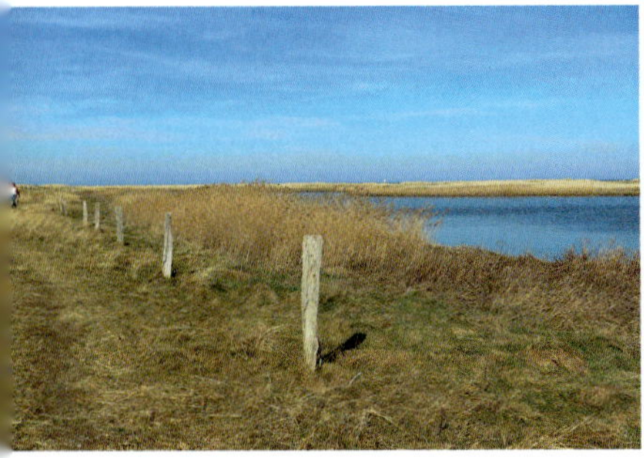

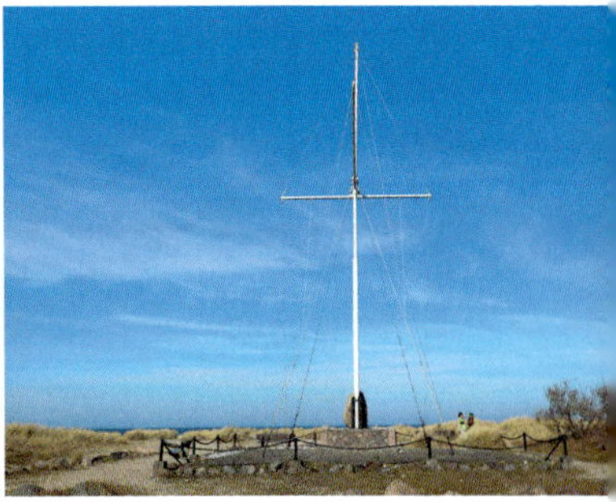

◀ Naturschutzgebiet Grüner Brink ▶ Los geht's am Niobe-Denkmal

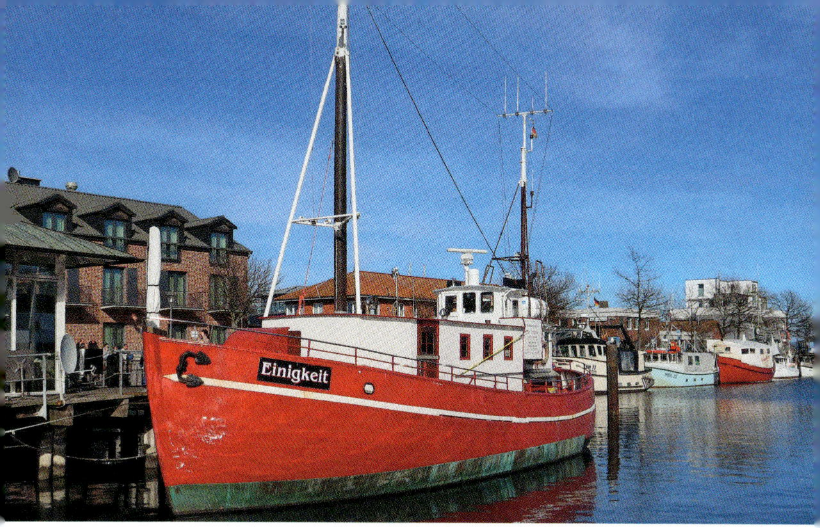

Immer für ein Fischbrötchen gut: Heiligenhafen

Durch den Grünen Brink

Zurück geht es zunächst wie gekommen, beim Imbiss Beltbude dann aber nicht an den Strand, sondern hinein ins Naturschutzgebiet. Entlang der Strandseen und des extensiv beweideten Grünlands, in Kiefernwäldchen und auf Heideflächen hört man es je nach Jahreszeit zwitschern, tirilieren, piepsen, schnattern, rufen oder schnäbeln. Auch Amphibien finden rund um die strukturreichen Gewässer ideale Laichmöglichkeiten und Sommerquartiere. So friedlich ging es vor 400 Jahren nicht zu. Da stritten zwei Schafhirten hier so sehr um die Weiden, dass einer dem anderen mit einem Stein ein Auge ausschlug. Damals ordnete Friedrich III. einen steinernen Grenzwall an, um die Streitigkeiten zu beenden. Die doppelreihigen Findlinge sind noch gut erhalten. Es sind die ältesten Steingrenzen in ganz Holstein und gar nicht zu verfehlen, da alle Wege durchs Schutzgebiet an den Steinwällen aufeinandertreffen. Die ganze Geschichte kann man oben auf dem Deich nachlesen, gar nicht weit entfernt von der Stelle, wo diese Tour begann und nun auch endet.

VON PUTTGARDEN PENDELN die Fähren rund um die Uhr nach Dänemark. Das 45-minütige Schiffsvergnügen ist für Fußgänger mit 10 Euro nicht zu teuer. Wer diese Wanderung um eine ausgiebige Pause an Deck verlängern möchte, kann das in der Regel ohne Reservierung tun.

AUF EINEN BLICK

Info

STADT/REGION: Heiligenhafen
BESTE REISEZEIT: Winter
OPTIMALE REISEDAUER: 3 Tage
TOURISTINFO: Touristinformation Heiligenhafen, Tel. 04362/907 20, heiligenhafen-touristik.de

SEHENSWÜRDIGKEITEN

OSTSEE-ERLEBNISWELT: Bäderstraße 6a, 23775 Großenbrode/ Klaustorf, Tel. 04371/44 16, service@mega-meereswelten.de, mega-meereswelten.de
OLDENBURGER WALLMUSEUM: Professor-Struve-Weg 1, 23758 Oldenburg in Holstein, Tel. 04361/62 31 42, info@oldenburger-wall.de, oldenburger-wallmuseum.de
FEHMARN-MUSEUM: Breite Straße 49-51, 23769 Burg/Fehmarn, 04371/62 57, museum-fehmarn.de

ÜBERNACHTUNG

BEACH-MOTEL HEILIGENHAFEN: Seebrückenpromenade 3, 23774 Heiligenhafen, Tel. 04362/500 30, heiligenhafen@beachmotels.de, beachmotel-hhf.de, **€€€**
BRETTERBUDE: Seebrückenpromenade 4, 23774 Heiligenhafen, heiligenhafen@bretterbude.de, bretterbude-hhf.de, **€€**
BALTIC KÖLLN HOTEL: Werftstraße 6, 23774 Heiligenhafen, Tel. 04362/907 00, info@baltic-heiligenhafen.de, baltic-heiligenhafen.de, **€€**

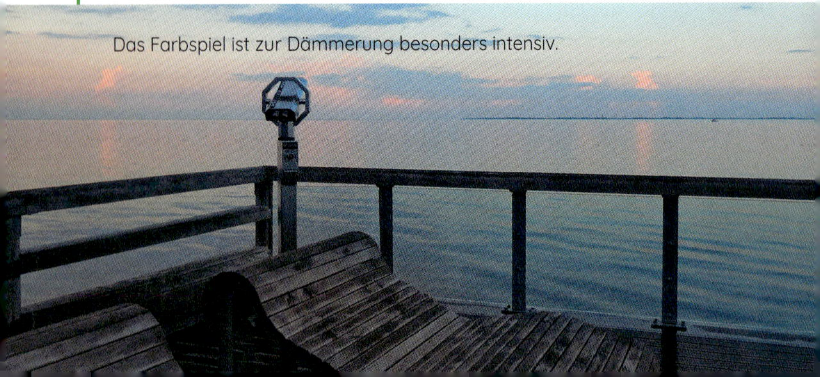

Das Farbspiel ist zur Dämmerung besonders intensiv.

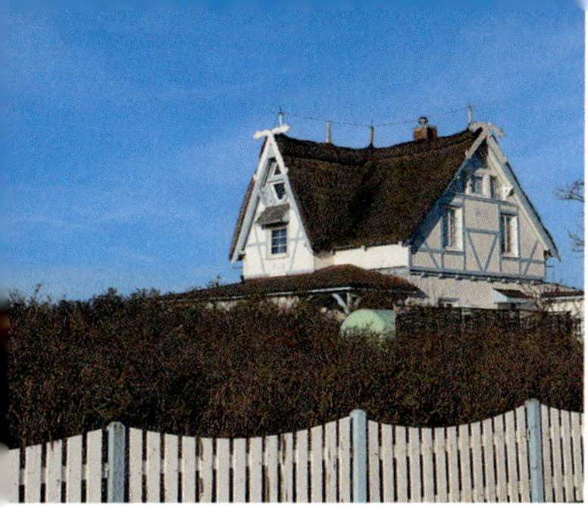
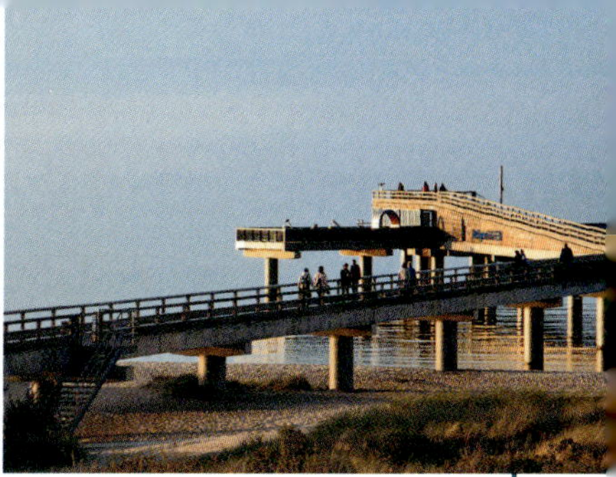

◀ Bädervilla auf dem Graswarder ▶ Abendspaziergang auf der Seebrücke

HEILIGENHAFEN

DAUER: 2 Std.

HÖHENMETER: 120 Hm

LÄNGE: 11,5 km

SCHWIERIGKEIT: Leicht

AUSGANGS-/ENDPUNKT: Parkplatz Am Strande

TOURENCHARAKTER: Vielfältige Rundwanderung an Strand, Steilküste und Binnensee

BESTE JAHRESZEIT: Winter

EINKEHR UNTERWEGS: Burger im Hipster-Style im Hotel Bretterbude. Gehobene Küche im Holyharbour Grill. Authentisch im Fischtreff Nordpol.

FEHMARN

DAUER: 3 Std.

HÖHENMETER: 12 Hm

LÄNGE: 13 km

SCHWIERIGKEIT: Leicht

AUSGANGS-/ENDPUNKT: Parkplatz bei Niobe in Gammendorf auf Fehmarn

TOURENCHARAKTER: Leichte Orientierung auf leichter Runde; zumeist über Wege, Pfade und Strandabschnitte in geschützter Natur

BESTE JAHRESZEIT: Winter

EINKEHR UNTERWEGS: Im Winter hat die Strandgastronomie beim Niobe-Denkmal und beim Grünen Brink nicht verlässlich geöffnet. Also vorher checken und/oder sicherheitshalber Butterbrote mitbringen.

HOLSTEINISCHE SCHWEIZ

Malente

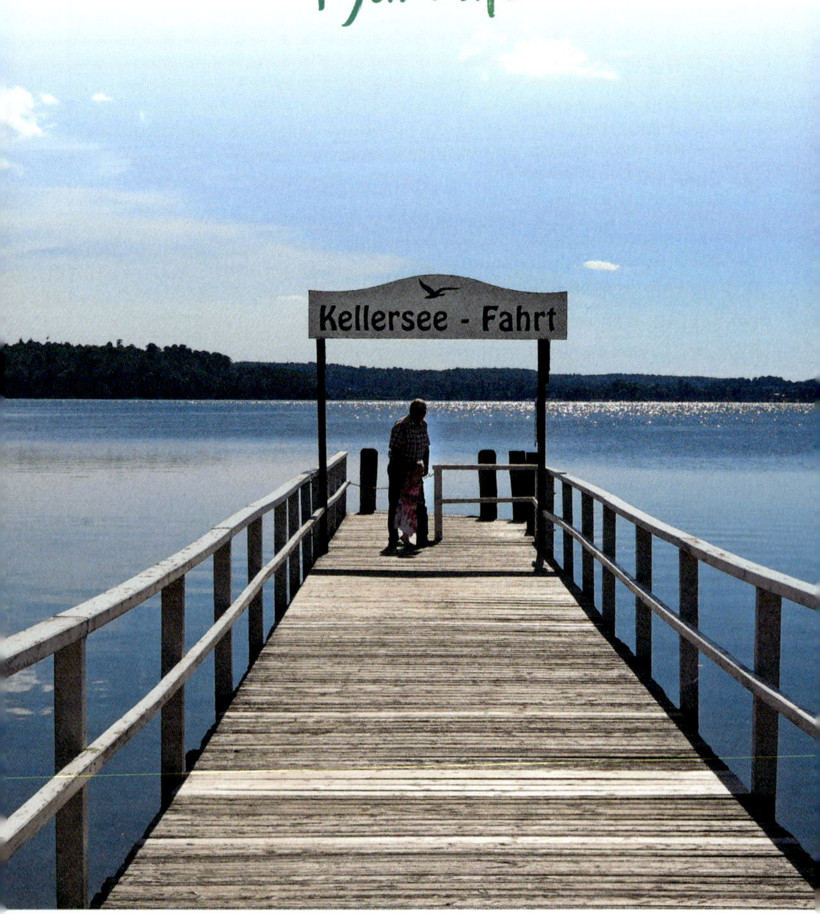

Der Kellersee, Urzelle und Herz der Holsteinischen Schweiz

8

Vor 10 000 Jahren schoben Gletscher aus Skandinavien tonnenschwere Eismassen in den Osten Schleswig-Holsteins. Die Kräfte des Eises zermalmten Felsbrocken, stapelten Gesteinsbrocken zu hohen Kuppen und gruben tiefe Senken. So entstand die Holsteinische Schweiz, eine hügelige Landschaft mit mehr als 200 Seen; schön wie das Auenland.

Die Holsteinische Schweiz liegt zwischen Kiel und Lübeck und ist mit ihren alten Alleen, Wäldern, Villen und Gutshäusern der Inbegriff von Holsteiner Sommerfrische. Fernwanderern erschließt sich der größte Naturpark Schleswig-Holsteins auf dem 52 Kilometer langen Holsteinische Schweiz Weg. Er verbindet die Herzogsstädte Plön und Eutin, deren prächtige Schlösser von großer Vergangenheit erzählen. Dabei geht es durch idyllische Dörfer, Felder und Wiesen, in versteckte Winkel und herrlich nostalgische Ausflugsorte; allen voran Malente. Das Kur- und Kneippbad ist für Genusswanderer seit mehr als 100 Jahren der place to be.

DIE BERÜHMTEN HOLSTEINER Katenschinken baumeln bei Petersens zu Hunderten von der Decke. In der Landschlachterei und Räucherei wird das Brot zur Katenspezialität im historischen Ofen gebacken. Im Winter speist man am offenen Feuer, im Sommer draußen vor der Tür. Als Mitbringsel gibt's jede Menge Eingewecktes »nach Oma Ernas Rezepten«.

DER KURPARK VON Malente ist die kleine Schwester des Hamburger Parks Planten und Blomen. Beide wurden vom Gartenkünstler Karl Plomin erdacht. Aufgrund seiner Gestaltung und des Artenreichtums zählt der Kurpark von Malente zu den bundesweit schönsten Gärten und gilt als bedeutendes Gartendenkmal.

DIEKSEE

Bad Malente-Gremsmühlen liegt im Herzen der Holsteinischen Schweiz auf einem Landrücken zwischen zwei Seen. Die klassische Diekseerunde ist mit 11 Kilometern kurz genug, um vor dem Frühstück absolviert zu werden, kann aber genauso gut einen genießerischen Tag dauern.

8

Promenade und Spiegelteiche

Von der Diekseepromenade ist es nur ein guter Kilometer zu den romantischen Spiegelteichen im Waldgebiet Holm. Angelegt wurden sie von Großherzog Nikolaus Friedrich Peter zur Zucht von Edelfischen. Heute werden sie als natürliche Wassertretanlage genutzt. Seit 1955 ist Malente-Gremsmühlen das nördlichste Kneippheilbad im Land. Der Titel steht für viel Natur, Ruhe und natürliche Wasserquellen für Wasserkuren, Güsse und Bäder im Sinne der Kneippschen Gesundheitslehre. So beginnt diese Wanderung mit einem Frischekick im Storchenschritt. Die blau-weiß-blau gestreifte Wegmarkierung braucht es im weiteren Verlauf kaum. Geht es doch immer so nah wie möglich am Seeufer weiter. Nach etwa 4 Kilometern ist Niederkleveez erreicht.

Niederkleveez und Timmdorf

Das Fährhaus Niederkleveez ist bekannt für wunderbaren Kuchen. Im Garten warten Sonnenliegen, Strandkörbe, ein Pavillon für Regen oder Hitze und natürlich der Anleger für die Dampfer der 5-Seen-Rundfahrt. Die Weiße Flotte schippert vom Dieksee über Langensee, Behlersee und Höftsee zum Edebergsee nach Plön. Wanderer kommen auf den folgenden

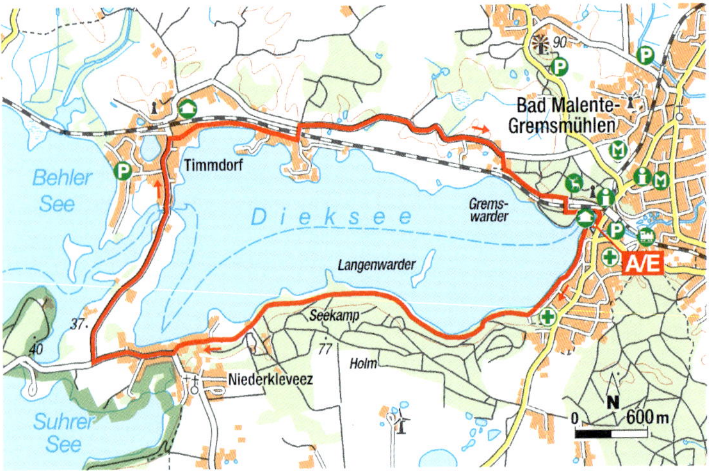

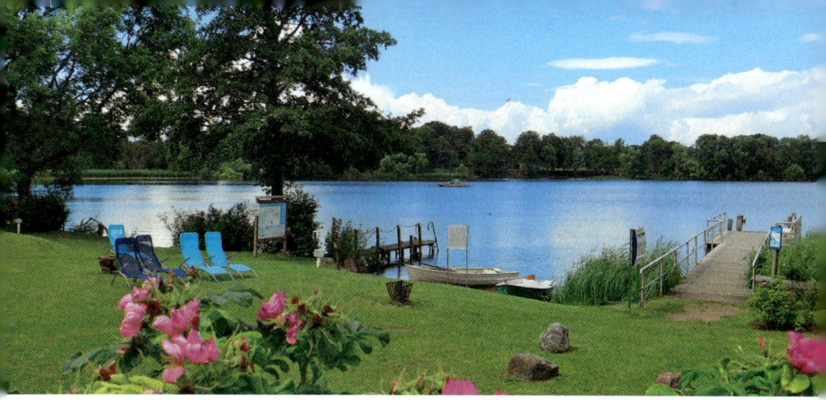

Fähranleger am Dieksee

2,5 Kilometern nur in den Genuss von drei der genannten Seen, können aber in Timmdorf angekommen noch den Trentsee hinzufügen. Er liegt ganz in der Nähe des Landgasthofs Kasch und steht – wie auch das Fährhaus Niederkleveez – für gute, regionale Küche.

Zurück nach Malente

Das nächste Wegstück führt auf einem asphaltierten Fuß- und Radweg neben der Bundesstraße weiter. Kurz nach einem erhöhten Picknickpavillon knickt ein Pfad zwischen Gärten zum Seeufer. Er führt an der Quelle der Gebrochenen Herzen vorbei zum Strandbad im Look der Sixties. Ein Sprung in den Dieksee wäre nun der perfekte Ausklang. Der Eintritt in die Badeanstalt ist frei. Der Ausgangspunkt vom Sprungbrett schon zu sehen.

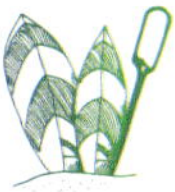

DIE MALENTER HAUSSEEN lassen sich nicht nur prima zu Fuß umrunden, sondern auch auf dem SUP-Board erobern. Unter sup-adventures-malente.de kann man die Bretter an den See ordern. Am Kellersee gibt es zudem die Möglichkeit, ein Board per Handy zu leihen und loszupaddeln. Die Verleihstation von kolula.com befindet sich direkt an der Janusallee.

KELLERSEE

Unter den 200 Seen der Holsteinischen Schweiz nimmt der Kellersee eine besondere Position ein. An seinen lichten Ufern fand die Region ihren Namen – und so mancher Romantiker die Liebe. Wanderern geht das bis heute so.

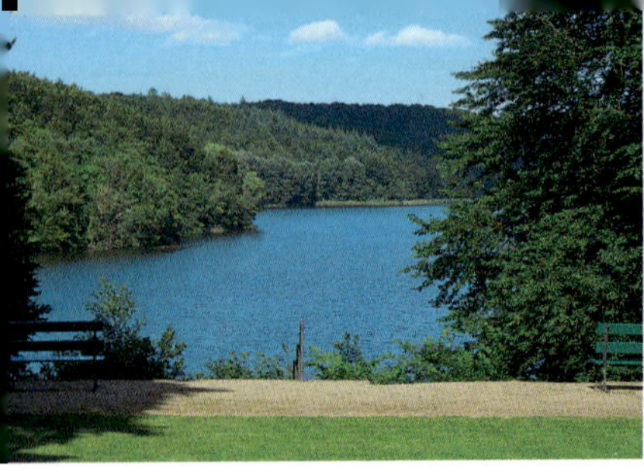 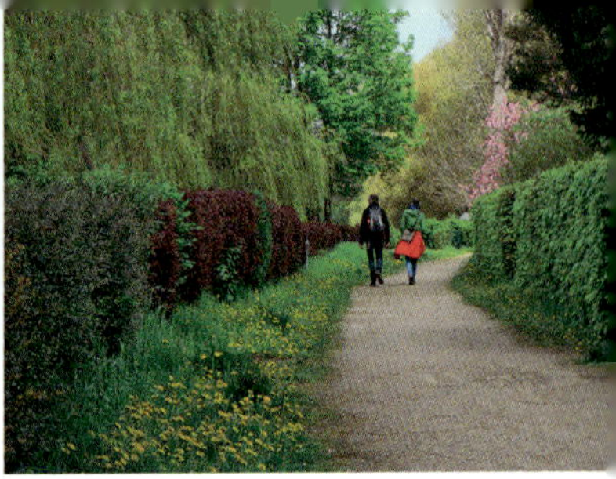

◀ Versteckt im Wald liegt der Ukleisee. ▶ Uferpfad am Kellersee

Am Anfang war der Kellersee

Wo die Janusallee auf den Kellersee trifft, ist auf einer Infotafel abzulesen, dass dieser Weg ein denkbar leichter sein wird. Führt er doch durchgehend so nah wie möglich am Seeufer entlang. Er beginnt als sandige Promenade, die in nördlicher Richtung nach etwa 400 Metern auf die Kellerseestraße trifft. Hier geht es rechts. Wo die Bebauung endet, schimmert linker Hand durch dichtes Blattwerk die Ruine von Schloss Eggersdorf. Ein Berliner Kaufmann hatte die verschwenderische Villa 1907 erbauen lassen, wie es viele Großstädter um die Jahrhundertwende rund um die Seen taten. Der Park von Schloss Eggersdorf reichte damals bis zum Kellersee. Davon zeugt noch die alte Allee, die rechter Hand ans Seeufer führt. Heute wird so mancher Prachtbau in Top-Lage nur noch von Gespenstern bewohnt. Aber die Zahl der schönen Sommerhäuser, die wieder zum alten Glanz zurückfinden, nimmt in jüngster Zeit eindeutig zu. Wer nach den ersten 1,2 Kilometern bereits eine Stärkung braucht, folgt dem Wegweiser zur Seehütte. Das Fischbrötchen-Café von Fischer Schwarten serviert vegane Kuchen und dient als Nachtquartier von Ausflugsdampfer Luise. Seit 1936 schippert die alte Dame über den See. Falls die Beine irgendwann müde werden, kann man ein Stück des Weges an Deck absolvieren. Das nächste Fährhaus ist nie weit. Die zweistündige Kellerseefahrt lohnt sich übrigens auch ganz ohne Wanderung.

Die Holsteinische Schweiz

Nun geht es bergauf, nicht ganz wie in der Schweiz, aber immerhin zur Schweizer Straße. Auf ihr ist nach etwa 1,3 Kilometern die Urzelle der Holsteinischen Schweiz erreicht. Hoch über dem Kellersee errichtete Johannes Janus im Jahr 1890 das Hotel Holsteinische Schweiz. Es lockte jede Menge gut Betuchte nach Malente und bald wollte sich die ganze Gegend als Schweiz verstanden wissen. Heute sitzt in dem Gründerzeitpalast ein Bildungszentrum der Steuerverwaltung. Doch beim Abstieg durch die

Parkanlage braucht es angesichts von Pavillons und Seebalkonen nicht viel Fantasie, um sich den mondänen Betrieb zu vergegenwärtigen. Mit der Namensgebung folgte Janus einer Marketingstrategie des ausgehenden 19. Jahrhunderts. Viele der 200 »Schweizen« weltweit verwiesen damals mit dem Namenszusatz auf die Reisen der oberen 10 000 in die echte Schweiz. Das spiegelt sich in der Architektur. Ein schönes Beispiel für den historischen Schweizer Stil ist das Fährhaus Uklei. Es ist nach knapp 2,5 Kilometern wunderbarem Uferweg und etwa 500 Metern nicht so schönem Fußweg dicht an der Straße erreicht. Die Sonnenterrasse am See sollte man sich nicht entgehen lassen. Streng genommen befindet man sich hier am Ostufer des Kellersees schon in Eutin. Doch der Ortsteil Sielbeck liegt atmosphärisch weit weg und auch in einer anderen Zeit.

Abstecher zum Ukleisee

Beim alten Sielbecker Kiosk von 1924 geht es jenseits der Straße zum Ukleisee. Wer dem Rundweg im Uhrzeigersinn folgt, findet schnell zum Jagdschlösschen. Das Lusthaus wurde 1776 in erhöhter Lage erbaut und bietet den einzigen Rundum-Blick auf den von dichtem Wald umstandenen Toteissee. Der Sage nach war der See einst ein Tal, in dem eine kleine Kapelle stand. Dort versprach ein Ritter einem einfachen Mädchen die Ehe, entschied sich dann aber doch für eine reiche Gräfin. Am Hochzeitstag brach ein Unwetter über die Kapelle herein und versenkte sie mitsamt der Hochzeitsgesellschaft unter Wassermassen. In stillen Nächten kann man die Glocken noch läuten hören.

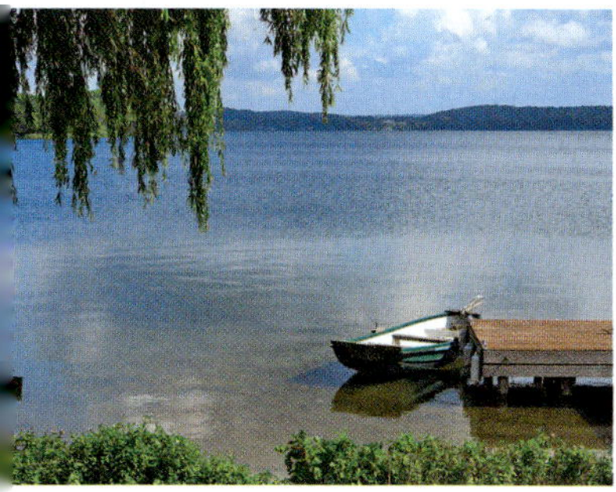

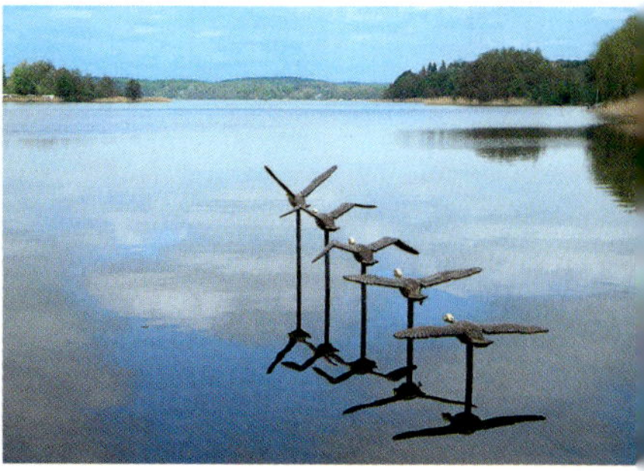

◀ Am Fährhaus von Malente ▶ Skulptur »Zusammenspiel« in Fissau

8

Die Mädels vom Immenhof

Zurück am Kellersee beginnt ein schöner ufernaher Abschnitt, bis nach etwa 3,5 Kilometern das **Fährhaus Fissau** erreicht ist. Es gehört zu den drei Restaurants des ehemaligen Grandhotels, dessen Abriss und Neubau sicher noch einige Jahre für Unruhe sorgen werden. Investoren von außerhalb sorgen an den Seen allerorten für gemischte Gefühle. Viele Einheimische fürchten um den speziellen Charme der Holsteinischen Schweiz. Manchmal kommt aber auch etwas dabei heraus, das die Region stärkt. Ein Beispiel dafür ist **Gut Immenhof**.

Dorthin geht es über den Prinzenholzweg und durch den gleichnamigen, auf einer Halbinsel gelegenen Wald. Schon vor hundert Jahren war das Prinzenholz beliebt bei Romantikern. An einen besonders schwärmerischen Mann erinnert ein Gedenkstein: Der Dichter Johann Heinrich Voß ließ hier seine Idylle »Luise« spielen.

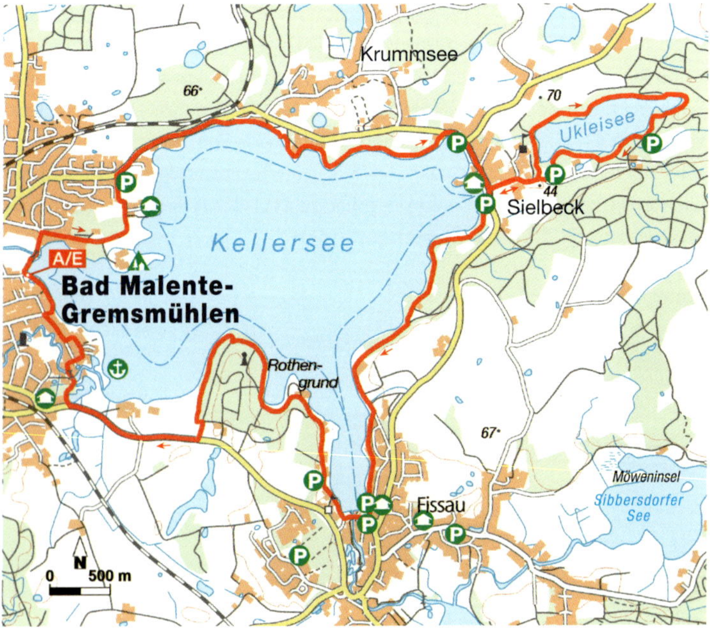

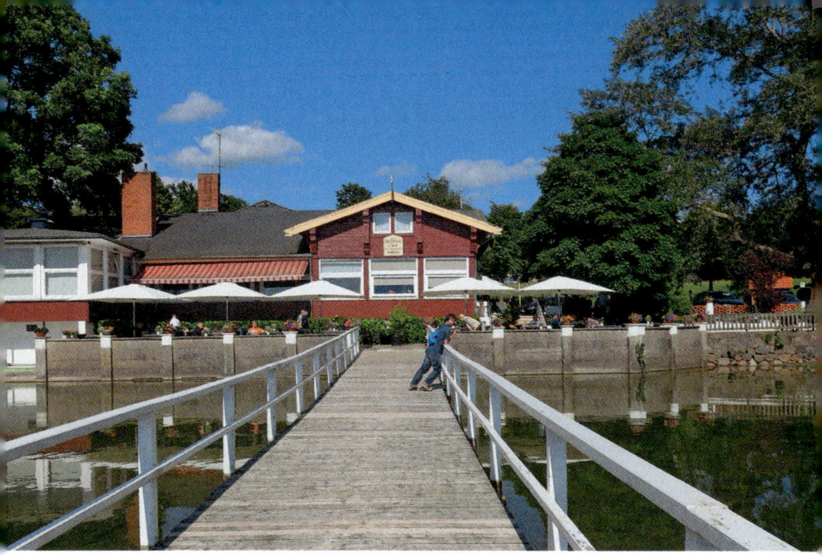

Fährhaus Uklei im historischen Schweizer Stil

Dann ist noch eine kleine Durststrecke entlang der sehr lauten Landstraße zu überstehen. Aber dabei hilft schon der Blick auf den liebevoll restaurierten Ponyhof von Dick und Dalli, Drehort der Immenhof-Verfilmungen. Über Jahrzehnte konnte man das 1950er-Jahre-Idyll nur im Rahmen seltener Führungen bewundern. Die gibt es seit der Neueröffnung noch immer und zusätzlich ein Hotel, Gastronomie, Hofläden und auch Luise hat einen eigenen Anleger bekommen.
Hinter dem Gut führt der erste Pfad rechts auf den Wöbbensredder bis zur Lindenallee. Hier beginnt beim **Fährhaus Malente** wieder die Kellerseepromenade. Im Garten des Fährhauses kann man bei frischen Waffeln noch einmal den Blick bis zum Bungsberg, dem höchsten Berg von Schleswig-Holstein, genießen. Der Ausgangspunkt dieser Wanderung liegt nur noch 400 Meter entfernt.

Tipp

Vom alten Hotel Holsteinische Schweiz schlängelt sich auf der dem Kellersee abgewandten Seite ein Weg etwa 1,5 Kilometer bis zu einem weiteren der typischen Holsteiner Toteisseen. Am Krummsee verbrachte schon Heimatlyriker Klaus Groth seinen Urlaub. Leider wurde das ehrwürdige Berghotel Brunskoppel 2012 abgewrackt. Dafür ist die versteckte Waldbadestelle heute besonders lauschig.

AUF EINEN BLICK

Info

STADT/REGION: Malente/Holsteinische Schweiz
BESTE REISEZEIT: Hochsommer
OPTIMALE REISEDAUER: 3 Tage
TOURISTINFO: Touristinformation Malente,
Tel. 04523/98 42 77 30, holsteinischeschweiz.de

SEHENSWÜRDIGKEITEN

IMMENHOF-MUSEUM: Rothensande 1, 23714 Malente, Tel. 0151/10 21 29 51, info@immenhofmuseum.de, immenhofmuseum.de

WILDPARK MALENTE: Elisabethweg, 23714 Malente, kontakt@wildpark-malente.de, wildpark-malente.de

BRÄUTIGAMSEICHE: Dodauer Forst, 23701 Eutin, Tel. 04521/709 70

HOLZBERGTURM: Grebiner Weg, 23714 Malente

ÜBERNACHTUNG

HOTEL GUT IMMENHOF: Rothensande 1, 23714 Malente, Tel. 04523/882 80, kontakt@gut-immenhof.de, gut-immenhof.de, €€€

HOTEL DIEKSEE: Diekseepromenade 13-15, 23714 Malente, Tel. 04523/99 55, hoteldieksee@ligulacollection.de, ligula.se, €€

JUGENDHERBERGE BAD MALENTE: Kellerseestraße 48, 23714 Bad Malente-Gremsmühlen, Tel. 04523/17 23, badmalente@jugendherberge.de, jugendherberge.de, €

CAMPING AN DER SCHWENTINE: Wiesenweg 14, 23714 Malente, Tel. 04532/43 27, camping-bad-malente.de, €

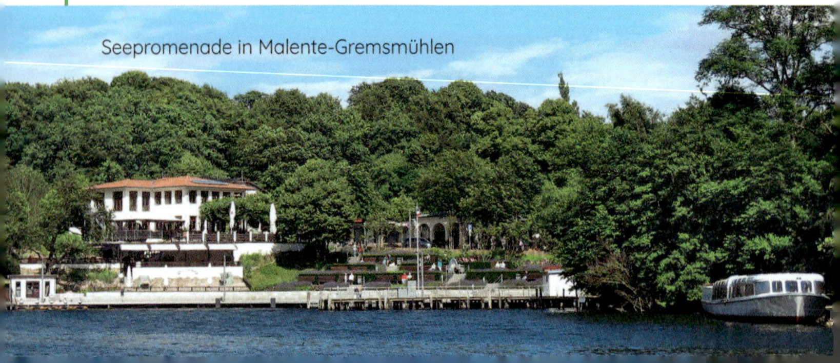

Seepromenade in Malente-Gremsmühlen

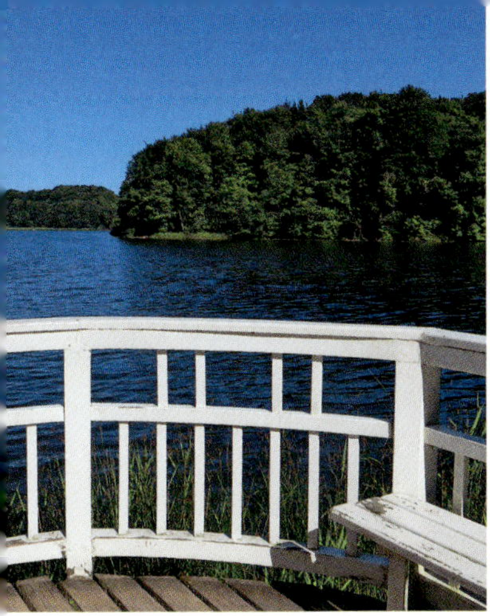

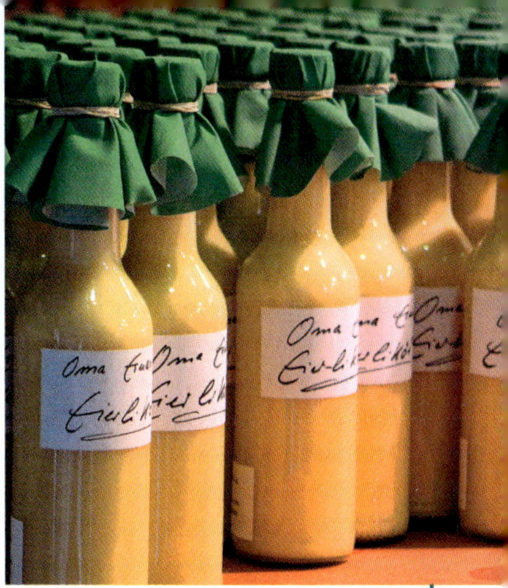

◀ Seebalkon am Ukleisee ▶ Gutes gibt's bei Petersens

DIEKSEE

DAUER: 2.45 Std.

HÖHENMETER: 22 Hm

LÄNGE: 11 km

SCHWIERIGKEIT: Leicht

AUSGANGS-/ENDPUNKT: Diekseepromenade

TOURENCHARAKTER: Leicht begehbare Wege, viel Schatten

BESTE JAHRESZEIT: Sommer

EINKEHR UNTERWEGS: Fährhaus Niederkleveez, Landgasthof Kasch Timmdorf

KELLERSEE

DAUER: 5 Std.

HÖHENMETER: 29 Hm

LÄNGE: 19,5 km

SCHWIERIGKEIT: Mittel

AUSGANGS-/ENDPUNKT: Parkplatz Kellerseepromenade Janusallee

TOURENCHARAKTER: Vielfältige Tour, meist auf gut begehbaren Wegen und Pfaden am Seeufer, bestens ausgeschildert mit blauem Balken

BESTE JAHRESZEIT: Sommer

EINKEHR UNTERWEGS: An jedem Fährhaus

WALDWUNDER

Herzogtum Lauenburg

Mölln wird von einer Seenkette umarmt. Hier der Stadtsee.

Lauenburg ist nicht nur ein ehemaliges Herzogtum, sondern auch die Waldkönigin von Schleswig-Holstein. Gut ein Viertel der Fläche wird von Blätterrauschen bestimmt, darunter das größte zusammenhängende Waldgebiet Norddeutschlands, der Sachsenwald.

Auch auf ihr liebstes Element müssen Nordlichter im Herzogtum Lauenburg nicht verzichten. Mehr als 40 Seen und Flüsse laden zum Baden ein. Allen voran der unverschämt schöne und kristallklare **Schaalsee**, der Schleswig-Holstein mit Mecklenburg-Vorpommern verbindet. Der Rest sind Wiesen, Felder, Knicklandschaften und historische Städtchen.

Tipp

Vom Eulenspiegel-Brunnen in Mölln bis zur Ratzeburger Altstadtinsel kann man auf dem Fernwanderweg E1 durch die Lauenburger Landschaft wandern. Die gut ausgeschilderte Etappe lässt mit 14 Kilometern Luft zum Sightseeing am Ziel. Zurück kann es dann mit der Bahn gehen, die Verbindung ist bestens.

IM HELLBACHTAL

Das Hellbachtal ist einer der schönsten Flecken im ohnehin nicht reizarmen Naturpark Lauenburgische Seen. Hier wandert man entlang der Möllner Seenkette durch urige Laub- und Kiefernwälder.

Schmalsee

Vom **Parkplatz am Wildpark Uhlenkolk** zieht sich der Waldhallenweg durch beeindruckenden Mischwald hinunter zum namensgebenden Hotel und Restaurant. Die Gründerzeitschönheit **Waldhalle** thront hoch über dem See und ist vom Wanderweg schon auszumachen. Man kann sich den Besuch schon einmal als krönenden Abschluss dieser Wanderung vormerken. Unterhalb der Waldhalle gelangt man über eine kleine Brücke an der Nordseite des **Schmalsees** auf den Uferweg. Er mäandert so dicht am See, dass man die Wellen glucksen hört. Geben die Bäume den Blick frei, kommt geradezu Kanada-Feeling auf. Nach einem guten Kilometer kommt eine weitere **Brücke** in Sicht. Sie spannt sich über die Enge, die den Schmalsee mit dem Lütauer See verbindet.

9

Lütauer See

Die Brücke ist ein schöner Fotospot. Es lohnt sich auch, ein paar Schritte auf die schmale Landzunge zu tun. Gerade mal 1 Meter breit wird sie von den Seen umspielt. Aber dann geht es wieder zurück auf den Uferweg. Der Lütauer See ist um einiges größer als der Schmalsee. Auch scheint der Hang zur linken noch etwas steiler und die Buchen wachsen womöglich noch höher in den Himmel. Schon von Weitem ist der Campingplatz mit Badestelle am Südufer zu erkennen. Kurz bevor er erreicht ist, zieht sich links ein Pfad mit Treppenstufen den Hang hinauf. Dort geht es rechts zur Straße Am Lütauer See. Ihr in rechter Richtung folgend ist bald der Campingplatz erreicht. Der Haupteingang liegt an der Landstraße, die es nun zu queren gilt. Am besten nimmt man den kleinen Umweg zur ausgeschilderten Unterführung in Kauf.

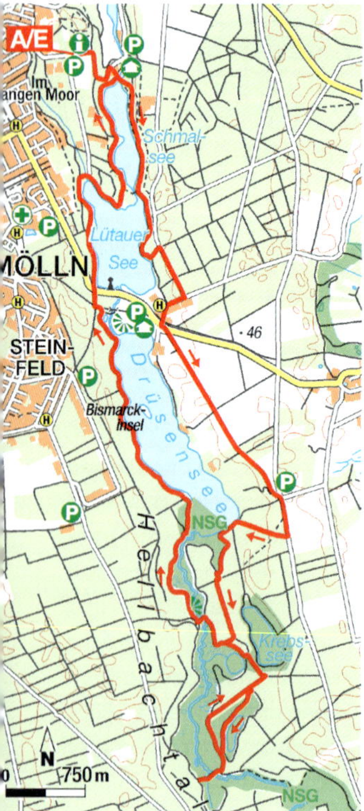

Krebssee, Lottsee, Schwarzsee

Am Drüsensee geht es Zum Hellbachtal; zur Abwechslung einmal nicht direkt am See, sondern etwas oberhalb auf dem Forstweg. Der Drüsensee versteckt sich hinter hohen Bäumen. Nach gut 2 Kilometern zwischen Feldern und Wäldern ist bei einem Wanderparkplatz das Naturschutzgebiet Hellbachtal erreicht. Der nährstoffarme, kristallklare Krebssee ist von hier ausgeschildert und kann mit besonders idyllischer Badestelle punkten. Selbst Flusskrebse fühlen sich hier wohl. Das ist ein Indikator für sehr sauberes Wasser. Der benachbarte kleine, kreisrunde Lottsee ist hingegen sehr nährstoffreich. Seine Verlandungszonen sind ein Refugium gefährdeter Pflanzen wie Fieberklee und Zungen-Hahnenfuß. Fehlt

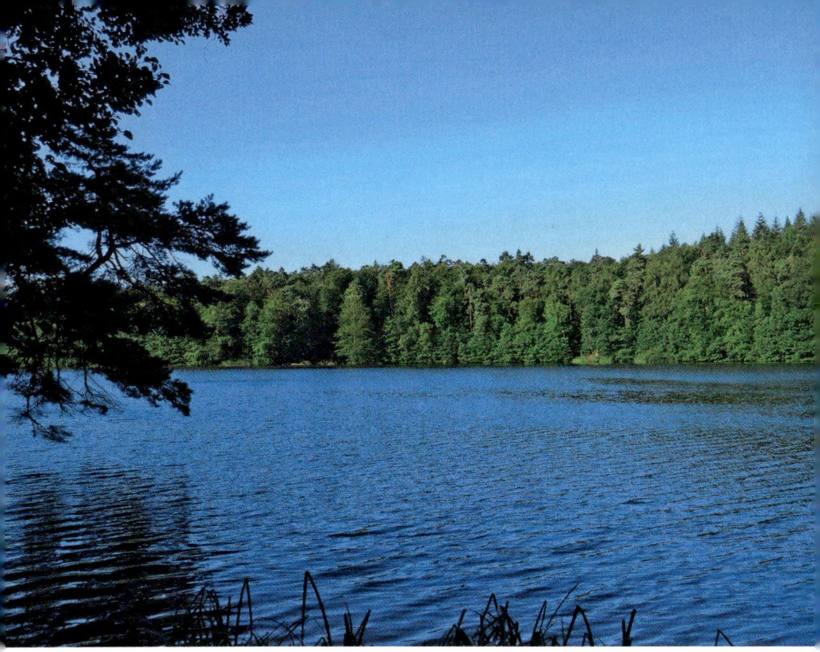

Der Schmalsee unterhalb der Waldhalle

noch der Schwarzsee, ein Braunwassersee, der sich in der Entwicklung zum Hochmoor befindet. Kurz hinter der Aussichtsplattform führt auf Höhe der Infotafel ein Stichweg auf den Rückweg.

Drüsensee

Nun kann man sich ganz auf die orangene Schwalbe verlassen. Die Wegmarkierung führt zunächst entlang des Hellbachs und dann dicht am Ufer des Drüsensees. Sein südliches Ufer gehört zum Naturschutzgebiet. In der Mitte befindet sich eine kleine, unbewohnte, bewaldete Insel – die Bismarckinsel. Am Nordufer geht es nun auf den Rückweg, genauso herrlich wie gekommen auf ufernahen Wegen entlang des Lütauer Sees und Schmalensees bis der Wildpark Uhlenkolk wieder erreicht ist.

Tipp

Der Wildpark Uhlenkolk ist rund um die Uhr geöffnet, kostenlos und beherbergt 30 heimische Tierarten in besonders schönen, naturnahen Gehegen. An den Moorsee Grundloser Kolk inmitten des Parks laden abends die blauen Moorfrösche zum Konzert.

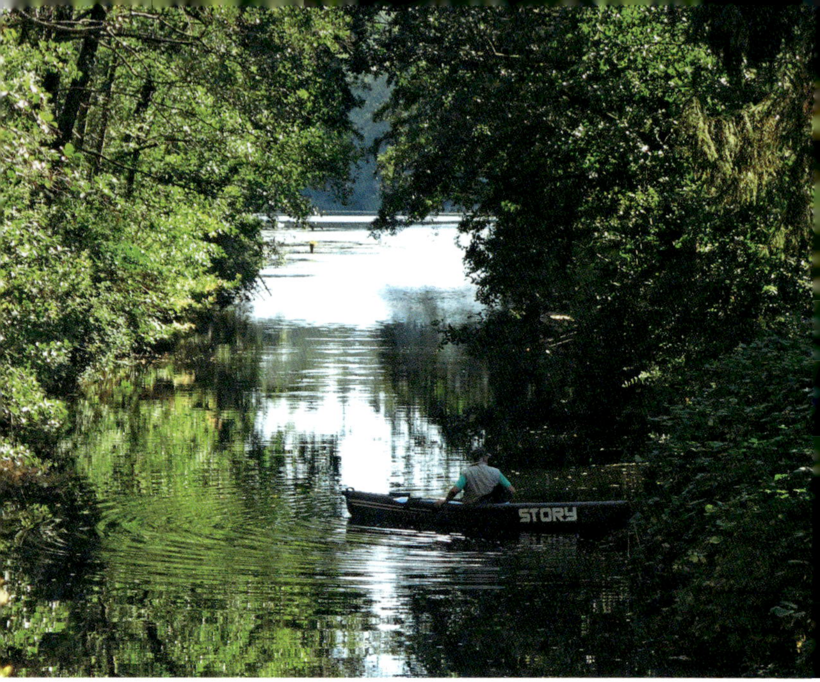
Ruhe am See

SALEMER MOOR UND GARRENSEERINNE

Bei Ratzeburg, abseits der Touristenströme, liegt eines der ältesten Naturschutzgebiete Schleswig-Holsteins. Es geht durch urwaldartige Hangwälder zu verträumten Seen und am wildromantischen Salemer Moor entlang, wo Kreuzotter und Ringelnatter einander gute Nacht sagen.

Die Wunder von Salem

Am nördlichen Ortsrand von Salem liegt der **Wanderparkplatz am Dorotheenhofer Weg**. Eine Infotafel gibt Überblick über die Wanderung durch das **Naturschutzgebiet »Salemer Moor mit angrenzenden Wäldern und Seen«**. Es wurde durch Gletschervorstöße und Schmelzwasser während der letzten Eiszeit geformt. Unter dem Eis abfließendes Wasser spülte ein Tunneltal sowie mehrere kleinere Kessel aus. Toteisblöcke bewahrten die Hohlräume. Unter den besonderen klimatischen Bedingungen der

Nacheiszeit bildeten sich unterschiedliche Seentypen. Der erste dieser Wanderung wird über die Straße Silberberg erreicht, die sich nach wenigen Hundert Metern in einen Schotterweg verwandelt und kurz darauf als Pfad in den Wald führt. Nach knapp 1,5 Kilometern ist die Schwarze Kuhle erreicht. Der Moorsee ist vollständig von Wald umgeben. Entlang seiner Ufer hat sich ein mehrere Meter breiter Verlandungsgürtel entwickelt. Der Schwingrasen wächst immer weiter auf den See hinaus. Er besteht aus Ausläufer bildenden Pflanzen und Moosen wie Sumpfporst, Scheidiges Wollgras, Sonnentau und Pfeifgras. Die Verlandungszonen sind von lichten Weidengebüschen und Sumpffarn eingenommen. An die Schwarze Kuhle ist kein (erlaubtes!) Rankommen. Sie wurde schon 1927 zusammen mit dem Salemer Moor unter Schutz gestellt. Eine Biotopen-Vielfalt wie in der Garrenseerinne ist selten geworden in Schleswig-Holstein.

Der Wald

In der Garrenseerinne ist der angestrebte Prozessschutz beinahe verwirklicht. Doch noch zeugen etliche Trampelpfade von einem älteren Wegesystem. Naturschützer hoffen, dass es sich mit der Zeit auflösen wird. Wer sich an die Markierungen der gelben Eule hält, kann nichts falsch machen. Bis das Naturschutzgebiet seine heutige Größe von 690 Hektar erreichte, dauerte es bis 2006. Wälder und anliegende Ackerflächen wurden über die Jahrzehnte aufgekauft. Die Wälder wurden aus der Nutzung genommen, Einleitungen aus Drainagen der Ackerflächen wurden gestoppt und so wurde der Nährstoffeintrag reduziert. Daraufhin kehrten Sumpfpflanzen wie Wasserschlauch, Seggen und Sumpf-Calla zurück. Ihnen folgten Weiden und Erlen. Wo heute ein Bruchwald wuchert, stand bis 2001 noch ein Fichtenforst. Die standortfremden Tannen wurden durch Anstau des Abflussgrabens zum Absterben gebracht. Einige letzte Sitka-Fichten sind geblieben. Sie recken sich neben den Buchen an den Steilhängen der Garrenseerinne in den Himmel. Das gibt der Landschaft eine beinahe schwedische Anmutung. Und wenn erst der tief liegende Plötschersee zwischen den Bäumen funkelt, ist das fast zu schön, um wahr zu sein. Zugegeben, hier kommt man in Versuchung, den Hang hinunter zu laufen, um eine verträumte Stunde am sonnigen Seeufer zu verbummeln. Doch das ist nicht erlaubt. Nur zur Beruhigung: Auf dem Rückweg ver-

9

läuft der Wanderweg näher am Seeufer und dort finden sich auch einige Ruhebänke mit traumhaftem Seeblick. Zudem ist es nun zum nächsten Seejuwel nicht mehr weit. Dort darf man sogar schwimmen gehen. Und das in bester Gesellschaft.

Die seltene Strandlingsgesellschaft

Der 28 Hektar große und 23 Meter tiefe Garrensee ist einer der saubersten Seen Schleswig-Holsteins. Aufgrund der relativen Nährstoffarmut und des sandig-kiesigen Bodens kommt in dem eiszeitlichen Strudelloch die sehr seltene Strandlingsgesellschaft vor, charakteristische Pionierpflanzen, die

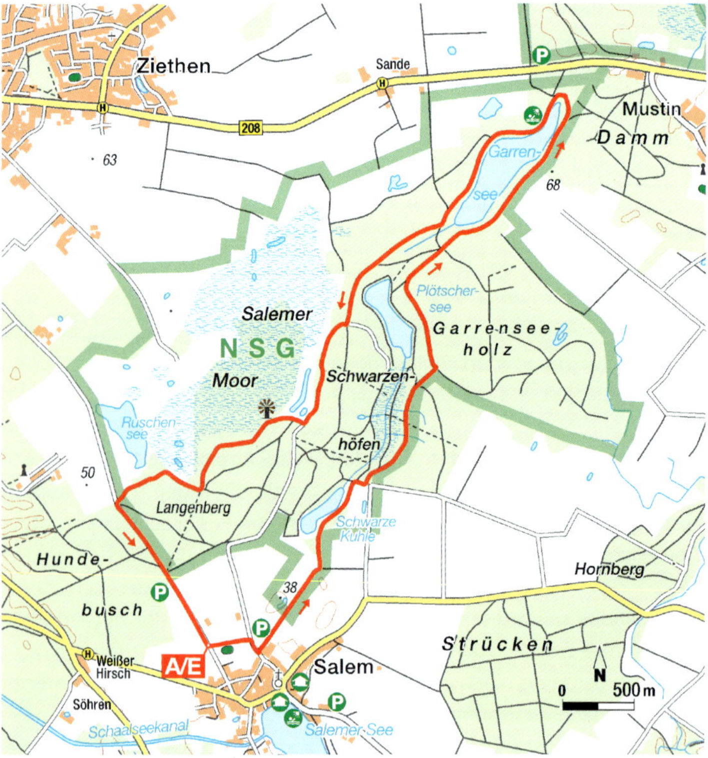

nur in kalkhaltigen und nährstoffarmen Uferbereichen wachsen. Da es jedoch über lange Jahre zum Nährstoffeintrag kam, haben nicht alle Arten überlebt. Die Wasserlobelie ist inzwischen ausgestorben. Der Europäische Strandling und das Seebrachsenkraut sind noch da. Damit es so bleibt, ist es sehr wichtig, dass Badegäste an den drei ausgewiesenen Badestellen bleiben und die Uferbereiche ansonsten in Frieden gelassen werden. Die Badestellen sind die besten Plätze für ein Picknick auf dieser Tour.

Das Moor

Im Anschluss entfernt sich der **Eulenweg** von den Seen und führt an den Rand des Salemer Moors. Vor 11 000 Jahren verschwand das letzte Eis an dieser Stelle und hinterließ einen flachen See. Als er verlandete, breitete sich Bruchwald aus. Über Jahrtausende sorgten gewaltige Niederschlagsmengen für das Anwachsen eines Regenmoors. Die Torfmoosdecke ist bis zu 1,5 Meter dick. Das Betreten des Moors ist aufgrund der zahlreichen geschützten Tier- und Pflanzenarten streng verboten. Der Weg zieht sich am Rande der Moorfläche entlang. Infotafeln berichten allein von 26 verschiedenen Torfmoosarten, die hier noch – oder inzwischen wieder – vorkommen. Obschon das Moor durch Abtorfung stark verändert wurde, konnte es sich nachdem es unter Schutz gestellt worden war, über die Jahrzehnte regenerieren. Da zwischenzeitlich Pufferzonen rund um das Salemer Moor geschaffen wurden, stehen die Zeichen gut, dass auf pflegende Maßnahmen in der Zukunft verzichtet werden kann. Es macht schon nachdenklich, wenn der lässig schwingende Wanderweg auf die knallharten Kanten eines schnurgeraden Redders trifft. Hier geht es links zwischen Feldern hindurch. Und die wirken nun ziemlich öde im Gegensatz zu den vielfältigen Naturräumen, die man auf dieser Wanderung erlebt hat. Sie ist nun beinahe vorbei. Noch 1 Kilometer, dann steht man wieder auf dem **Parkplatz Dorotheenhofweg**.

WASSERRATTEN KOMMEN am Salemer See mit Sandstränden, Bootsverleihen und Gastronomie voll auf ihre Kosten. Am Ostufer führt ein ufernaher Wanderweg durch viel Wald entlang des Pipersees und Phulsees zum Schaalsee. Der tiefste Klarwassersee Deutschlands ist nach etwa 3,5 Kilometern erreicht.

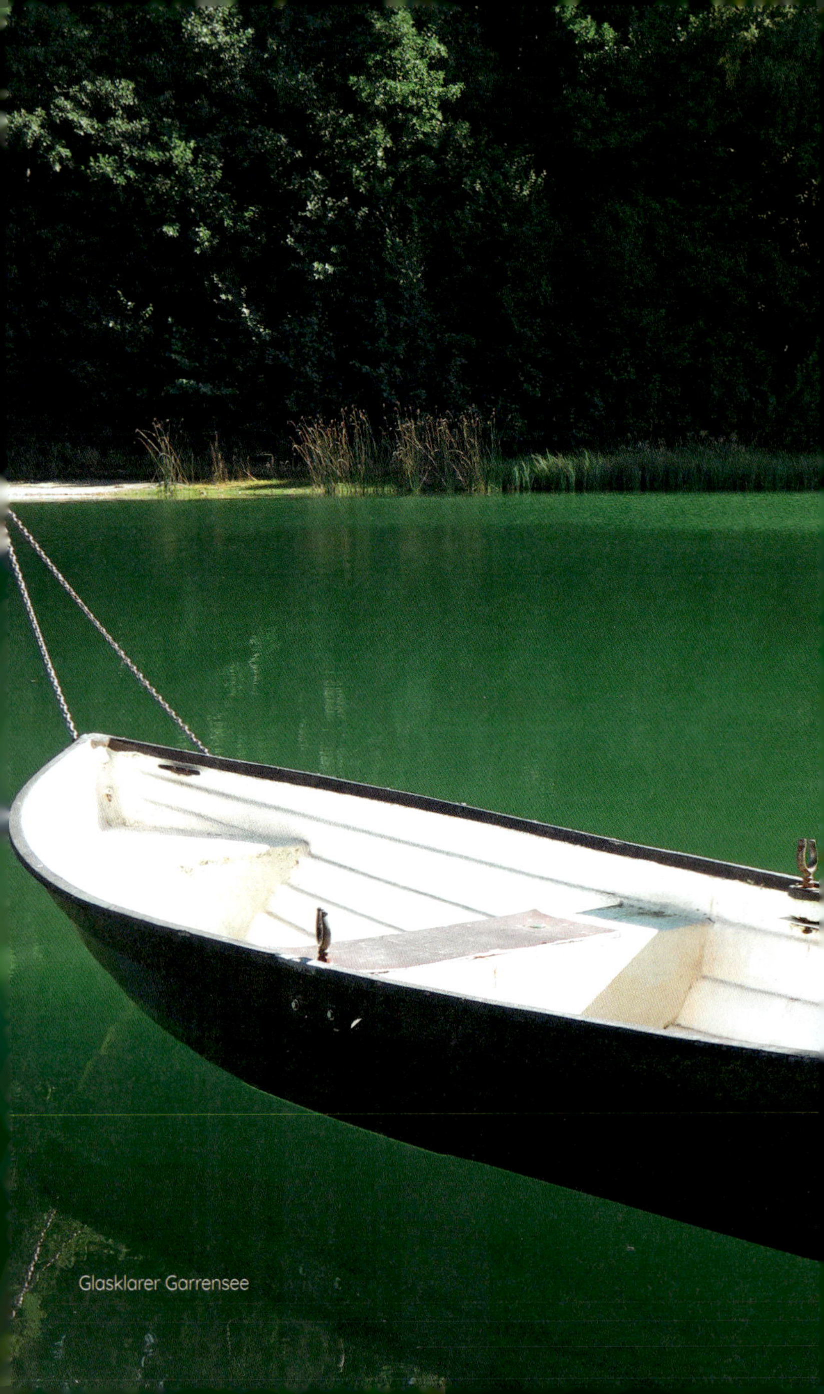

Glasklarer Garrensee

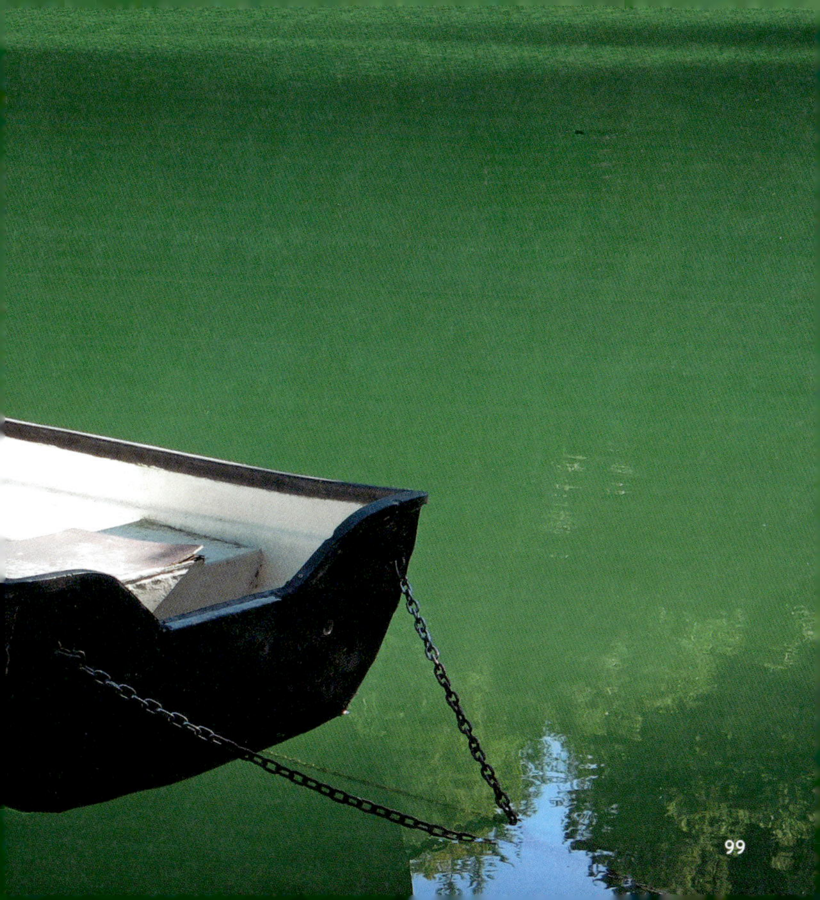

AUF EINEN BLICK

Info

STADT/REGION: Herzogtum Lauenburg
BESTE REISEZEIT: April bis November
OPTIMALE REISEDAUER: 2 bis 3 Tage
TOURISTINFO: Herzogtum Lauenburg Marketing, Hauptstraße 150, 23879 Mölln, Tel. 04542/85 68 60, info@hlms.de, herzogtum-lauenburg.de

SEHENSWÜRDIGKEITEN

KREISMUSEUM HERZOGTUM-LAUENBURG: Domhof 12, 23909 Ratzeburg, Tel. 04541/860 70, kreismuseen-rz@t-online.de, kmrz.de
EULENSPIEGELMUSEUM: Am Markt 2, 23879 Mölln, Tel. 04542/976 51 44, info@museum-moelln.de, moelln-tourismus.de
PAAHLHUS: Infozentrum UNESCO-Biosphärenreservat Schaalsee, Wittenburger Chaussee 13, 19246 Zarrentin, Tel. 038851/30 20, schaalsee.de

ÜBERNACHTUNG

WALDHALLE: Waldhallenweg, 23879 Mölln, Tel. 04542/85 88 0, info@waldhalle.de, waldhalle.de, **€€€**
DAS THOMAS: Seestraße 44, 23911 Salem, Tel. 04541/854 94 55, info@dasthomas-salem.de, dasthomas-salem.de, **€€**
SCHAALSEE-CAMP: Sterleyer Heide 2, 23883 Sterley, Tel. 04541/412, schaalsee-camp.de, **€**

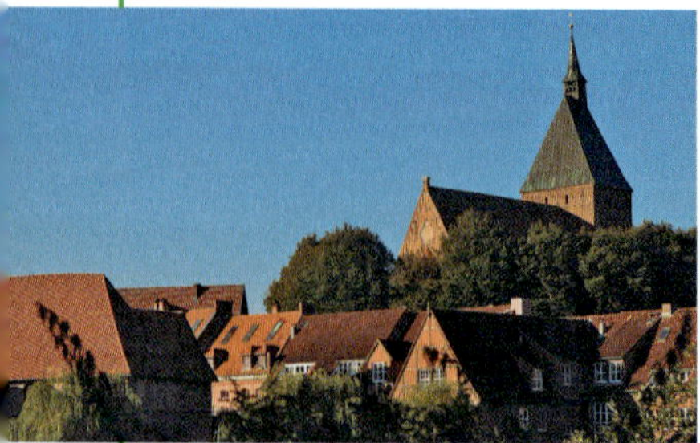
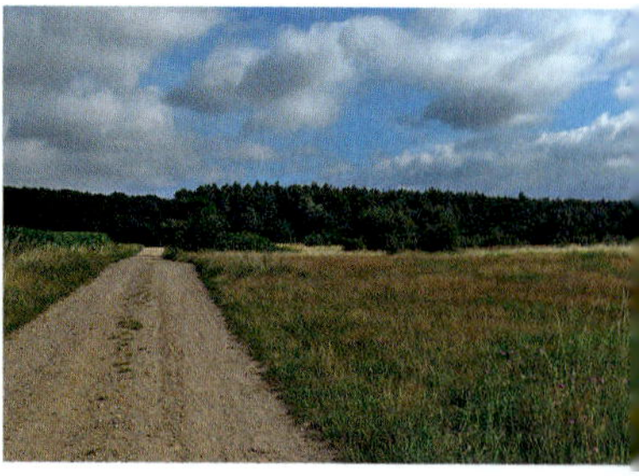

◀ Möllner Altstadt ▶ Kein Mensch nirgends

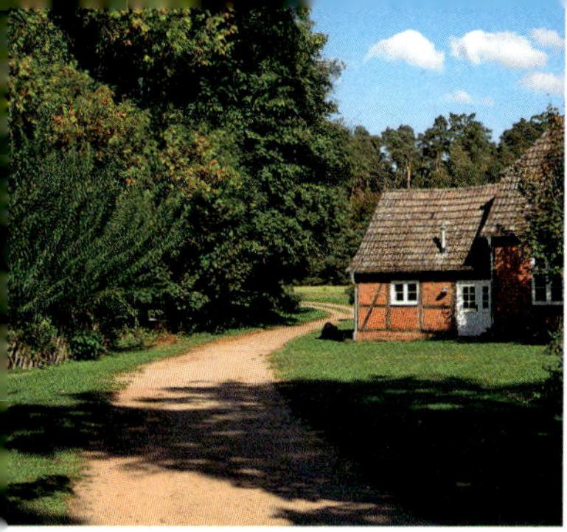 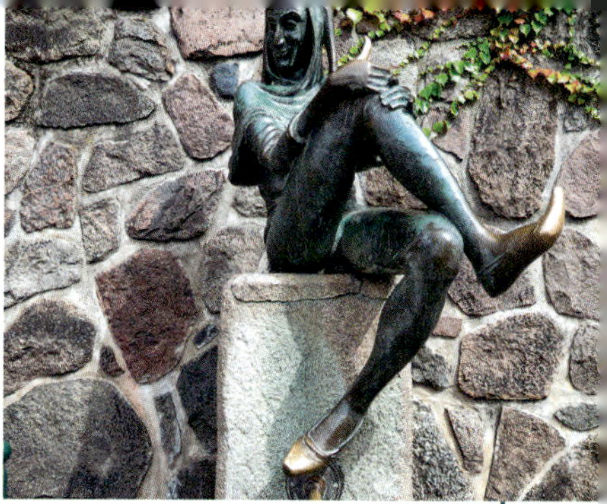

◀ Und am Ende der Straße: ein Haus am See ▶ Lokalheld Till Eulenspiegel

HELLBACHTAL

DAUER: 4.45 Std.

HÖHENMETER: 86 Hm

LÄNGE: 19 km

SCHWIERIGKEIT: Mittel

AUSGANGS-/ENDPUNKT: Parkplatz Uhlenkolk, Mölln

TOURENCHARAKTER: Eine lange Tour, so schön, dass man lächelnd weiter und weiter wandert

BESTE JAHRESZEIT: April bis November

EINKEHR UNTERWEGS: Waldhalle am Schmalsee. Gaststätte zur Hütte auf dem Campingplatz Lütauer See. Brandt's Gaststätte am Drüsensee (zuvor Öffnungszeiten checken)

GARRENSEERINNE

DAUER: 3.30 Std.

HÖHENMETER: 36 Hm

LÄNGE: 14 km

SCHWIERIGKEIT: Mittel

AUSGANGS-/ENDPUNKT: Wanderparkplatz Dorotheenhofer Weg, Salem

TOURENCHARAKTER: Gut markierter Rundweg durch abwechslungsreiche, wunderschöne Natur

BESTE JAHRESZEIT: Jederzeit; bei Schnee, Eis oder Regen jedoch unwegsam

EINKEHR UNTERWEGS: Das Thomas in Salem – mit Seeblick, unterwegs keine

AM GROSSEN STROM

Elbmarschen

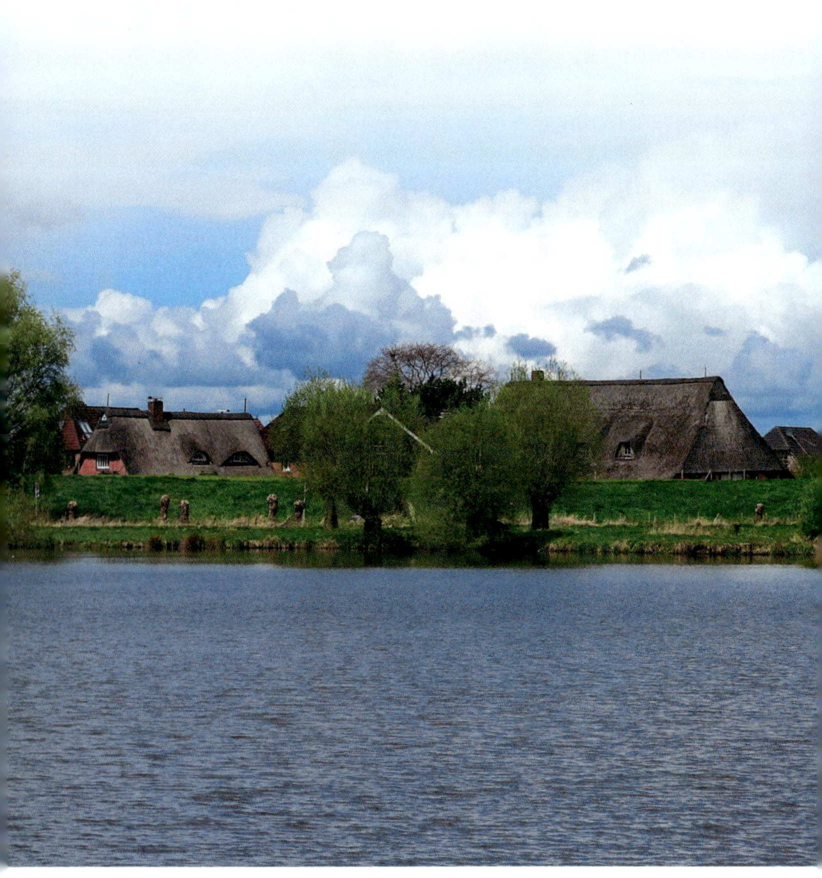

Unter Reet im Vordeichland

10

Gleich vorm Tor zur Welt erstreckt sich weitgehend unbewohntes Marschland an der Elbe. Wenig ruft in der flachen Gegend nach Aufmerksamkeit. Selbst die Schafe haben nichts dagegen, ihren Deich mit Wanderern zu teilen. Ruhe gehört zum guten Ton.

Wedeler und Hetlinger Marsch waren bis zur Fertigstellung des Landesschutzdeiches im Jahr 1975 direkt dem Tideeinfluss mit starken Wasserstandsschwankungen ausgesetzt. Durch die Sperrwerksteuerung bleiben Ebbe und Flut heute weitgehend auf den Gewässerverlauf der Wedeler Au und der Hetlinger Binnenelbe beschränkt. Dennoch liegt an der Unterelbe schon eine Nordseeahnung in der frischen Luft. Besonders während der großen Vogelzüge im Frühjahr und Herbst. Dann gehört ein Fernglas unbedingt ins Handgepäck.

FLACHLANDRADELN IST EINE entspannte Sache. Wie von selbst rollen die Räder etwa auf dem Elberadweg von Wedel nach Glücksstadt. Die Tour ist für einen ganzen Tagesausflug – mit Badestopp in Kollmar – gut. Wer Rundkurse bevorzugt, findet unter regionalpark-wedeler-au.de Tourenvorschläge.

KLEIN-AMAZONIEN HINTERM DEICH

Unter den vier deutschen Ästuaren ist die Tideelbe das größte. Hier liegt in der kleinsten holsteinischen Marsch das Naturschutzgebiet »Haseldorfer Binnenelbe mit Elbvorland«. Dort kann man zusehen, wie Auenwälder die Süßwasserwatten allmählich zurückerobern.

Ins Ästuar

Die Tour startet im Hafen von Haseldorf. Die Besonderheit fällt sofort ins Auge, wenn man den Deich erklimmt. Wo üblicherweise freie Sicht auf Wasser und Ozeanriesen herrscht und Deichkenner höchstens (Salz-)Wiesen erwarten, tut sich vielfältiges Grünland auf und Bäume säumen die Ufer. In diesem Bereich der Elbmündung sind die Tiden noch wirksam. Großflächig haben sich Süßwasserwatten erhalten. Durch das Elbvorland ziehen sich Priele mit dichtem Schilfbestand, Hochstaudenfluren und Weichholzauen.

Ästuare, also der Flut ausgesetzte Flussmündungen, zählen zu den vom Aussterben bedrohten Lebensräumen. Noch hat die Natur Deichbau und landwirtschaftliche Übernutzung nicht gänzlich verwunden. Viele Felder und Plantagen befinden sich noch in der Sukzessionsphase. Daher darf das Naturschutzgebiet weiträumig auch nicht betreten werden. Doch der 8 Meter hohe **Deich** funktioniert wie ein Lehrpfad. Er wird beidseitig von Deichverteidigungswegen begleitet. Butendeichs ist der Weg deutlich holpriger als auf der Innenseite, sodass Wanderer und Schafe Ruhe vor den Radlern haben. Als Zielmarke kann der **größte Strommast Europas** herhalten. Wo sich seine Leitungen zum Zwilling auf der Elbinsel Lühesand spannen, ist die **Hetlinger Schanze** erreicht.

In den Dschungel

Aus dramaturgischen Gründen empfiehlt es sich, den ersten Abzweiger zum Ufer rechts liegen zu lassen und erst 1,5 Kilometer später beim **Wassersportverein Hetlingen** auf dem ausgewiesenen Trampelpfad an die Elbe zu stapfen. Früher ein Privatvergnügen des Dänischen Königs sind die freien Sandflächen heute ein wichtiger Lebensraum für Sandkäfer, Sandwespe und solitär lebende Wildbienen. In den Randbereichen brüten Regenpfeifer und Seeschwalben – solange ihre Nester nicht zertreten und Ruhezonen auch beachtet werden. Auf einer Karte am Strandeingang ist nachzuvollziehen, welche Strandspaziergänge erlaubt sind. Wieder kann der **Strommast** als Wegmarke dienen. Nach einem guten Kilometer am Ufersaum führt unterhalb des weiß-rot geringelten Monstrums ein Pfad in einen bezaubernden **Auwald** mit Weidentunneln, Prielen und sehr seltenen Pflanzen wie der Elbe-Schmiele. Der kleine Dschungel wird regelmäßig von Hochwasser heimgesucht.

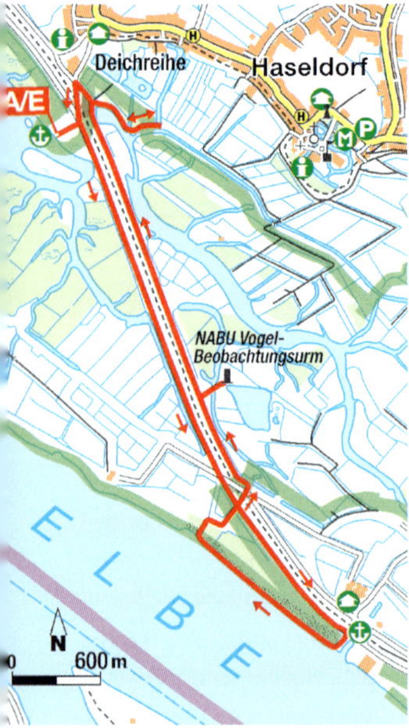

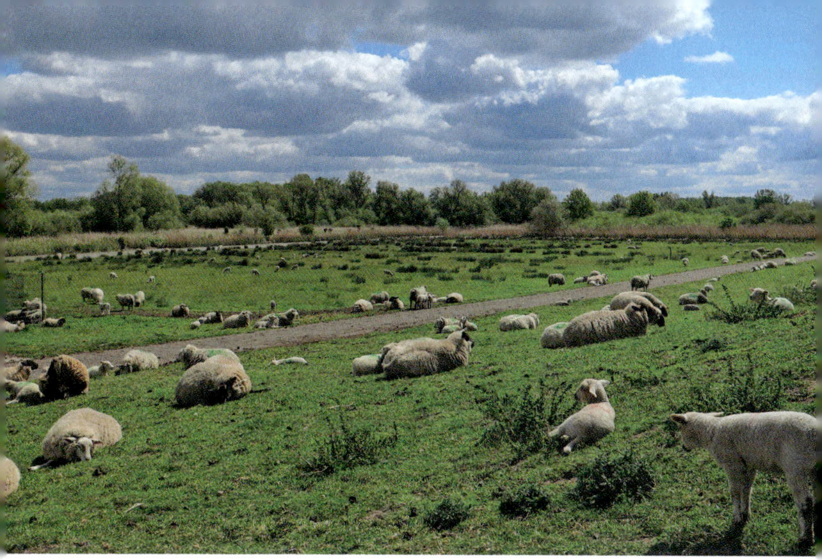

Schafe sind auf den Deichen in der Überzahl.

Dabei kommt das Elbwasser unter den Bäumen soweit zur Ruhe, dass sich hier große Mengen Sand ablagern, was dem Wald eine exotische Anmutung verleiht.

Ins Vogelparadies

Der Pfad leitet zurück zum **Deich**. Im ehemaligen Prielsystem sind stehende Gewässer mit feuchtem Grünland entstanden. In Schilfmeeren, Weidengebüschen und Hochstauden brüten Bekassine, Uferschnepfe, Braun- und Blaukehlchen, Wachtelkönig, Tüpfelsumpfhuhn, Rohrdommel, Zwerg- und Singschwan, Eisvogel, Rohrweihe, Wanderfalke, Neuntöter, Schilfrohrsänger, Bart- und Beutelmeise, Kiebitz, Rotschenkel, Sandregenpfeifer, Graugans, Löffel-, Reiher-, Schnatter-, Krick-, Spieß-, Pfeif- und Stockente. Unter anderem! Selbst Seeadler haben sich angesiedelt. Und auch für zehntausende Rast- und Zugvögel, allen voran Wildgänse, ist das Gebiet ein wichtiger Ankerplatz. Zum Beobachtungsposten im **Schanzenturm** gelangt man über einen Pfad nach etwa 1 Kilometer jenseits des Strandes. Zurück auf dem **Deichweg** lernt man einen weiteren Vogel kennen, der sich in der Haseldorfer Marsch niedergelassen hat. Die Nester der Kormorane in den weiß beklecksten Bäumen sind nicht zu übersehen. Lange wurden die zu Unrecht als »Fischfresser« verunglimpften Vögel verfolgt. Um die Jahrhundertwende galten sie in Schleswig-Holstein als ausgestorben. Erst 1982 gründeten Kormorane aufgrund verbesserter Schutzbestimmungen wieder eine Kolonie im Norden. Mittlerweile gelten sie nicht mehr als gefährdet.

Ins Schlaraffenland

Mehr über alle schutzwürdigen Pflanzen, Tiere und Lebensräume dieser Tour erfährt man im **NABU-Naturzentrum Scholenfleth**. Die Ausstellung befindet sich ganz in der Nähe des Ausgangspunktes am Hafen. Hier lohnt es sich, dem hölzernen Wegweiser zum **Obstgarten Alter Sorten** zu folgen. Der etwa 700 Meter lange Pfad windet sich entlang der Binnenelbe bis zu einem Zauntritt. Darüber geklettert findet man sich in einer der größten öffentlichen Obstsammlungen Deutschlands wieder. 498 knorrige, moosbewachsene Bäume, behütet nur von Schafen, tragen Früchte, die es vielfach kaum mehr irgendwo zu kaufen gibt. 125 Apfel-, 37 Birnen-, 25 Pflaumen- und 7 Kirschsorten öffnen hier ab Mai ihre Blüten. Die Früchte dürfen übrigens gern für den eigenen Genuss geerntet werden. Pflanzschilder an den Bäumen verraten, wann es so weit ist.

Tipp

Am Rande des Haseldorfer Schlossparks befindet sich eine der größten Graureiherkolonien Norddeutschlands. Ab und zu gesellen sich Störche dazu und auch Uhus haben schon zwischen den eleganten Graureihern gebrütet. Der Gutspark selbst punktet mit wertvollem, altem Baumbestand.

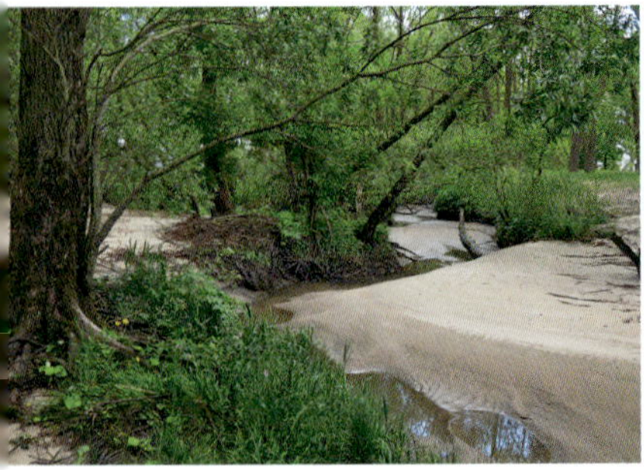

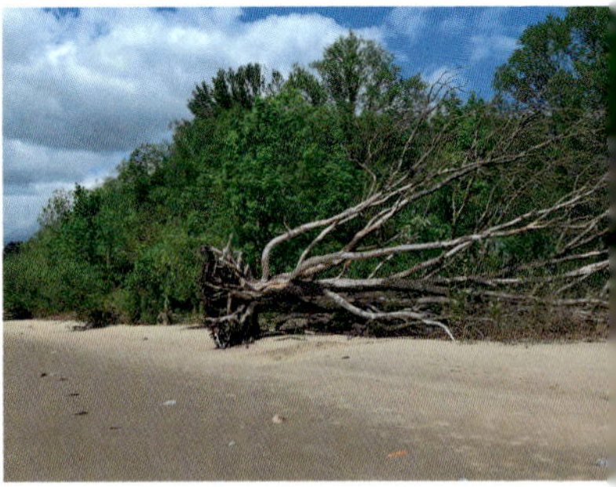

◀ Ebbe und Flut im Wald ▶ Am Strand der Hetlinger Schanze

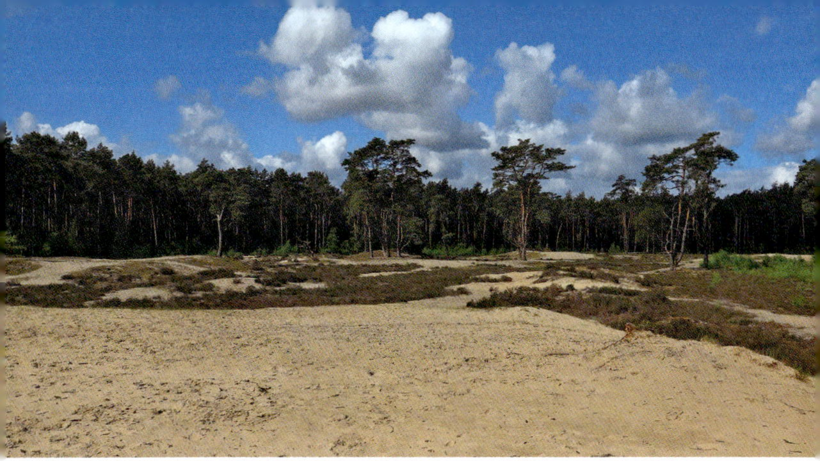

Dünen weitab vom Meer: die Holmer Sandberge

DER DUFT VON DÜNENWÄLDERN

Was duftet wie Dänemark, sieht aus wie Skandinavien im Pocketformat und macht Liebhaber nordeuropäischer Landschaften glücklich? Na klar – die Holmer Sandberge im Kreis Pinneberg zwischen Appen, Holm und Wedel mit ihren entspannten Rundwegen.

Wie Dünen wachsen

Die Tour startet am **Parkplatz Eggernkamp**. Dort leitet ein sandiger Pfad direkt ins größte Binnendünengebiet Schleswig-Holsteins. Es entstand am Ende der letzten Eiszeit. Als die Gletscher zu schmelzen begannen, brachten Schmelzwasserströme große Mengen Sand ins Elbe-Urstromtal. Stürme wehten den Sand in Jahrhunderten parallel zum Fluss zu hohen Bergen auf. Dort entwickelten sich Wälder. Im Mittelalter wurden jedoch viele abgeholzt, um Weide- und Ackerflächen zu erhalten. Dadurch geriet der Sand wieder in Bewegung. Um den Sandflug einzudämmen, begann in den 1920er-Jahren die massive Aufforstung der Binnendünen mit Kiefern. Die Sandfläche wurde erst 2005 wieder freigelegt. Dafür waren großflächige Rodungen und ein Abtrag der Humusschicht nötig. Inzwischen haben sich Gräser und Heiden angesiedelt, die wiederum Sandlaufkäfern und Sandbienen hervorragenden Lebensraum bieten. Zum Erhalt der offenen Landschaft müssen junge Sprösslinge regelmäßig aus dem Boden gezogen werden. Ein blauer Pfeil markiert den Rundweg, der rechts in den umgebenden **Wald** führt.

10

Wie Wälder entstehen

Der Pfad windet sich durch Kiefernforst. Die anspruchslosen Bäume benötigen nur wenig Wasser und wachsen auch auf nährstoffarmen Böden. Doch sie sind auch anfällig für Schädlinge, Sturmschäden und brennen im Fall eines Waldbrandes wie Zunder. Wie in vielen norddeutschen Wäldern hat sich die Spätblühende Traubenkirsche breitgemacht. Die nordamerikanische Gehölzart wurde bis in die 1950er-Jahre forstwirtschaftlich ausgebracht. Heute wird sie als schädliche, invasive Art eingeschätzt, die einheimische Baumarten behindert. Vögel lieben ihre schwarz glänzenden Beeren und sorgen so für ständige Verbreitung der Samen. Für die Stileichen übernehmen dies Eichelhäher. Die hellbraunen »Gärtner des Waldes« mit der schillernden blauen Flügelfeder vergraben Eicheln als Wintervorrat. Genau wie für Stileichen ist auch für Birken der lichte Waldbestand in den Holmer Sandbergen ideal. Beide Arten brauchen viel Sonne. In Mischwäldern wird ihnen die häufig von stark belaubten Bäumen wie den Buchen genommen.

Am Scheitelpunkt trifft der Rundweg auf den Katastrophenweg. Er führt zum Feuerlöschteich. Mit einer Insel, kleinen Sandstränden und von Seerosen bedeckt wirkt das Gewässer idyllisch. Es ist aber nicht natürlichen

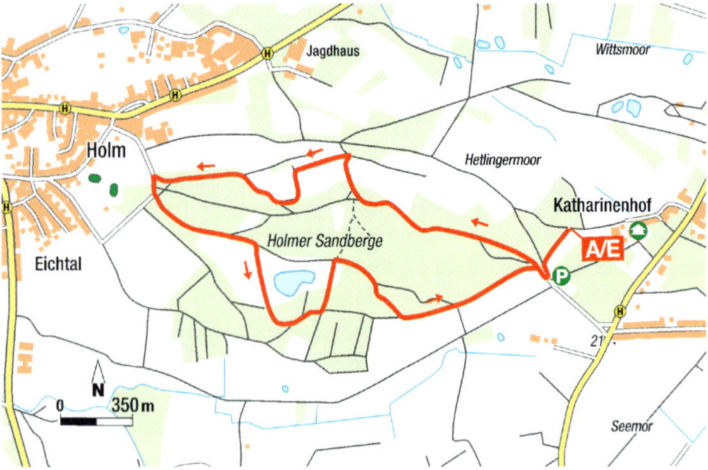

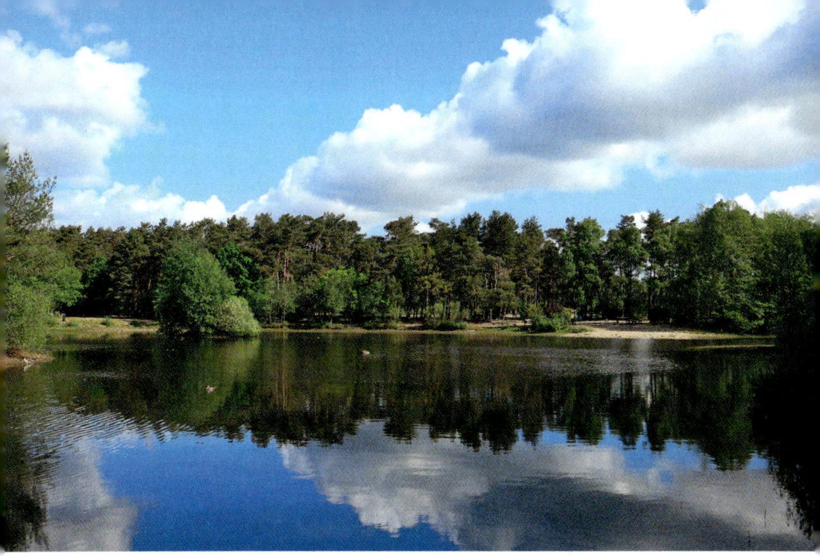

Feuerlöschteich am Katastrophenweg

Ursprungs. In den 1970er-Jahren wurde hier Sand zum Straßenbau entnommen. Die Grube füllte sich mit Regenwasser, da eine Lehmschicht das Versickern im Boden verhinderte. Baden ist hier nicht erlaubt. Blickt man vom gegenwärtigen Ufer zum Picknickplatz, könnte man sich auch in Norwegen wähnen. Und wenige Schritte weiter wie in Astrid Lindgrens Birkenlund. In der Ausgleichspflanzung wurden so viele Bäume gesetzt, wie auf der Sandfläche gerodet wurden. Es sind vornehmlich junge Birken und Stileichen. Noch sind die 70 000 Bäumchen eingezäunt, um sie vor Rehen zu schützen. Aber irgendwann, wenn sich die stärksten durchgesetzt haben, wird ein gesunder, widerstandsfähiger Wald entstanden sein. Bis zum Parkplatz sind es jetzt nur noch 500 Meter. Die kann man gleich hinter sich bringen oder erst noch einmal einen der Abzweiger in die Dünen nehmen. Um noch einmal den Duft der Kiefern einzuatmen und sich von der Sonne wärmen zu lassen wie eine Zauneidechse.

DER KREIS PINNEBERG gilt als größtes zusammenhängendes Baumschulgebiet der Welt. Man kennt sich also aus. Dementsprechend spannend ist ein Besuch im Aboretum Ellerhoop-Thiensen. Seit Eröffnung 1943 ist die Dendrologie zu einer umfassenden Gartenschau gewachsen. Bäume nehmen aber noch immer eine zentrale Rolle ein.

AUF EINEN BLICK

Info

STADT/REGION: Elbmarschen
BESTE REISEZEIT: Frühling und Herbst
OPTIMALE REISEDAUER: 2 Tage
TOURISTINFO: Holstein Tourismus, Tel. 04124/604 95 92, info@holstein-tourismus.de, holstein-tourismus.de

SEHENSWÜRDIGKEITEN

ELBMARSCHENHAUS: Hauptstraße 26, 25489 Haseldorf, Tel. 04129/955 49 10, info@elbmarschenhaus.de, elbmarschenhaus.de

NABU VOGELSTATION WEDELER MARSCH: Fährmannssand, 22880 Wedel, Tel. 04064/85 52 53, vogelstation@hamburg-nabu.de, hamburg.nabu.de

SCHIFFSBEGRÜSSUNGSANLAGE WEDEL: Parnaßstraße 29, 22880 Wedel, Tel. 04103/92 00 15, kapitaene@schulauer-faehrhaus.de, schulauer-faehrhaus.de

ERNST BARLACH MUSEUM: Mühlenstraße 1, 22880 Wedel, Tel. 04193/91 82 9, kontakt@ernst-barlach.de, ernst-barlach.de

ÜBERNACHTUNG

HOTEL FREIHOF AM ROLAND: Am Marktplatz 6, 22880 Wedel, Tel. 04103/12 80, reservierung@freihofwedel.de, freihofwedel.de, €€

HOTEL HASELAUER LANDHAUS: Dorfstraße 10, 25489 Haselau, Tel. 04122/9871 97, info@haselauer-landhaus.de, haselauer-landhaus.de, €€

RISSLER HOF CAFÉ & BLEIBE: Im Ort 16, 25488 Holm, Tel. 04103/701 99 77, rissler-hof.de, €€

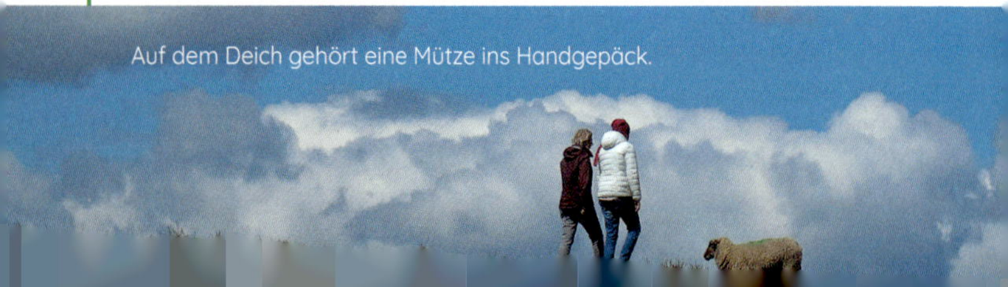
Auf dem Deich gehört eine Mütze ins Handgepäck.

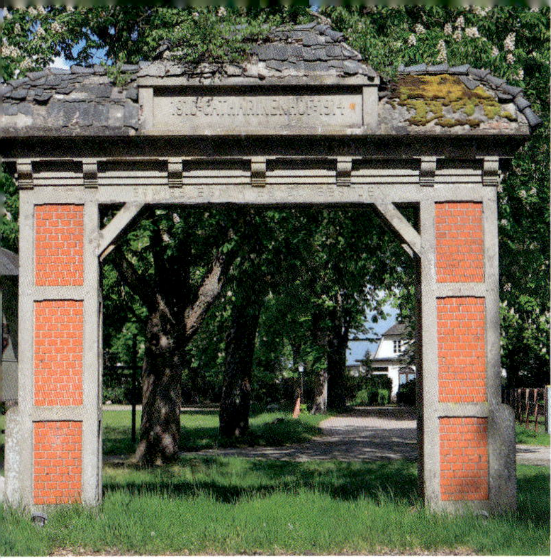

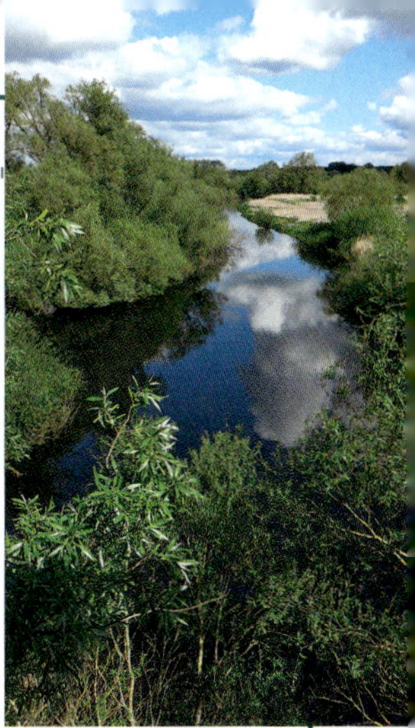

◀ Prächtige Höfe zeugen von fruchtbarem Land. ▶ Haseldorfer Binnenelbe

KLEIN-AMAZONIEN HINTERM DEICH

DAUER: 2.30 Std.

HÖHENMETER: 12 Hm

LÄNGE: 10,5 km

SCHWIERIGKEIT: Leicht

AUSGANGS-/ENDPUNKT: Hafen Haseldorf

TOURENCHARAKTER: Es geht sich schnell auf dem Deich

BESTE JAHRESZEIT: Frühling

EINKEHR UNTERWEGS: Von Ostern bis Oktober Fisch-Imbiss Haseldörper Rööckerkist im Hafen

DER DUFT VON DÜNENWÄLDERN

DAUER: 1.15 Std.

HÖHENMETER: 4 Hm

LÄNGE: 5 km

SCHWIERIGKEIT: Leicht

AUSGANGS-/ENDPUNKT: Parkplatz Eggernkamp

TOURENCHARAKTER: Einfache Wegführung, gut gepflegte Pfade und Naturwege

BESTE JAHRESZEIT: Frühling

EINKEHR UNTERWEGS: Keine

NORDSEE AHOI

Büsum

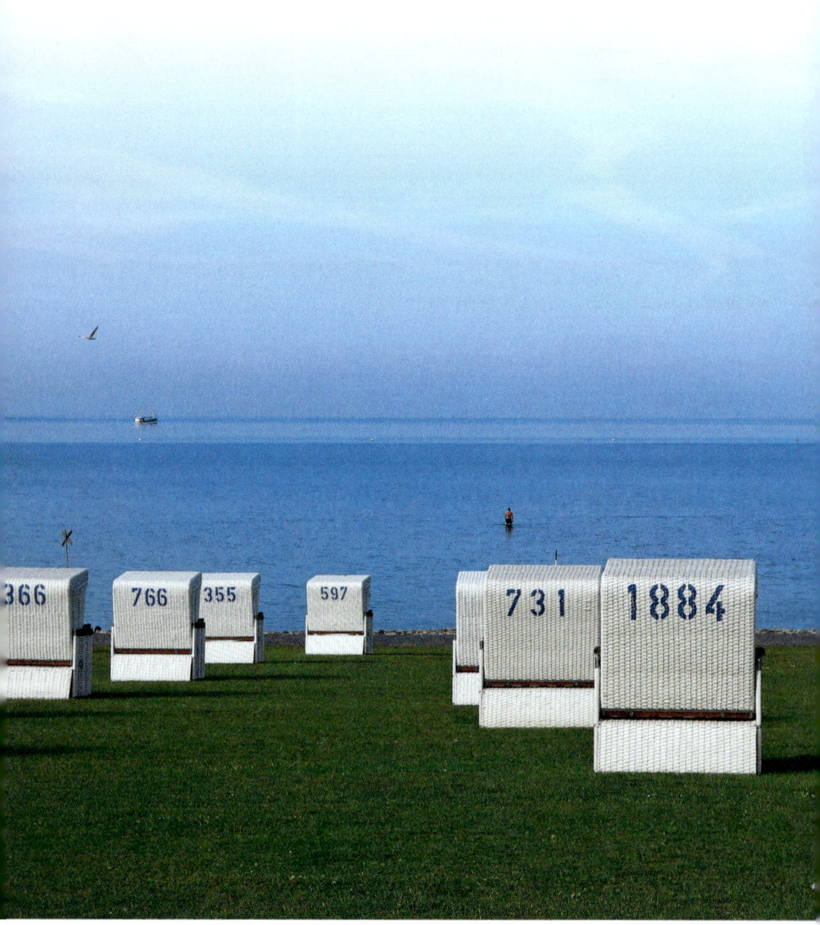

Büsums Südstrand

Büsum – das ist Badeleben, das sind Jachten, Fähren, Kutter, Möwengeschrei und Schiffsmotoren, ein Ankerfriedhof und das Licht eines 100 Jahre alten Leuchtturms. Büsum ist frische Luft, frischer Wind, frischer Fisch. Und natürlich Krabben. Aber Wandern?

Ans Wandern denken zunächst wohl die wenigsten, wenn sie in den drittgrößten Fremdenverkehrsort der schleswig-holsteinischen Nordseeküste reisen. Wer es jedoch mal ausprobiert, entdeckt einen speziellen Zauber auf den schnurgeraden Deichen in der endlos weiten Landschaft Dithmarschens. Hier, wo man morgens schon sieht, wer abends zum Essen kommt, ist man bestens auf Gäste vorbereitet. Und wer keine Lust zum Schnacken hat, kein Problem, das können die Einheimischen gut verstehen. Ein paar Schritte landeinwärts reichen, um vom Trubel in die Einsamkeit zu wechseln, und solange man nur freundlich Moin sagt, gilt man dort schon als Top-Gesprächspartner.

Tipp

Deichwandern ist die plattdeutsche Antwort auf Meditation. Nichts erwarten, nichts forcieren und ganz im Hier und Jetzt sein, das fällt im Gehen viel leichter als im Lotussitz. Besonders in eher einsamen Ecken, wo überhaupt nichts nach Aufmerksamkeit ruft, entspannen Körper und Gedanken wie von selbst.

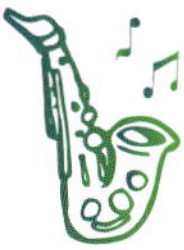

BÜSUM IST DAS letzte Nordseebad Schleswig-Holsteins, das sich noch ein eigenes Kurorchester gönnt. In den Sommermonaten spielt die Combo im Musikpavillon des Kurparks auf, einer kleinen Wohlfühl- und Ruheoase hinterm Deich. Das Retro-Vergnügen kostet keinen Eintritt.

IMMER AM DEICH LANG

In Büsum bringt Wandern am meisten Spaß, wenn kein anderer Mensch Lust dazu hat. Bei Sturm etwa, im Winter oder morgens, je früher desto besser. Dann verströmt das moderne Nordseeheilbad Büsum noch einen herrlich nostalgischen Charme. Beinahe so wie damals, als Büsum noch eine Insel im Nirgendwo war.

11

Das Alte Büsum

Die Tour startet am begrünten Kaiser-Wilhelm-Platz vor dem Rathaus von 1915. Die Rückseite des Backsteingebäudes mit neobarocken Formen dockt an die weiß verputzte St.-Clemens-Kirche aus dem 15. Jahrhundert an. Aber die Gemeinde ist viel älter. Die erste Kirche wurde 1281 geweiht. Damals war Büsum noch eine Insel namens Bisune. Heute erinnert nichts mehr an die ursprüngliche Dünenlandschaft und wenig an die Schwierigkeiten, den Badetourismus zu etablieren. Einen Schub gab der Eisenbahnanschluss 1883. Der ehemaligen Poststation neben der Kirche ging dagegen die Luft aus. Seitdem wird sie als Hotel Alte Post betrieben. Mittlerweile in der vierten Generation familiengeführt, gehört ein gutes Essen im sehenswerten historischen Gastraum zum Urlaub unbedingt dazu. Über die Flaniermeile Alleestraße geht es Richtung Deich. Spätestens dort zeigt sich, dass Büsum Barrierefreiheit wirklich ernst nimmt. Das gilt für das neue Infozentrum Watt'n Hus genauso wie für das frisch aufgemöbelte Wellenbad und Spa Meerzeit. Auf der Deichkrone gelangen Rollstuhlfahrer ebenso leicht nach Norden wie Eltern mit Kinderwagen oder Wanderer. Zur Landseite wird der Deich vom Kurpark begleitet.

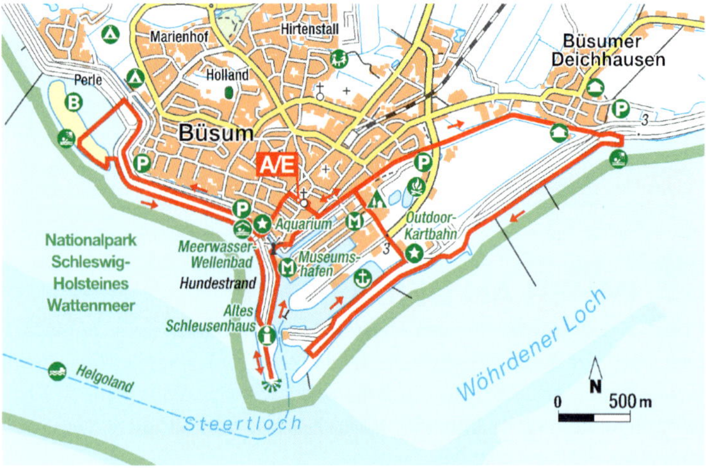

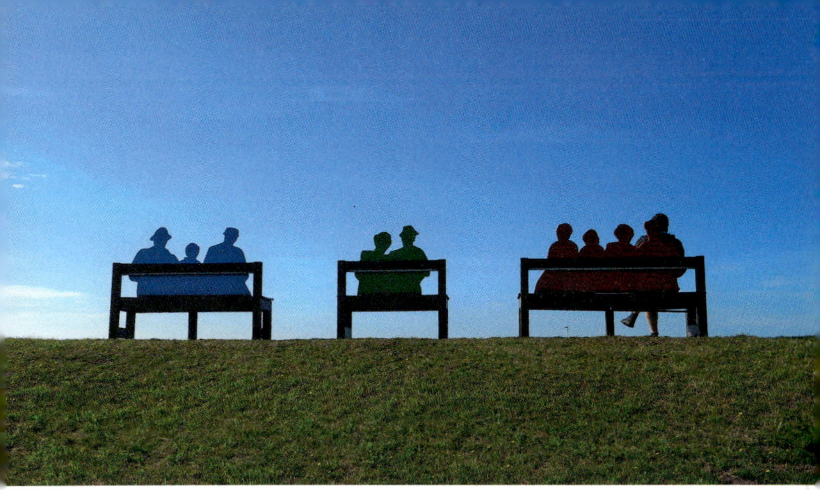

Am Saum der Zeit. So steht es auf der Sitzfläche einer Bank.

Morgens am Grünstrand

Nach 1,5 Kilometern ist die beliebteste Attraktion im ohnehin beliebten Büsum erreicht: die Familienlagune **Perlebucht**. Sie lockt mit künstlichem Sandstrand und tideunabhängigem Badespaß. Sehenswert ist das durchaus. Im Sommer aber nur morgens, bevor die ersten Frühaufsteher über den Deich fluten. Dann wird es nämlich sehr schnell sehr voll am Strand. Richtungswechsel. Auf dem unteren Deichweg geht es nun an der Wasserkante zurück. Etwa 2,5 Kilometer misst der **Strand von Büsum**, bei dem es sich um einen verbreiterten Deich handelt. Im Sommer reihen sich die Strandkörbe dicht an dicht auf der gepflegten Liegewiese. An der Spitze der Westmole laden die bunten Bänke der Künstlerin Ulrike Andresen und von KD Arlt zum Nachdenken ein. Hier ankert auch der **Seenotrettungskreuzer Theodor Storm**. Im Infopavillon erzählen Objekttafeln von dem atemberaubenden Job der Seenotretter. Dann geht es beim rot-weiß-geringelten **Leuchtturm** von 1913 über die Brücke in den Hafen. Die Krabbenfischerei trug im ausgehenden 19. Jahrhundert maßgeblich zum wirtschaftlichen Aufschwung bei. Heute hat die monetäre Bedeutung abgenommen. Aber atmosphärisch sind die Krabbenkutter aus Büsum nicht wegzudenken. Die **Persiluhr** am Ankerplatz ist eine Replik. Die Waschmittelmarke verschenkte zum 90-jährigen Bestehen acht Nachbauten an verschiedene Gemeinden in ganz Deutschland. Die Original-Uhren galten in den 1920er-Jahren als beliebte Treffpunkte. In Büsum sammeln sich hier heute die Helgolandfahrer.

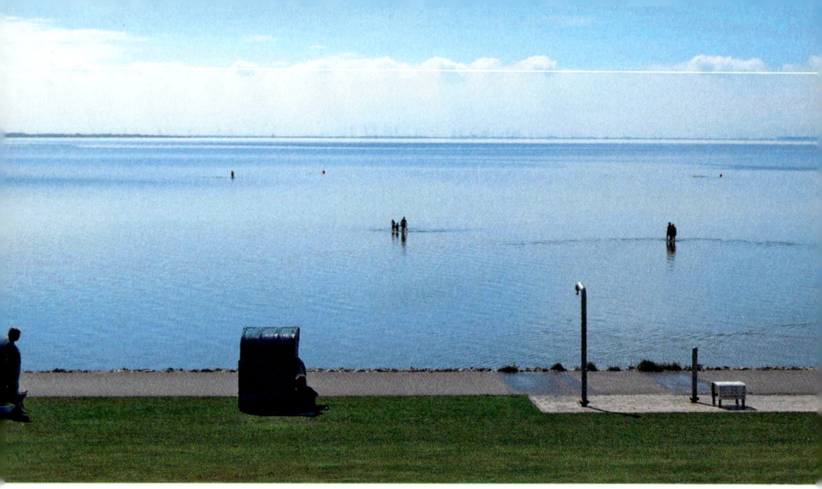

Büsumer Deichhausen in der Meldorfer Bucht

Nordseeruhe

Die ausführliche Hafeninspektion kann noch etwas warten. Der Ostdeich leitet jetzt erst einmal aus dem Treiben hinaus. Schnell wird es ruhig. Üppige Grünanlagen begleiten den Fußpfad auf der Deichkrone. Der kleine Hochzeitswald linker Hand bietet den letzten Schatten für Kilometer. Nach Querung des Hafentörns zieht sich der Deich weiter durch Felder und Wiesen nach Büsumer Deichhausen. Mit 334 Einwohnern und 800 Gästebetten verströmt der kleine Ort die typische Geruhsamkeit der Meldorfer Bucht. Selbst zur Hochsaison findet sich an der Badestelle beim Strandhaus immer ein Platz für das Handtuch und es ist schwer vorstellbar, dass einen kurzen Spaziergang entfernt das Leben nur so brummt. Dorthin zurückgewandert, stellt sich das irreale Gefühl einer zweidimensionalen Welt ein. Ob man die reduzierte Landschaft im klassischen Sinne für schön hält, ist Geschmackssache. Faszinierend ist sie allemal.

Hafentrubel

Wanderer erreichen Büsum genau wie Segler über die Hafeneinfahrt. Die schrabbeligen Kaianlagen der Ostmole und das schmucklose Sperrwerk könnten genauso gut das Ende der Welt markieren. Überquert man dann den Deich, ist mit einem Schlag alles wieder anders. Die Straße Segeltörn umrundet das Hafenbecken zur Hälfte, bevor es linker Hand über die Werftstraße auf die alte Hafeninsel geht. Hier ist man wirklich mittendrin im Wirrwarr von Berufsschifffahrt und Urlauberglück. Unter den Fischgeschäften und -restaurants findet sich garantiert eines, das den eigenen Vorlieben entspricht. Den Ausgangspunkt erreicht man vom Fischerkai schnell über die Österstraße.

KEINE LUST AUF Ölsardinenfeeling? Kein Problem. Wie überall in Dithmarschen entkommt man der Meute schnell. Auf dem Deichweg saust man innerhalb von Minuten in die Ruhe oder bis zur nächsten Attraktion – von Büsum aus etwa bis zum 16 Kilometer entfernten Eidersperrwerk.

EINE SCHIFFSTOUR NACH Helgoland ist ein unvergessliches Erlebnis. Von Büsum erreicht man Deutschlands einzige Hochseeinsel mit dem nostalgischen Seebäderdampfer »Funny Girl« in 2,5 Stunden. Der ultramoderne Katamaran fliegt 60 Minuten schneller übers Wasser.

KRABBEN GALTEN FRÜHER als »Arme-Leute-Essen« und heute sind sie eine Delikatesse. Nie schmecken die kleinen Garnelen besser als nach einem Spaziergang am Meer. Exzellent sind etwa die Krabbenbrötchen bei der ersten Bude am Fischerkai mit Blick auf die Kutter.

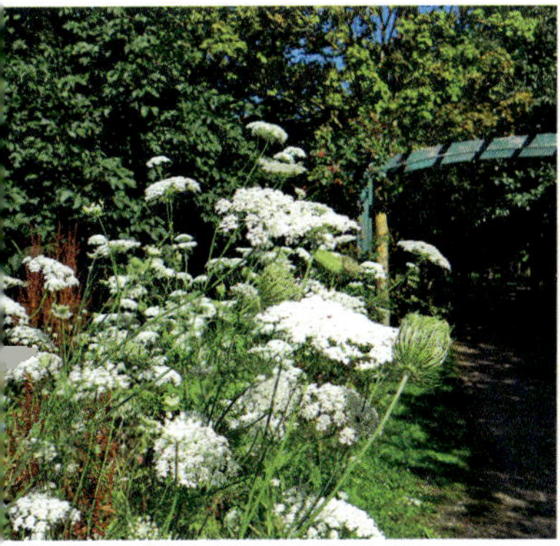

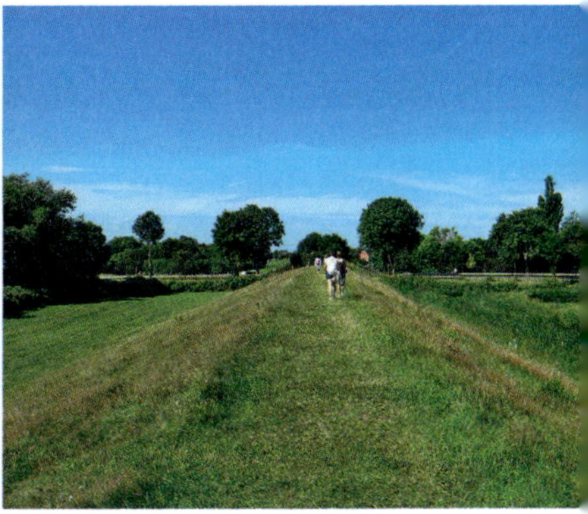

◀ Im kleinen Hochzeitswald von Büsum ▶ Ein Binnendeich als Wanderweg

11

IM LAND DER GEZEITEN

Das Strandleben richtet sich in Dithmarschen nach dem Takt von Ebbe und Flut. Auf dieser Tour muss man aber nicht den Tidekalender checken, denn das Highlight ist nicht die Nordsee, sondern eine ehemalige unbewohnte Insel.

Ebbe und Flut

Näher als auf den Parkplatz der Badestelle Elpersbüttel können Autofahrer Helmsand nicht kommen. Von dort geht es nur noch aus eigener Kraft weiter. Das ist immer ein guter Schutz vor Massenandrang. Am Grünstrand helfen zudem noch die Gezeiten. Er füllt sich meist nur in den 1,5 Stunden vor Hochwasser bis zu den 1,5 Stunden danach. Denn nur in diesem Zeitfenster ist es möglich, in der Meldorfer Bucht zu baden. So lässt sich schon vom Deich erkennen, ob die Flut naht. Sind wenige Strandkörbe besetzt und ist die mobile Station der DLRG verwaist, dauert es wohl noch, bis die Nordsee zurückkehrt. Vielleicht dauert es sogar sehr lang. Zwischen zwei Fluten liegen gute zwölf Stunden. Aber das spielt für Wanderer keine Rolle, denn die Tour ist immer ein Vergnügen, ganz egal, ob es nun an der Watt- oder Wasserkante in südlicher Richtung geht; 2,5 Kilometer bis zu einer ehemaligen Hallig.

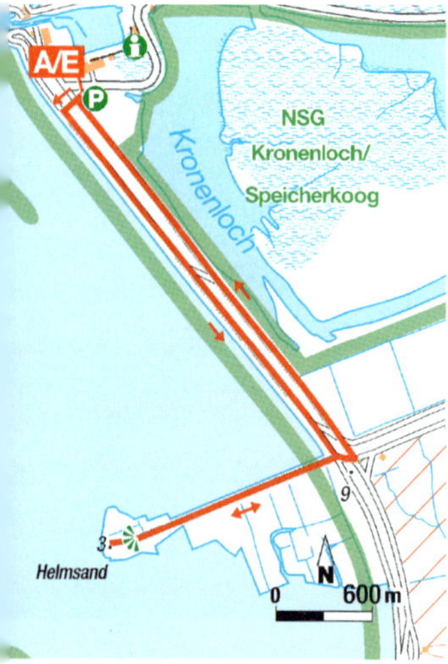

Hallig Helmsand

Helmsand ist die einzige Hallig Dithmarschens. Bewohnt war sie nie. Nur um die Jahrhundertwende diente sie eine Zeit lang einem Meldorfer als Sommerfrische. Heute ist sie über einen Damm mit dem Festland verbunden. Er hat sich durch Landgewinnungsmaßnahmen so stark verbreitert, dass sich der Inselcharakter zunächst kaum mehr ausmachen lässt. Je weiter man aber ins Wattenmeer hinaus-

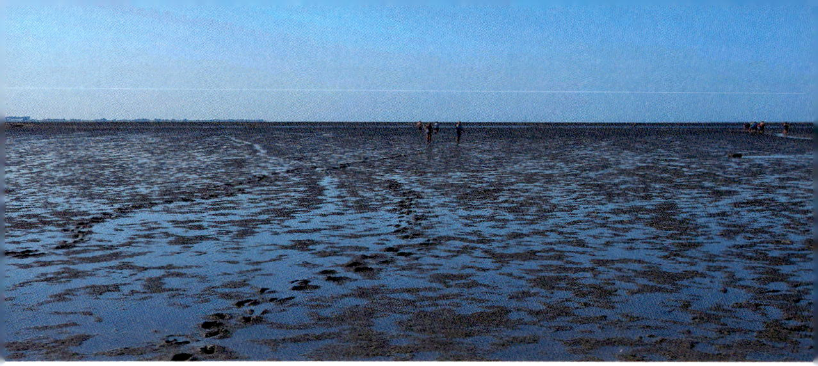

Oh, Watt schön ist Dithmarschen

läuft, desto mehr stellt sich ein Inselgefühl ein. Zu tun gibt es wenig auf Helmsand. Während des Spaziergangs kann man bloß der Stille lauschen. Tief einatmen. Und aus. Und Vögel in den unbeweideten Salzwiesen beobachten. Als wichtiger Brutplatz für Meeresvögel wie Austernfischer, Rotschenkel und die kleinen Mornellregenpfeifer sind die Salzwiesen größtenteils für Menschen tabu. Nur zur Vogelbeobachtungshütte führt ein Pfad. Nach 1,5 Kilometern ist der Halligkopf erreicht. Dort kann man aufs Meer schauen. Eine Weile oder auch sehr lang. Bis es wieder zurückgeht wie gekommen, so langsam wie die Flut.

Tipps

Der Speicherkoog existiert erst seit den späten 1970er-Jahren. Da trotzten die Meldorfer der Nordsee etwa 5000 Hektar ab, indem sie eine Mauer mitten ins Meer bauten. Das Land hinter dem Sperrwerk wurde größtenteils für Freizeit, Natur- und Landschaftsschutz konzipiert. Beeindruckend.

Watt hat keine Balken. Für eine Wanderung im Weltnaturerbe schließt man sich daher am besten einer geführten Tour an. Wattwanderungen werden an so gut wie jeder Badestelle angeboten und sind nicht nur die sicherste Möglichkeit, über den Meeresboden zu spazieren, sondern auch die interessanteste.

Auf Helmsand ist in der Brutzeit von Anfang April bis Ende Juli das Betreten verboten, denn dann reagiert die Vogelwelt auf Störungen besonders empfindlich. In den anderen Monaten sind Vogelfreunde froh, wenn sie ein Fernglas und gute Objektive im Rucksack haben.

AUF EINEN BLICK

Info

STADT/REGION: Büsum/Dithmarschen
BESTE REISEZEIT: September
OPTIMALE REISEDAUER: 3 Tage
TOURISTINFO: Watt'n Hus Freizeit- und Informationszentrum, Südstrand 11, 25761 Büsum, Tel. 04834/90 91 14, info@buesum.de, buesum.de

SEHENSWÜRDIGKEITEN

MUSEUM AM MEER: Am Fischereihafen 19, 25671 Büsum, Tel. 04834/67 34, museum@museum-am-meer.de, museum-am-meer.de
DEICHMUSEUM: Mittelweide, 25671 Büsum, Pfad vom Parkplatz P1
PHÄNOMANIA: Dr.-Martin-Bahr-Straße 7, 25671 Büsum, Tel. 0171/97 59 948, info@phaenomania-buesum.de, phaenomania-buesum.de

ÜBERNACHTUNG

LIGHTHOUSE HOTEL & SPA: Am Museumshafen 11, 25671 Büsum, Tel. 04834/984 20, info@hotel-lighthouse.de, hotel-lighthouse.de, **€€€**
50'S SEASIGHT MOTEL: Strandstraße 14, 25671 Büsum, Tel. 04834/96 56 30, info@bernstein-resorts.de, 50seaside.de, **€€**
CAMPINGPLATZ ZUR PERLE: Dithmarscher Straße 43, 25671 Büsum, Tel. 04834/962 11 18, info@campingplatz-zur-perle.de, campingplatz-zur-perle.de, **€**

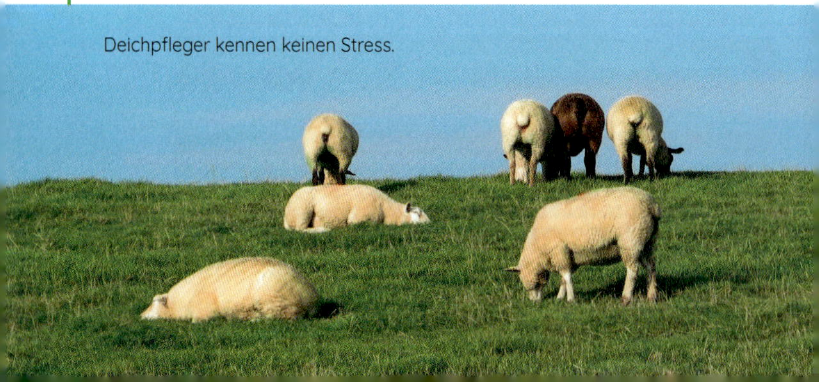

Deichpfleger kennen keinen Stress.

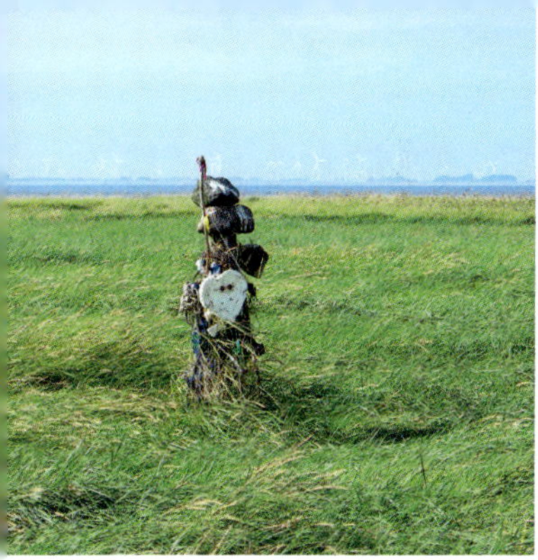 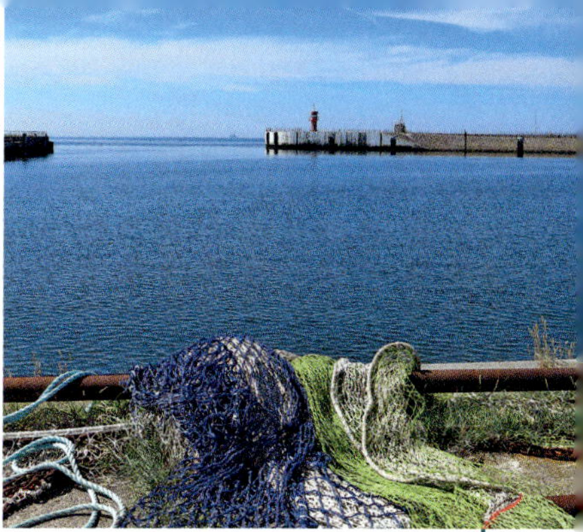

◀ LandArt auf Helmsand ▶ Büsums stille Seite

IMMER AM DEICH LANG

DAUER: 3 Std.

HÖHENMETER: 7 Hm

LÄNGE: 13 km

SCHWIERIGKEIT: Leicht

AUSGANGS-/ENDPUNKT: Kaiser-Wilhelm-Platz, Büsum

TOURENCHARAKTER: Easy going auf Deichen und Kaianlagen

BESTE JAHRESZEIT: Mai bis September

EINKEHR UNTERWEGS: Etliche gute, einige exzellente Einkehrmöglichkeiten, aber auch ein paar Touristenfallen. Mit Beckmann Fischspezialitäten und Fischgeschäft Möller, beide auf der alten Hafeninsel, kann man nichts falsch machen.

IM LAND DER GEZEITEN

DAUER: 2.15 Std.

HÖHENMETER: 9 Hm

LÄNGE: 9 km

SCHWIERIGKEIT: Leicht

AUSGANGS-/ENDPUNKT: Badestelle Elpersbüttel

TOURENCHARAKTER: Trittsicherheit erforderlich. Leichte Streckenwanderung – je nach Lust und Laune auf dem Deich, vor dem Deich oder hinter dem Deich

BESTE JAHRESZEIT: September bis Oktober

EINKEHR UNTERWEGS: Nicht verlässlich, aber meistens öffnet von Mai bis September ein Kiosk mit Imbiss an der Badestelle

SANDKISTE DELUXE

St. Peter-Ording

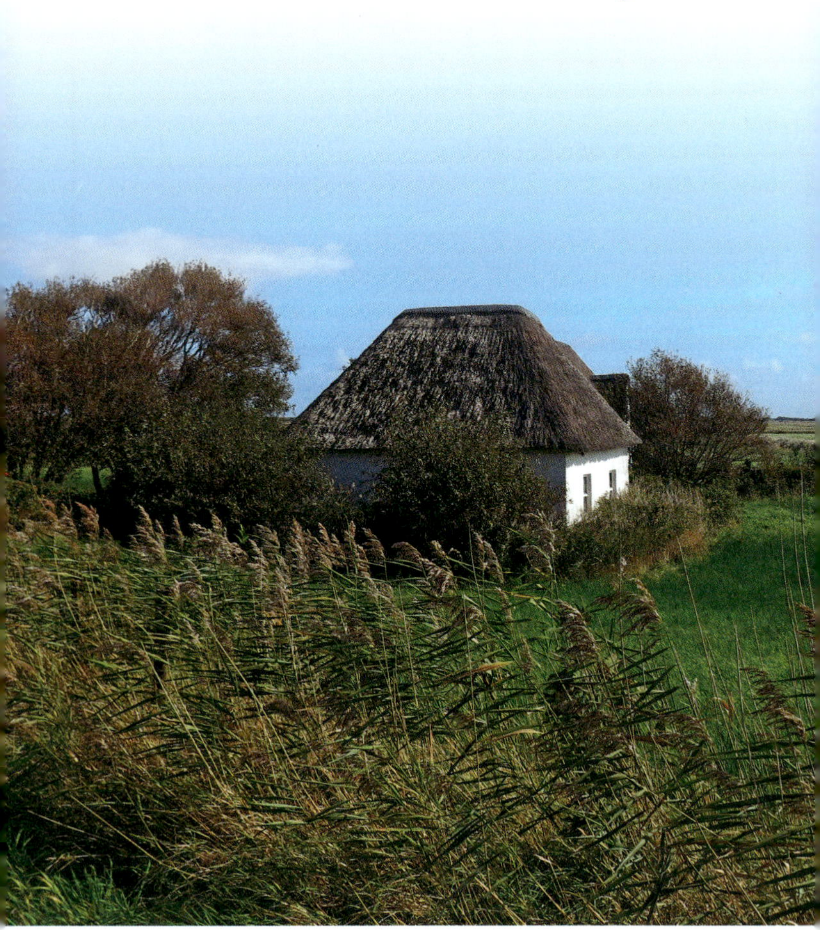

Nordfriesland wie im Bilderbuch

12

St. Peter-Ording liegt in Nordfriesland; genauer auf der Halbinsel Eiderstedt. Hier befinden sich die einzigen Sandstrände der Nordseeküste Schleswig-Holsteins. Und was sind das für Prachtexemplare!

Vom Ortsteil Ording zieht sich die Sandwüste über Bad und Dorf bis nach Böhl. 12 Kilometer lang ist der **Strand** und bis zu 2 Kilometer breit. Badestellen erkennt man an den markanten **Pfahlbauten**. Sie beherbergen Badeaufsicht, Sanitäranlagen und Gastronomie. **Giftbuden** wurden sie früher genannt. Von »dor gift dat wat« (da gibt es was), nämlich Schnaps. Heute stehen sie symbolisch für alles, was St. Peter-Ording ausmacht: Strandvergnügen und Ferienglück in allen denkbaren Varianten.

DIE DÜNENTHERME ist mit Innen- und Außenschwimmbecken, Schlickpeeling, Schwefelsohlenbad und Aromasauna der perfekte Ort, wenn das Wetter mal gar nicht mitspielen will. Gleich nebenan betreibt die Schutzstation Wattenmeer eine Erlebnisausstellung.

GEGEN DEN WIND

Durch eine Surfer-Fernsehserie avancierte St. Peter-Ording zum Sehnsuchtsort. Der gewaltige Strand ist auch wirklich beeindruckend. Daneben hat SPO aber auch noch andere Naturschätze zu bieten.

Am Strand

Diese Tour startet am **Ordinger Norderdeich**, dem nördlichsten Strandzugang von St. Peter-Ording. Hier schlängelt sich ein Pfad durch die Dünen, die hier – und zwar nur hier – erklommen werden dürfen. Das verspricht windgeschützte Aussichtspunkte mit Blick auf den Leuchtturm von Westerhever und den unendlichen Strand, der St. Peter-Ording den Beinamen »größte Sandkiste Deutschlands« eingebracht hat. Wie weit es vom Dünen- zum Wellenrand exakt ist, entscheiden Ebbe und Flut. Dort wandert man von Frühling bis späten Herbst am besten barfuß und den Rest des Jahres in Gummistiefeln. Als Etappenziele dienen die **Pfahlbauten**, denen eine nahezu kultische Bedeutung beigemessen wird. Manche der alten Bauten wurden bereits ersetzt, andere werden in absehbarer Zeit einem Neubau weichen müssen, denn der Klimawandel ist in Nordfriesland längst angekommen. 6 bis 8 Meter rückt die Wasserkante jährlich näher ans Land. Die neuen Gebäude sind deutlich höher und stehen nicht mehr auf Eichen- sondern Stahlrohrpfählen, 5 Meter tief in den Boden gerüttelt. Schließlich müssen sie Windgeschwindigkeiten von bis zu 170 Stundenkilometern trotzen und mehreren Metern hohen Wellen standhalten. Nach etwa 4,5 Kilometern ist die **Badestelle Bad** erreicht.

In den Wiesen

Auch wenn an der Seebrücke erst ein Drittel des Strandes erkundet ist, geht es nun landeinwärts, um eine ganz andere Landschaft zu erfahren. Die Seebrücke zieht sich in Wellenform mehr als 1 Kilometer bis zum touristischen Zentrum in Bad. An Aussichtspunkten und Ruhebänken erzählen Infotafeln vom Nationalpark Wattenmeer und dem stetigen Wandel des Strandes. Vor 100 Jahren war der Priel vor der Sandbank noch so breit, dass Badegäste mit dem Boot übersetzen mussten. Heute werden die Salzwiesen nur noch selten überflutet. Sie sind nicht mehr Meer – aber auch noch nicht richtig Land. Rechts des trubeligen Seebrückenvorplatzes führt ein Pfad in die artenreichste **Sand-Salzwiese** Deutschlands. Hier haben etliche Pflanzen und Tiere ein Zuhause gefunden, die woanders nicht mehr vorkommen, darunter allein 2000 Insektenarten. Nach Regenfällen sind nasse Füße auf dem Trampelpfad vorprogrammiert. Begleitet von

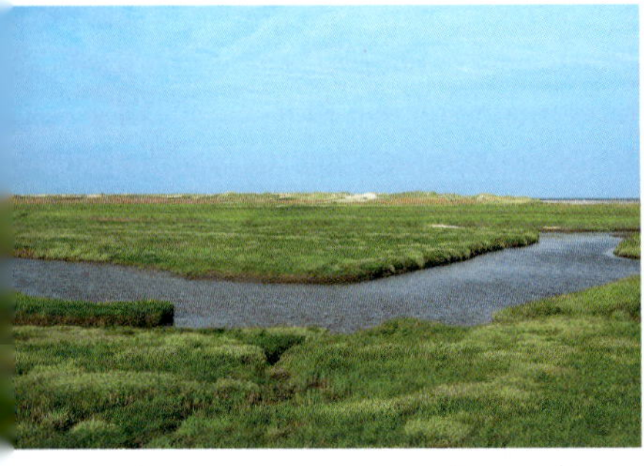

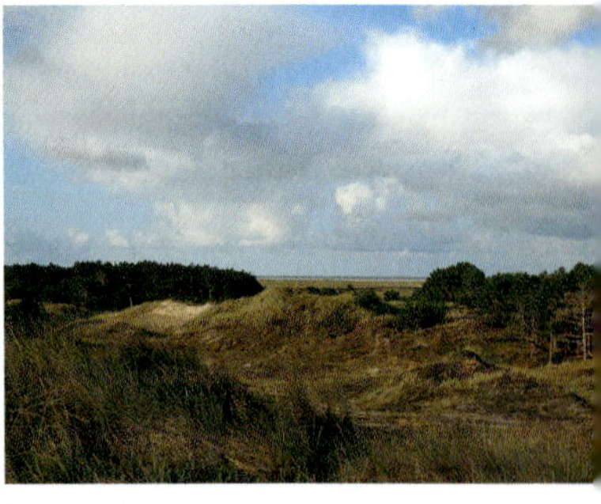

◀ In den Sand-Salzwiesen ▶ Ausblick von der Magdalenenspitze

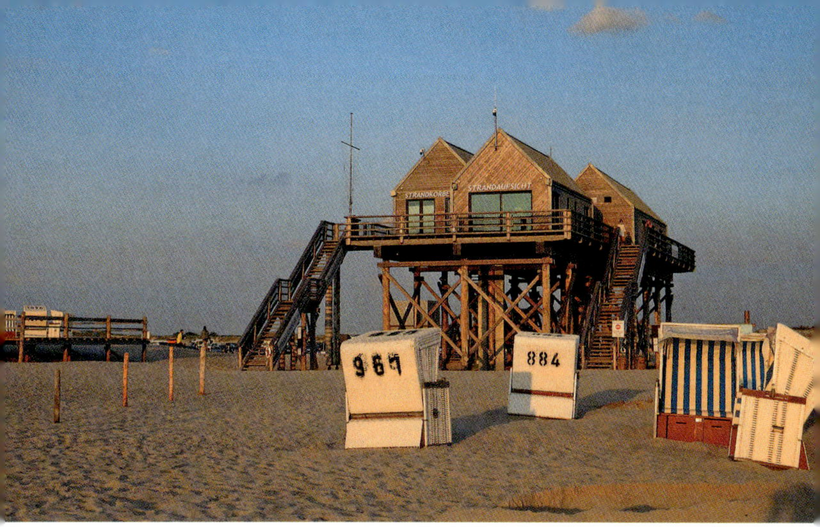

Die berühmten Pfahlbauten von St. Peter-Ording

Lerchengesang ist die Badestelle Dorf nach guten 2 Kilometern erreicht. Baden ist hier nur bei Hochwasser möglich. Deshalb geht es ruhiger zu als andernorts. Das Sonnendeck von Axels Strandhütte ist ein wunderbarer Platz für die Halbzeitpause dieser Tour.

Im Wald

Der schönere Weg zurück zum Deich beginnt am südlichen Strandende. Es ist jedoch nicht immer nutzbar. Steht die Flut zu hoch, muss der Begleitweg der Busspur reichen. Im Windschatten des Deichs lädt die neue Erlebnispromenade besonders Familien auf kleine Naturlehrpfade, in Ruhe- und Spielbereiche ein und auf einige Aussichtsplattformen mit Blick über die Salzwiesen. Am Seebrückenvorplatz geht es rechts auf Am Kurpark und dann hinter der Dünentherme in den Wald, wo ein Wegweiser zu Maleens Knoll schickt. Die auch als Magdalenenspitze bekannte Aussichtsdüne ist die höchste Erhebung weit und breit. Dabei misst sie gerade mal 16 Meter.

Durch die Dünen

Nun geht es auf der ausgeschilderten Nordic-Walking-Route 15 weiter durch den Wald bis zum Rad- und Wanderweg Richtung Ording. Er zieht sich durch einen an der deutschen Nordseeküste einmaligen Dünengürtel. Er ist mehr als 5 Kilometer lang und von der EU unter Schutz gestellt. Nirgends auf dem Festland findet man alle Dünenarten in dieser Fülle:

12

junge Weißdünen, die durch Sandverwehungen entstehen; Graudünen, die bereits durch Vegetation festgelegt sind, und Braundünen, bewachsen mit Sträuchern und Heide. Am **Strandparkplatz Ording** erfolgt der Wechsel auf die Deichkrone. Von hier ist es nicht mehr weit zum Ausgangspunkt.

Tipp

Es war einmal ein junges Mädchen namens Maleen ... so beginnt eine traurige Erzählung, die einen wahren Kern haben soll. Die ganze melancholische Geschichte steht auf einer Tafel am Fuß der Magdalenenspitze geschrieben. Dorthin gelangt man von der Dünentherme in weniger als 10 Minuten.

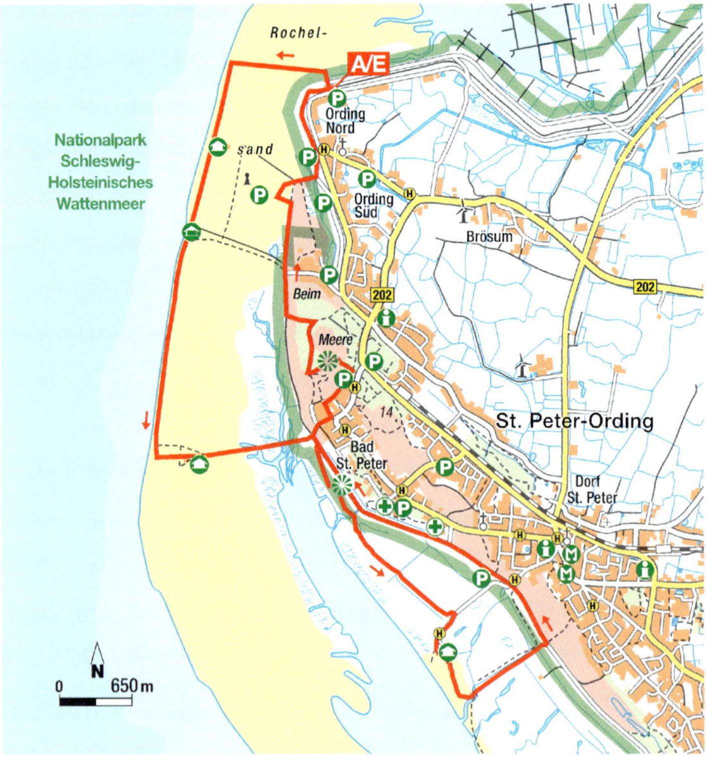

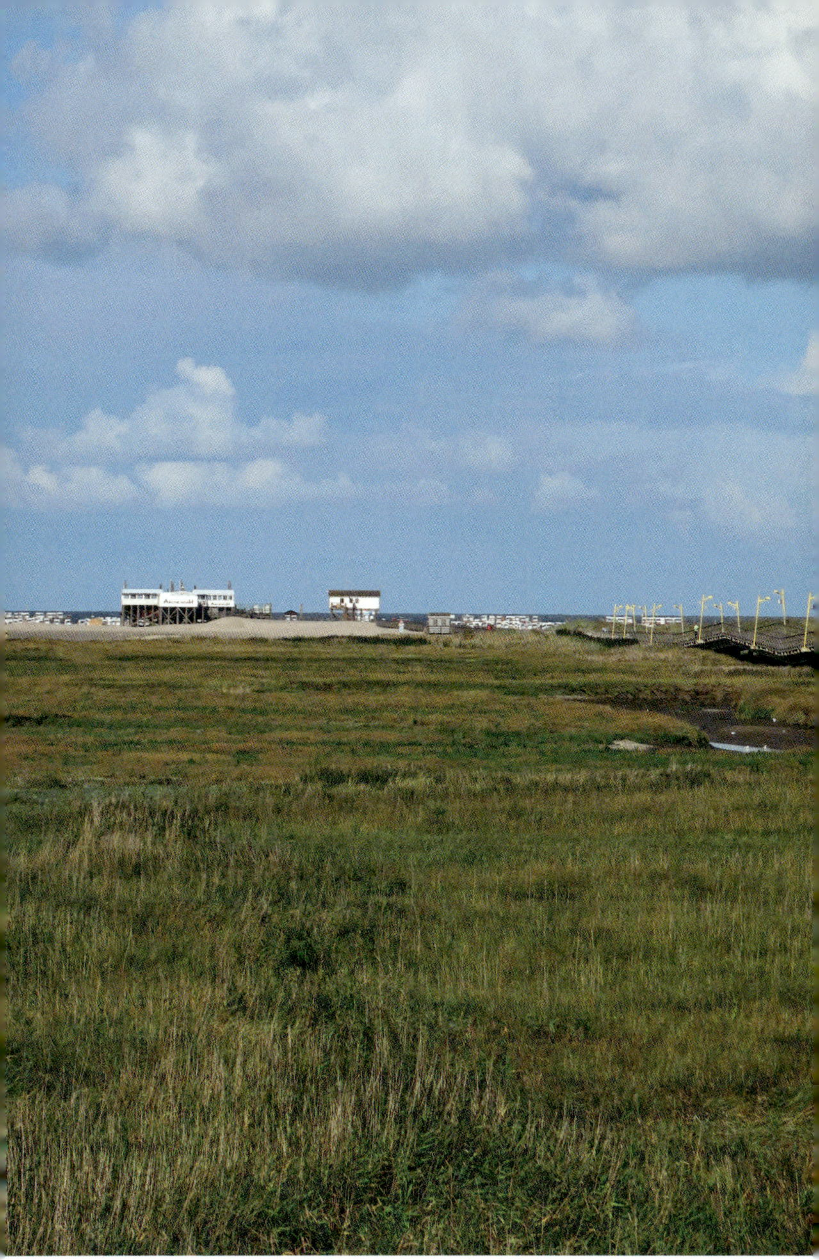

Die Seebrücke zieht sich mehr als einen Kilometer vom Bad zum Strand.

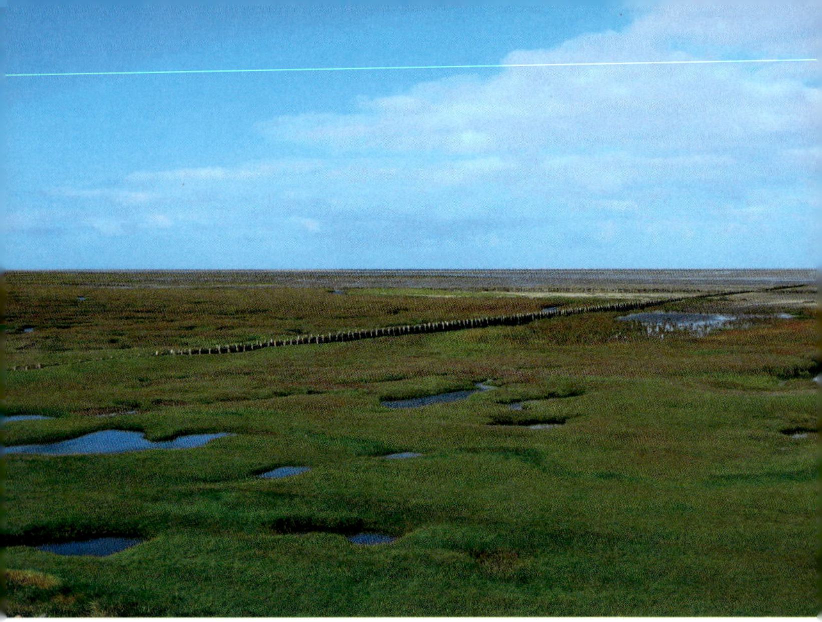

Das Vorland wird nur noch selten überspült.

ZUM LEUCHTTURM VON WESTERHEVER

Westerhever bildet die nordwestliche Spitze von Eiderstedt und zieht mit dem berühmten Leuchtturm Scharen von Touristen an. Sie gehen alle den gleichen Weg. Dabei wartet nur ein paar Schritte abseits die Gottverlassenheit alter Tage, als noch Piraten das Sagen hatten.

Uthlande

Hinter dem kleinen **Parkplatz von Stufhusen** führt eine Treppe auf den **Deich**. Bei guter Sicht ist die Ruhebank auf der Deichkrone beinahe schon die erste Pause wert. Am Horizont liegt Pellworm flankiert von Süderoog und Südfall. »Uthlande« nennt man die vorgelagerten Inseln und Halligen in Nordfriesland, Außenlande. Viele sind im Laufe der Jahrhunderte untergegangen. Andere wurden zu Festland, so wie die heutige Halbinsel Westerhever. Stufhusen gehört zu den ersten Dorfwarften, die im 12. Jahrhundert errichtet wurden. Warften sind aufgeschüttete Erdhügel zum Schutz vor Sturmfluten.

12

Das Vorland

In nordwestlicher Richtung zieht der Leuchtturm von Westerheversand alle Blicke auf sich. Das Wahrzeichen von Eiderstedt gehört zu den meistbesuchten Attraktionen in Nordfriesland. Umso schöner lassen sich die ersten ruhigen Kilometer auf dem Fuß- und Radweg am Rand der Salzwiesen an. Schafe sind auf diesem Teil der Strecke meist in der Überzahl. Es handelt sich bei den an der Nordsee allgegenwärtigen Deichpflegern um sanfte Geschöpfe. Am liebsten ist es ihnen, wenn man sie in Ruhe ihre Arbeit verrichten lässt. Das gilt besonders im Frühling. Wer den Lämmern zu nahe kommt, versetzt sie und die Muttertiere leicht in Panik. Nach knapp 2 Kilometern stoßen Heerscharen von Touristen dazu, die den Leuchtturm besuchen wollen. Der gemeinsame Weg knickt nun rechts in die Salzwiesen ab und führt nach rund 300 Metern links zur Leuchtturmwarft. Geradeaus empfiehlt sich aber zunächst ein Abstecher auf die Sandbank Westerheversand.

Der Hochsand

Eine Sandbank, die so hoch liegt, dass sie nur noch selten überspült wird, nennt man Hochsand. Um auf den Westerheversand zu gelangen, muss man ein wenig durchs Watt marschieren. Wie weit es danach weitergeht, ist eine Frage von Wind, Wetter, Ebbe und Flut. Niemals sollte man bei Nebel, Sturm, Gewitter oder in der Dunkelheit ins Watt wandern. Schnell verliert man hier die Orientierung. Bei gutem Wetter und der entsprechenden Tide kann man sich ewig durch die unendliche Weite bewegen. Die Sandbank ist beinahe 9 Kilometer lang. Pfähle markieren den Weg, manchmal wird er überflutet. In der warmen Jahreszeit macht es Spaß, die Hosenbeine hochzukrempeln, um durchs Wasser zu waten. Der beste Zeitpunkt für diesen Abstecher liegt 2 Stunden vor Niedrigwasser.

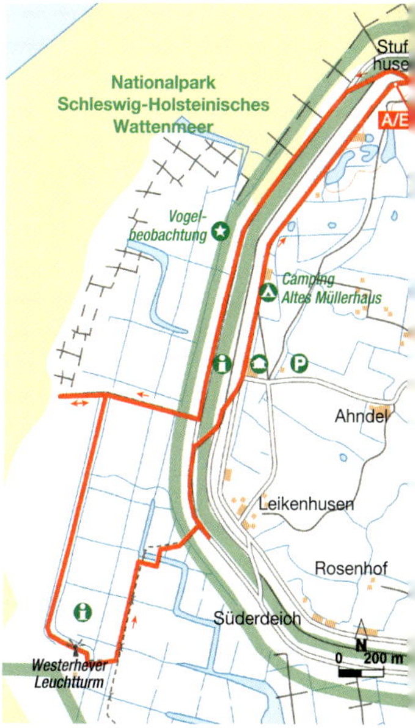

12

Der Leuchtturm

Im Anschluss geht es nun aber wirklich zum Leuchtturm Westerheversand. Das Schmuckstück von 1906 mit den zwei identischen Leuchtturmwärterhäuschen ist sicher einer der bekanntesten Leuchttürme Deutschlands. Er zierte schon Werbe- und Filmplakate, Briefmarken und natürlich jede Menge Urlaubskataloge. Trotzdem wirkt die Realität beeindruckend. Der 41 Meter hohe Turm wurde auf einer Warft errichtet. Sein Licht scheint 50 Kilometer weit. In den Sommermonaten kann man über den historischen Stockenstieg zurückgehen. Der mit Ziegeln geklinkerte, schmale Steig führt direkt durch die Salzwiesen und über drei kleine Brücken. Er darf nur in einer Richtung begangen werden; zwischen November und Mai sogar überhaupt nicht. Dann muss man zum Festland zurückkehren, wie man gekommen ist. In jedem Fall steht man aber am Ende auf dem Seedeich und blickt nach Westerhever. Aus der Ferne scheint sich gar nicht viel verändert zu haben, seit die Uthlande noch Inseln waren. Reetgedeckte Bauernhäuser auf weit gestreuten Großwarften bestimmen das idyllische Bild.

Auf der Deichstraße geht es nun wieder Richtung Stufhusen. Die ersten 200 Meter noch gemeinsam mit den Leuchtturmtouristen. Aber die drehen beim Schäfermarkt ab, sodass der Rückweg bis zum Parkplatz wieder in aller Ruhe verläuft. Nur der Wind ist zu hören. Und vielleicht eine Möwe hoch am Himmel.

Tipps

Die Wogemänner waren eine Piratenbande, die zwischen 1362 und 1370 die Uthlande in Angst und Schrecken versetzte. Sie lebten und raubten an Land, überfielen aber auch Schiffe. Das Piratennest, die Wogemannburg, befand sich exakt dort, wo heute der älteste Kirchturm Eiderstedts aus der Marsch ragt. Er wurde auf den Fundamenten der geschleiften Wogemannburg errichtet.

Eine Leuchtturmführung ist nach Anmeldung möglich. Die Tickets müssen am Vortag beim Tourismusverein abgeholt werden: Tourismusverein Westerhever-Poppenbüll, Tel. 04865/12 06, westerhever-nordsee.de.

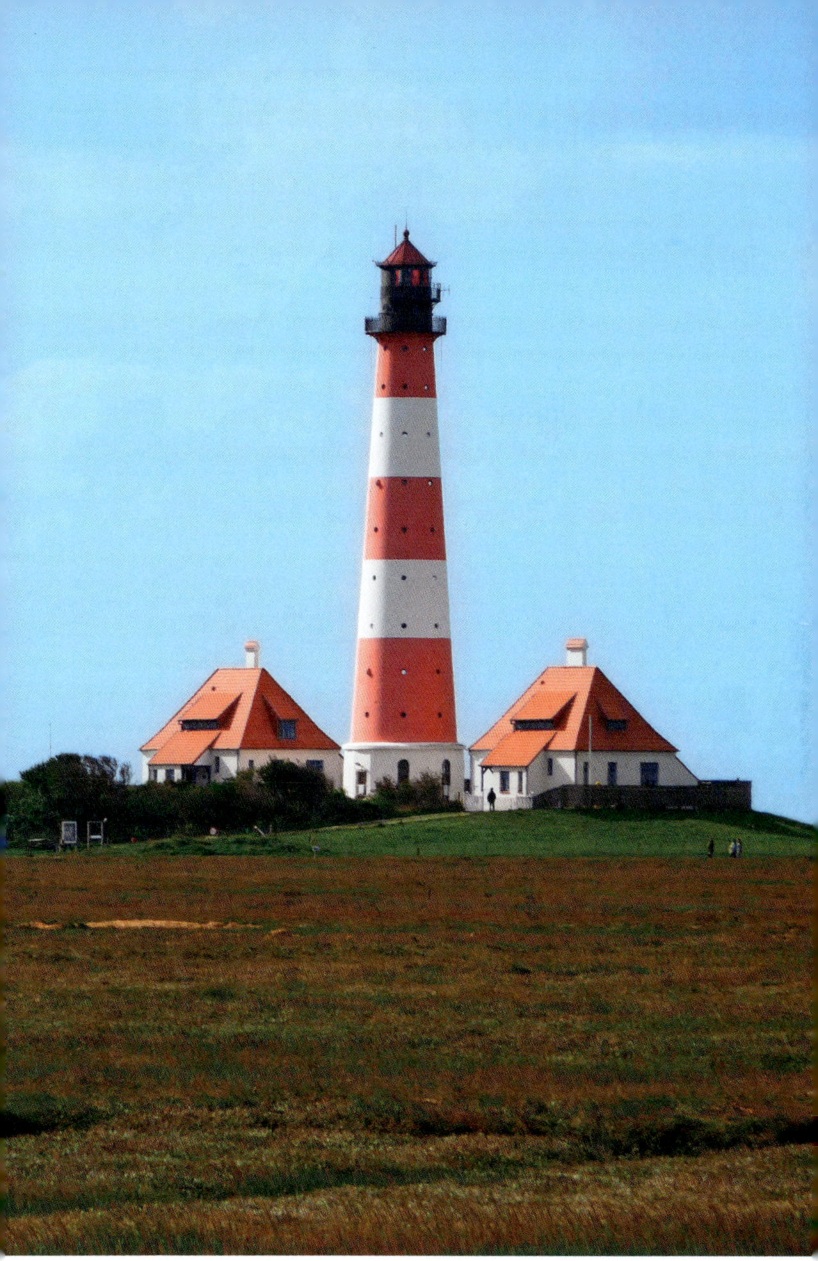

Leuchtturm von Westerhever, das Wahrzeichen von Eiderstedt

AUF EINEN BLICK

STADT/REGION: St. Peter-Ording/Eiderstedt
BESTE REISEZEIT: Ganzjährig
OPTIMALE REISEDAUER: 3 Tage bis 3 Wochen
TOURISTINFO: Touristinfo im Ortsteil Bad, Maleens Knoll 2, 25826 St. Peter-Ording, Tel. 04863/90 90, info@tz-spo.de, st-peter-ording.de

SEHENSWÜRDIGKEITEN

MUSEUM LANDSCHAFT EIDERSTEDT: Olsdorfer Straße 6, 25826 St. Peter-Ording, Tel. 04863/12 26, info@museum-landschaft-eiderstedt.de, museum-landschaft-eiderstedt.de

NATIONALPARK-HAUS ST. PETER-ORDING: Maleens Knoll 2, 25862 St. Peter-Ording, Tel. 04863/95 04 254, st-peter-ording@schutzstation-wattenmeer.de, nationalparkhaus-spo.de

KUNSTHAUS ST. PETER ORDING: Wittendüner Geest 30, 25826 St. Peter-Ording, Tel. 04863/950 43 76, info@galerie-tobien.de, galerie-tobien.de

ÜBERNACHTUNG

HOTEL ZWEITE HEIMAT: Am Deich 41, 25826 St. Peter-Ording, Tel. 04863/47 48 90, info@hotel-zweiteheimat.de, hotel-zweiteheimat.de, **€€€**

DAS FRÜHSTÜCKSHOTEL: Waldstraße 19-21, 25826 St. Peter-Ording, Tel. 04863/968 80, **€€**

CAMPINGPLATZ ADEMI: Böhler Landstraße 171, 25826 St. Peter-Ording, Tel. 04863/51 95, info@camping-ademi.de, camping-ademi.de, **€**

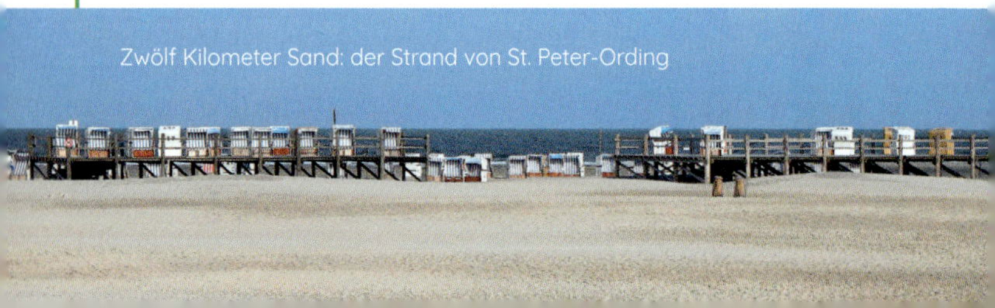

Zwölf Kilometer Sand: der Strand von St. Peter-Ording

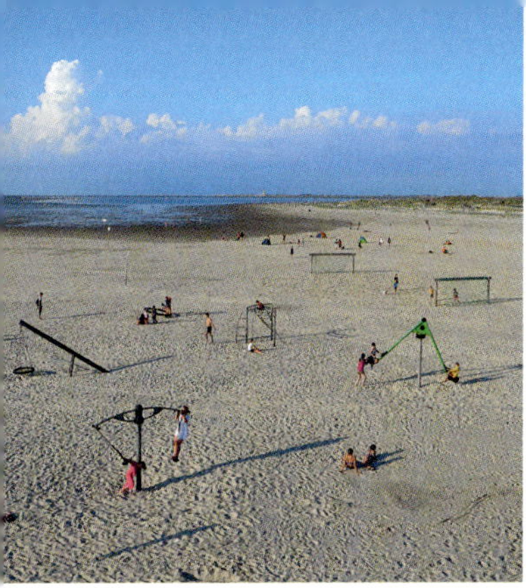

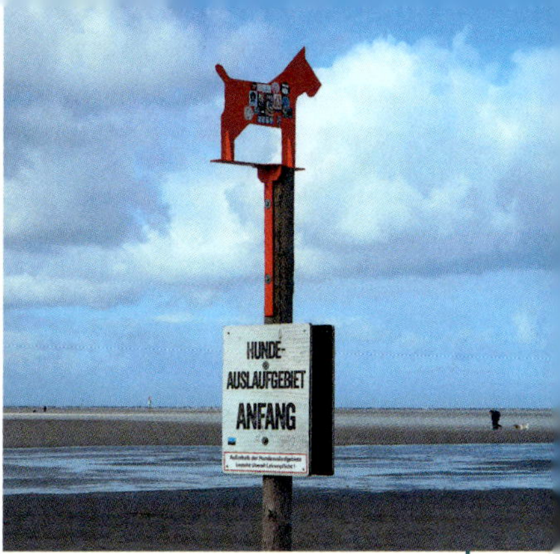

◀ Strandspielplatz im Ortsteil Ording ▶ Der Hundestrand markiert das Nordende.

GEGEN DEN WIND

DAUER: 4.15 Std.

HÖHENMETER: 11 Hm

LÄNGE: 17,5 km

SCHWIERIGKEIT: Mittel

AUSGANGS-/ENDPUNKT: Parkplatz Norderdeich

TOURENCHARAKTER: Abwechslungsreiche Strandtour, so gut wie kein Schatten

BESTE JAHRESZEIT: Ganzjährig

EINKEHR UNTERWEGS: In den Pfahlbauten

UTHLANDE

DAUER: 2 Std. – mit Abstecher auf die Sandbank locker das Doppelte

HÖHENMETER: 14 Hm

LÄNGE: 8,1 km – mit Abstecher auf die Sandbank viele Kilometer mehr

SCHWIERIGKEIT: Leicht

AUSGANGS-/ENDPUNKT: Stufhusen, Parkplatz

TOURENCHARAKTER: Einfache Rundwanderung auf asphaltierten Deichwegen, Watt- und Sandflächen

BESTE JAHRESZEIT: Sommer

EINKEHR UNTERWEGS: Lammbratwurst und Krabbenbrötchen beim Imbiss am Deich, direkt dort, wo die Leuchtturmbesucher parken

GRENZENLOSE WEITE

Südtondern

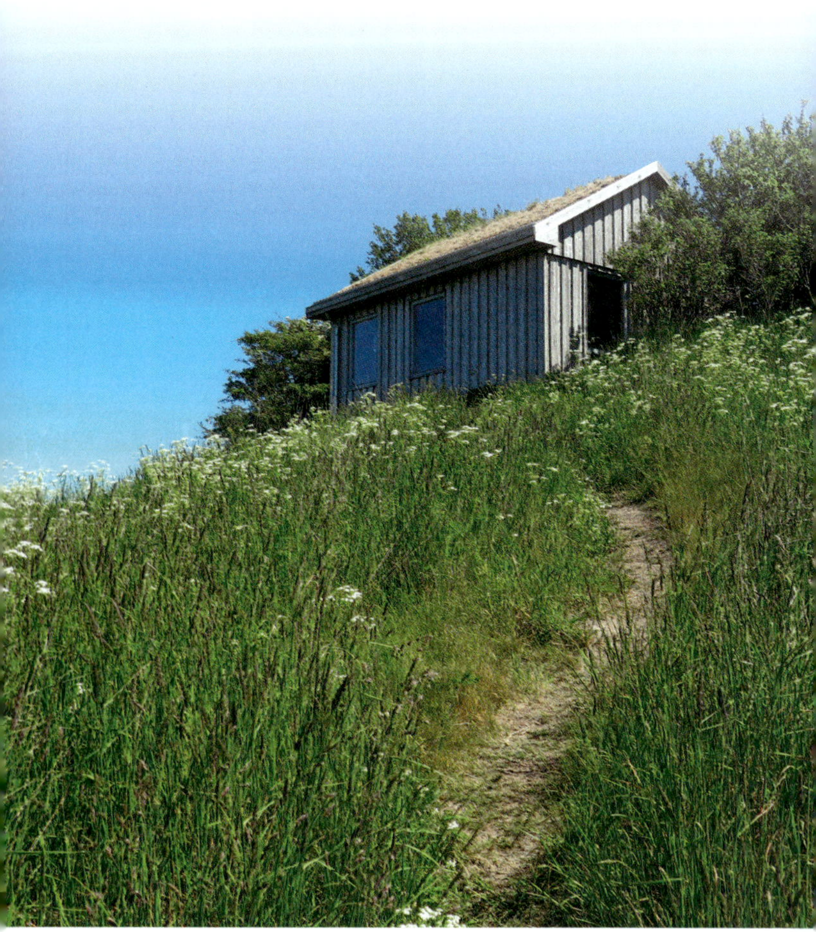

Rauf auf den Richie-Hügel

13

An der Nordseeküste südlich von Tondern begann die Landgewinnung um 1500. Es brauchte Jahrzehnte, um die Deichlinie zu ziehen. Deichbrüche vernichteten immer wieder die mühsame Arbeit und über Jahrhunderte machten Salz- und Süßwassermassen die Köge zu unwirtlichem Schlickland. Es ist eine Gegend für Individualisten.

Noch heute findet sich eine Ahnung der herrlichen Weltverlorenheit in den Kögen hinter dem Deutsch-Dänischen-Deich. Abseits der wenigen touristischen Highlights spannt sich ein endloser Himmel über einsames **Marschland**. Manche Menschen können mit der Reizlosigkeit wenig anfangen. Andere spüren nirgends verlässlicher, wie ihre Seele wirklich zur Ruhe kommt.

Tipp

Hinterm Hindenburgdamm, also kurz vor Sylt, liegt das Naturschutzgebiet Rickelsbüller Koog. An diesen nördlichsten Punkt des deutschen Festlandes schließt sich der Margrethe Koog an, benannt nach der dänischen Königin. Für zahlreiche Vogelarten ist das bedeutungslos. Sie finden sich in gewaltigen Schwärmen zu allen Jahreszeiten beidseitig der Grenze ein.

SILENTIUM UNTER DEM MEERESSPIEGEL

Der Gotteskoogsee im gleichnamigen Koog liegt 2 Meter unter Null. Fast hätten Menschen den See mit seinen weiten Schilfflächen zerstört. Heute sieht man mit etwas Glück hier wieder den Seeadler kreisen.

Im tiefsten Koog

»Der Gotteskoogsee mit seiner Umgebung gehört zum Merkwürdigsten und Schönsten … was unsere Heimat dem Naturfreunde zu bieten vermag«, sagte der Fotograf, Schriftsteller und Heimatforscher Theodor Möller im Jahr 1922. Vor allem das Seltsame fühlt man nach, sobald man die Stufen zur Infohütte nahe dem Parkplatz erklommen hat. Seit Richard von Weizsäcker sie einmal besuchte, nennt sich die kleine Erhebung

Richie-Hügel. Selten ist die Infohütte besetzt. Ein See ist vor lauter Schilf nicht zu sehen. Ein Trampelpfad, der sich vor dem Hügel durch die Wiesen zieht, ist gerade eben noch auszumachen und erreicht nach gut 700 Metern den Rollwagenzug. Eine Brücke quert den Entwässerungsgraben. Jenseits führt der Pfad zum nächsten Graben, dem Steinzug. Bald erlaubt ein Bohlenweg linker Hand den Zugang durch die Schilfflächen zu einem Aussichtspodest am See.

Was vom großen See blieb

Der Gotteskoogsee liegt in einem besonders tiefen Bereich des Gotteskooges. Daher konnte er erst mit zunehmender Technisierung Mitte des 20. Jahrhunderts großräumig für die ackerbauliche Nutzung erschlossen werden. Die Entwässerungsmaßnahmen ließen den ausgedehnten See auf kleine Restgewässer schrumpfen und die Landschaft veröden. Betrug die Seefläche 1927 noch 500 Hektar, waren es 1983 nur noch 25 Hektar. Tiere und Pflanzen waren in erschreckendem Maße verschwunden. Dann setzte Umdenken ein. Im Renaturierungsprojekt Gotteskoog wurden die wenigen verbliebenen Wasserflächen wieder zusammengeführt. So entstand ein heute immerhin 75 Hektar großes Süßwasserbiotop. Zwar ist es nicht offiziell als Naturschutzgebiet ausgewiesen, doch wird es als solches behandelt. So wuchert es wieder wild rund um den See und die Tierwelt summt und brummt und zwitschert.

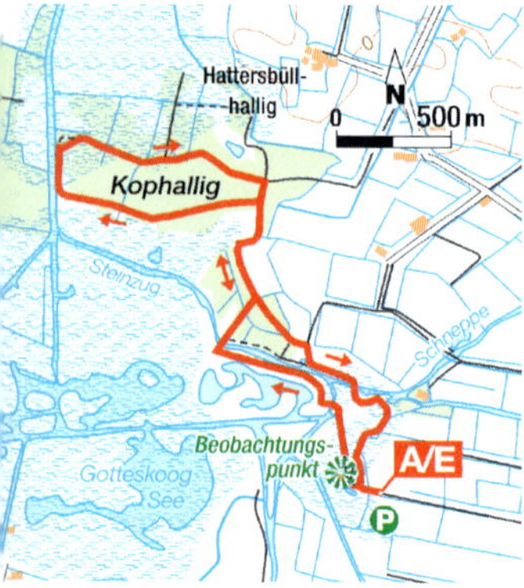

Zur Waldinsel

Der Pfad begleitet den Steinzug bis zur nächsten Brücke und führt am anderen Ufer als Naturweg weiter. Wo er sich gabelt, geht es linker Hand zur Kleinen Kophallig. Früher eine Insel, punktet das Gebiet heute mit lockerem Baumbestand aus Lärchen, Fichten und Erlen. Für nordfriesische Verhältnisse ist das durchaus schon ein Wald. Der Rundweg ist nicht ausgeschildert, aber auch nicht schwer zu finden. Man folgt einfach dem Pfad im Uhrzeigersinn. Im

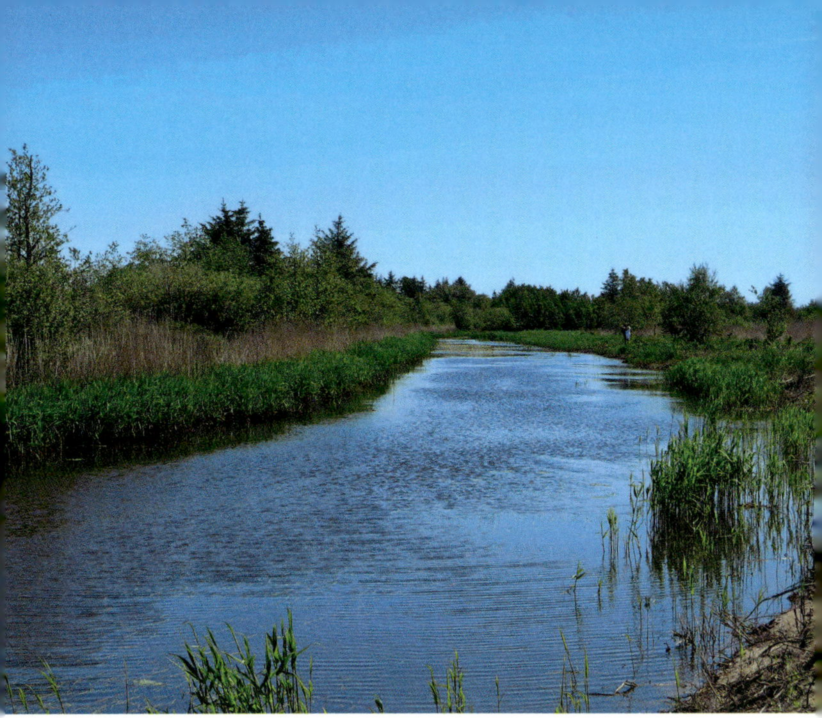

Das Land unter Null wird über Gräben entwässert.

Kophalligwald zwitschern, brüten und rasten andere Vögel als am See. Gerade die Strukturvielfalt macht die Bedeutung als Vogelschutzgebiet aus. In den Röhrichten, Hochstaudenfluren und Weidengebüschen tummeln sich Schilfrohrsänger, Sumpftüpfelhuhn, Rohrweihe, Blaukehlchen und Wiesenweihe. Die Wasserflächen ziehen Knäkenten, Rohrdommeln und Zwergschwäne an. Kiebitze, Bekassine, Uferschnepfen und Rotschenkel sind die typischen Brutvögel der umgebenden Feuchtgebiete. Milane und Neuntöter fühlen sich am Waldsaum besonders wohl. Nach gut 2 Kilometern tritt der Weg dort aus dem Wald, wo er auch hineinführte. Etwa 500 Meter geht es auf bereits bekanntem Weg, dann aber am nördlichen Ufer des Steinzugs weiter. Der Weg schwingt großzügig zurück zum Ausgangspunkt. Dort mag man vielleicht noch einmal den Richie-Hügel erklimmen, um von den Bänken an der Infohütte den Ausblick zu genießen. So wie Theodor Möller, der allerdings 1922 eine ganz andere Landschaft sah. Eine, die bald danach zerstört wurde und heute wieder zum Merkwürdigsten und Schönsten gehört, was unsere Heimat zu bieten hat.

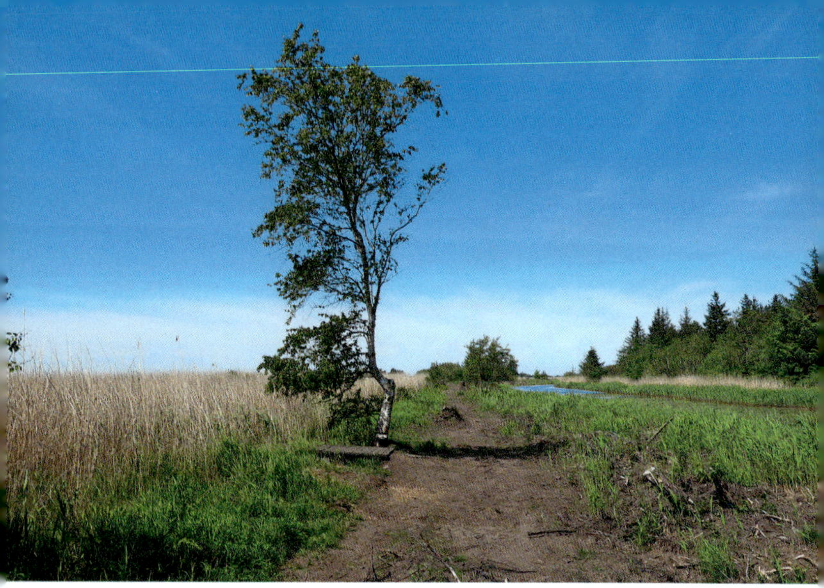

Zwischen See und Sielzug geht es auf eine ehemalige Hallig.

FARBRAUSCH UND GEDANKENSTURM

»Mein Wunderland von Meer zu Meer« nannte Emil Nolde das deutsch-dänische Grenzland. An der Westküste ist es besonders dort bezaubernd, wo der Maler sich niederließ und viele seiner Motive fand.

Wanderlust

Auf der Suche nach unberührter Idylle fand Emil Nolde, der Expressionist der Extraklasse, 1927 mit seiner Frau Ada nach Seebüll. Vom **Besucherparkplatz** zieht sich ein Weg durch die flache Landschaft zu ihrem Anwesen, das seit 1957 ein Museum ist. Den Weg säumen Werke des Malers. Nolde malte nicht, was er sah, sondern was er fühlte. Er übersetzte den Augenblick in Farben auf unvergleichliche Art. Um selbst ein Gespür für die Umgebung zu bekommen, lässt man das Museum zunächst rechts liegen und folgt dem Wiesenpfad, der sich zum **Hülltofttief** schwingt. Den kleinen See mit sandigen Buchten konnten die Noldes vom Fenster aus sehen. Auf dem Rückweg hat man dann schon verinnerlicht, warum Ada und Emil sich ausgerechnet in diesem abgeschiedenen Winkel niederließen.

13

Gesamtkunstwerk Seebüll

Das von Nolde entworfene **Wohn- und Atelierhaus** gilt als herausragendes Künstlerrefugium der Moderne. In ihrem Testament verfügten die Noldes, dass es der Öffentlichkeit zugänglich gemacht werden sollte. »Suchende, geistige Wanderer aus allen Landen« sollten ihren Wunsch nach »etwas Glück und künstlerisch-geistige Erholung« finden. Doch die Ausstellung wühlt auch auf. Nolde war nicht nur ein Ausnahmekünstler, sondern auch Rassist, Antisemit und Phänomen deutscher Nachkriegsverdrängung. In starkem Kontrast dazu steht der wunderbar bunte Garten mit dem reetgedeckten **Gartenhaus Seebüllchen.** Die Beete formen die Buchstaben A und E: Ada und Emil. »Gar niemand sah in diesen Fußwegen mit ihren Rabatten daneben, was es eigentlich sei. Wir sagten es niemand«, schrieb der Maler. Etwas versteckt befindet sich auch die letzte Ruhestätte des Paars. Ein Botanikum dient dem Erhalt der authentischen Bepflanzung. Nachzuchten der »Renette von Seebüll«, der Nolde-Rose, und viele andere Blumen und Kräuter können käuflich erworben werden.

Auf dem Noldeweg

Hinter dem Museumsgebäude mäandert ein Wanderpfad durch Wiesen und Felder, den Nolde oft gegangen ist. Vielleicht auch schon lange, bevor er Seebüll erbaute. Denn er verbrachte viele Jahre zuvor zwei Sommer

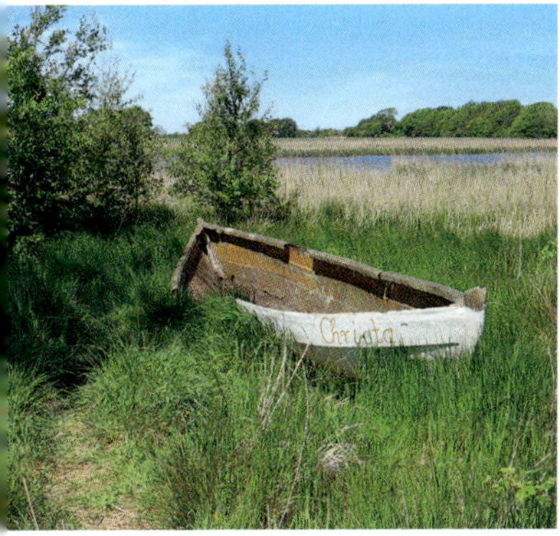

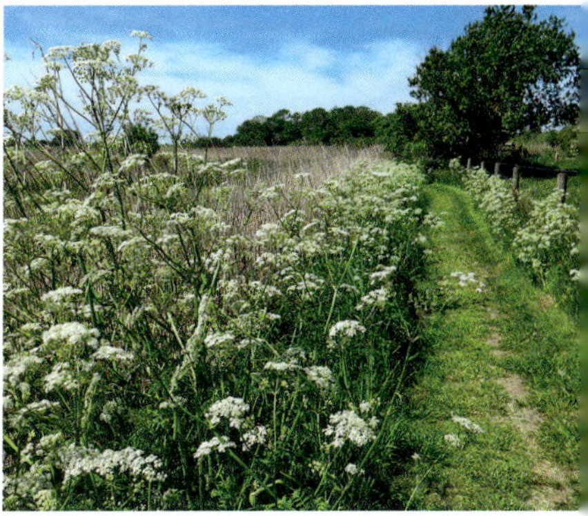

◀ Am Hülltofttief ▶ Nach Seebüll führen Wiesenpfade.

ganz in der Nähe. An der Landstraße angekommen, geht es rechts und dann gleich wieder rechts auf die Aventofter Landstraße. Sie führt zum Schöpfwerk Verlath, das auch »pumpendes Herz« genannt wird. Das Land liegt hier so niedrig, dass Oberflächenwasser nicht von selbst ins Meer abfließen kann. Das Schöpfwerk entwässert daher bis zu 21 000 Liter pro Sekunde in den Rutebüller See. Er gehört zur Hälfte zu Deutschland und zur Hälfte zu Dänemark. Als Emil Nolde den Sommer von 1910 am See genoss, gab es die Grenze noch nicht. Erst nach der Volksabstimmung von 1920 wurde sie gezogen. Seitdem gehört auch Noldes Geburtsort, der Ort Nolde in der Nähe von Tondern, zu Dänemark. Der überzeugte Deutsch-Nationalsozialist blieb übrigens sein Leben lang dänischer Staatsbürger.

Rudbøl bis Rosenkranz

Auf dem Uferweg geht es nach Rosenkranz. Die Grenze verläuft hier noch merkwürdiger als im See, nämlich für 130 Meter mitten durch die Straße, sodass die Häuser auf der rechten Straßenseite zum deutschen Rosenkranz gehören, die auf der linken zum dänischen Rudbøl. Die Einkehr im Alten Deutschen Grenzkrug lohnt genau wie im dänischen Græensekro. Letzterer hat allerdings den Vorteil, dass er direkt am Marschpfad liegt. Der dänische Fernwanderweg wird von acht kürzeren Rundwegen begleitet. Einer davon führt vom Rudbøl Sø auf eine 2,7 Kilometer kurze Tour über das Dorf Lyst. Dafür einfach der grünen Markierung folgen. Wenn es im Anschluss zurück geht, entlang der Rosenkranzer Straße und weiter auf dem Noldeweg, kommt man ins Grübeln. Es heißt, dass Emil Nolde, der beide Sprachen fließend sprach, sich weniger als Deutscher oder Däne definierte, sondern vielmehr als Nordschleswiger. Und so widersprüchlich seine Person war, so verbindend sind seine Werke. Dänen und Norddeutsche finden in ihnen gleichermaßen Heimat wie Identität und in Seebüll einen gemeinsamen Ort.

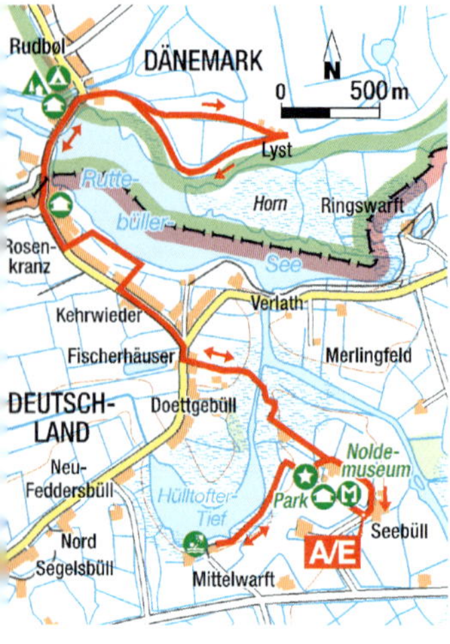

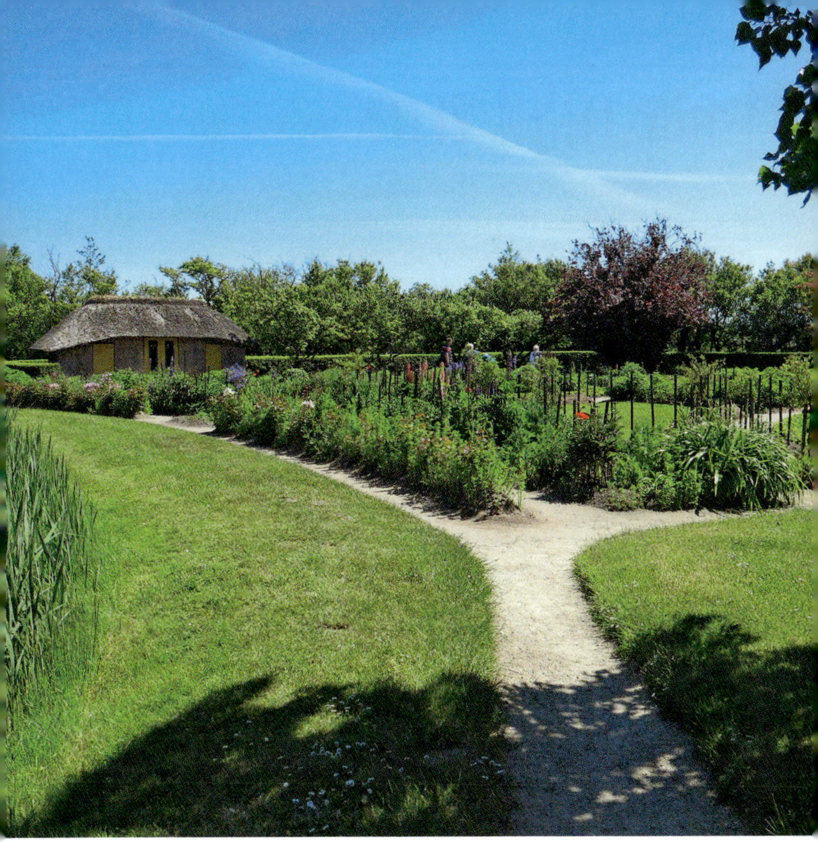

Seebüllchen, das Gartenhaus der Noldes

ALS NOLDE AM HÜLLTOFTTIEF Inspiration fand, gab es natürlich noch keine sanitären Anlagen für Badegäste oder gar einen mobilen SUP- und Kanu-Verleih, wie es heute im Sommer der Fall ist. Dann kann man unter Noldes grenzenlosem Himmel paddeln. Wenn man mag, bis zu seinem Geburtshaus in Nolde.

Tipp

Der Marschpfad führt auf 52 Kilometern durch die Tondermarsch, Dänemarks größtes Marschgebiet. Neben Wind, flachem Land und viel Natur durchwandert man auch kleine Städtchen mit hyggeligem Charme. Alles zur Wegführung, zu kulturellen Highlights und Unterkünften findet sich auf toendermarsken.dk.

AUF EINEN BLICK

Info

STADT/REGION: Südtondern
BESTE REISEZEIT: Mai bis Oktober
OPTIMALE REISEDAUER: 2 bis 3 Tage
TOURISTINFO: Touristinfo Niebüll, Bahnhofstraße 6, 25889 Niebüll, Tel. 04661/94 10 15, niebuell@nf-tourismus.de, nordsee-tourist.de

SEHENSWÜRDIGKEITEN

NOLDE MUSEUM: Seebüll 31, 25927 Neukirchen, Tel. 04664/98 39 30, info@nolde-stiftung.de, nolde-stiftung.de
NATURKUNDEMUSEUM NIEBÜLL: Hauptstraße 108, 25889 Niebüll, Tel. 04661/56 91, info@nkm-niebuell.de, nkm-niebuell.de
SCHLOSS SCHACKENBORG: Schackenborg 1, DK-6270 Møgeltønder, schackenborg.dk

ÜBERNACHTUNG

RUDBØL GRÆNSEKRO: Rudbølvej 36, DK-6280 Højer, Tel. +45/7473/82 63, rudbol.dk, **€€€**
HOTEL LANDHAFEN: Deezbüller Straße 70, 25889 Niebüll, Tel. 04661/708 92 70, info@landhafen.com, landhafen.com, **€€**
JUGENDHERBERGE NIEBÜLL: Mühlenstraße 65, 25899 Niebüll, Tel. 04661/93 78 90, niebuell@jugendherberge.de, jugendherberge.de, **€**

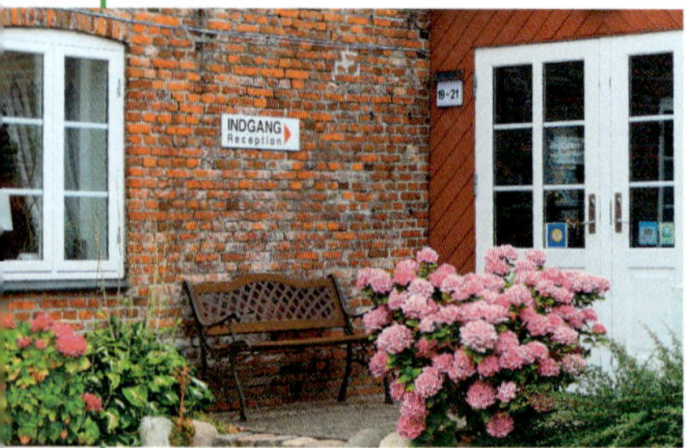

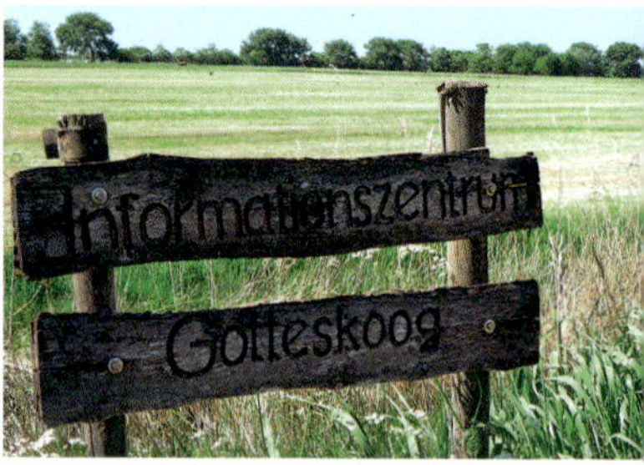

◀ Wanderherberge Rudbøl ▶ Ein Koog ist dem Meer abgerungenes Land.

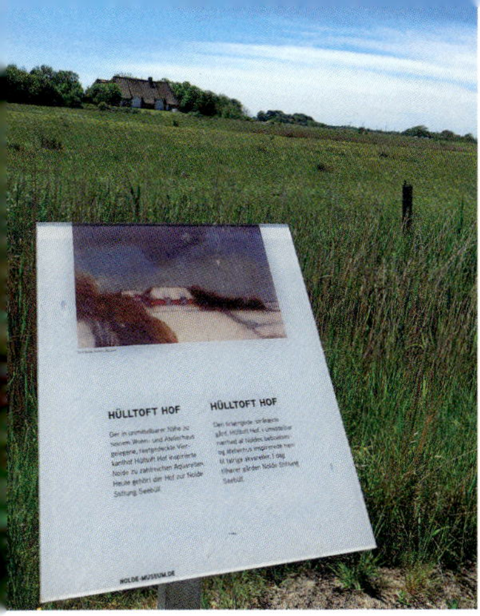

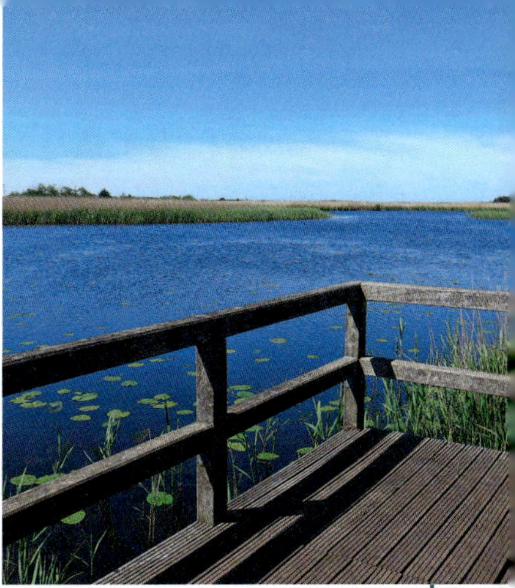

◀ Infotafel auf Deutsch und Dänisch ▶ Gotteskoogsee

GOTTESKOOGSEE

DAUER: 1.30 Std.

HÖHENMETER: 3 Hm

LÄNGE: 6 km

SCHWIERIGKEIT: Leicht

AUSGANGS-/ENDPUNKT: Parkplatz am Ende des Broder-Paysens-Weg

TOURENCHARAKTER: Wiesen- und Waldpfade, manchmal schwer auszumachen, Verlaufen aber kaum möglich

BESTE JAHRESZEIT: Frühling bis Herbst

EINKEHR UNTERWEGS: Keine

SEEBÜLL

DAUER: 2.30 Std.

HÖHENMETER: 3 Hm

LÄNGE: 11 km

SCHWIERIGKEIT: Leicht

AUSGANGS-/ENDPUNKT: Besucherparkplatz Seebüll

TOURENCHARAKTER: Wiesenpfade, Wanderwege, aber auch Asphaltabschnitte

BESTE JAHRESZEIT: Frühling bis Herbst

EINKEHR UNTERWEGS: Nolde Museum, Grenzkrüge

SCHATZINSEL

Amrum

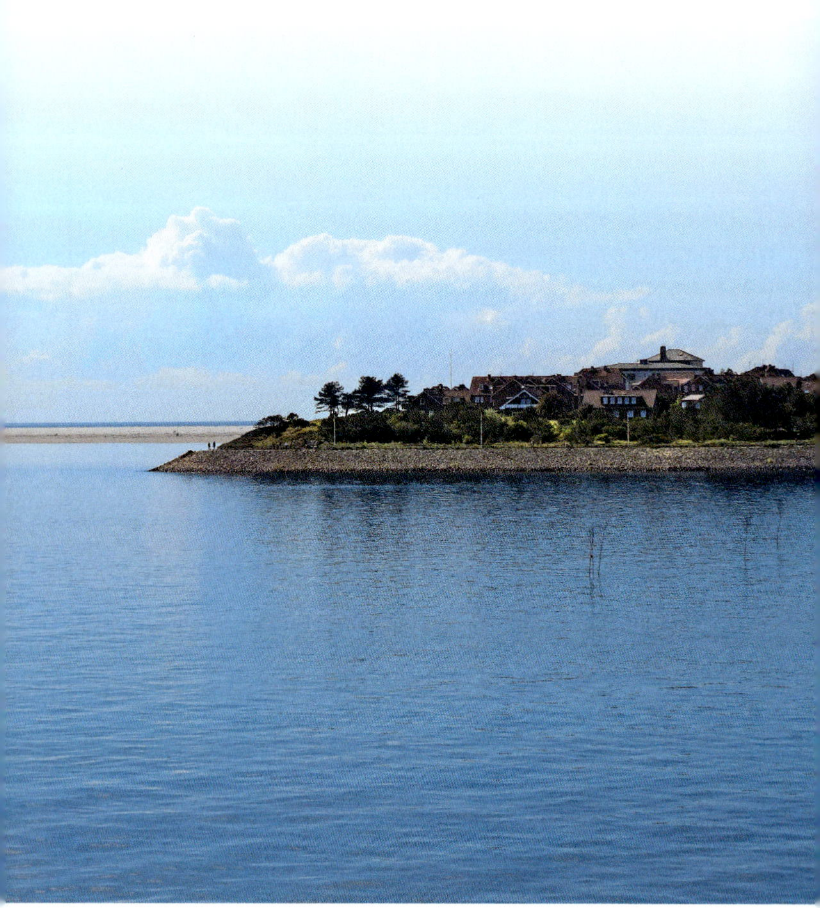

Amrums Südspitze von der Fähre aus gesehen

14

Die kleinste nordfriesische Insel ist gerade groß genug, um an einem langen Wochenende erforscht zu werden. Dann kann man sich einen Tag lang auf den Inselsüden konzentrieren, einen auf den Inselnorden und einen auf die Inselmitte.

Amrum gilt vielen als schönste Nordfriesin – daher wäre mehr Zeit als ein langes Wochenende im Gepäck alles andere als ein Fehler. Die Insel ist 20 Quadratkilometer groß und mit einem 15 Kilometer langen und 2 Kilometer breiten Sandstrand beschenkt. Auf dem Kniepsand findet sich selbst bei maximaler Feriendichte immer ein ganz privater Platz an der Sonne.

Tipp

In der Mitte von Amrum schmiegt sich das Dorf Nebel ans Wattenmeer. Mit schnuckeligen Reetdachkaten, sprechenden Grabsteinen auf dem Kirchhof und sehr guter Gastronomie gilt Nebel als schönstes Friesendörfchen der Insel. Genau der richtige Ort für ein romantisches Wochenende.

DIE VOGELKOJE IST ein Must-see für Naturfreunde. Von der historischen Entenfanganlage sind es nur wenige Schritte zum archäologischen Areal mit dem Nachbau eines eisenzeitlichen Hauses, etwa 1,5 Kilometer weiter über Bohlen trifft man auf das Quermarkenfeuer. Es dient Schiffen zur Einsteuerung nach Hörnum. Vom Plateau ist bei klarer Sicht die Südspitze der Nachbarinsel Sylt gut zu erkennen.

DER INSELSÜDEN

Nur auf Inseln lassen sich das stille Wattenmeer einerseits und die krachenden Nordseewellen andererseits auf einer einzigen Wanderung erleben. Auf dieser Tour zudem noch Friesendörfchen, Wäldchen, Strand, gewaltige Dünen – und mittendrin ein See.

Wittdün, Watt und Wald

Diese Rundwanderung ist ideal für Tagesausflügler, denn sie zeigt alle Schokoladenseiten von Amrum, der Insel, die ausschließlich aus Schokoladenseiten besteht. Sie startet direkt am **Fähranleger in Wittdün**. Die »Weiße Düne« wurde erst ab 1890 besiedelt, um den damals einsetzenden Tourismus im Inselsüden zu konzentrieren. So wollte man die Insulaner vor Sittenverfall und Luxus bewahren. Besonders prunkvoll scheint Wittdün auf den ersten Blick auch heute noch nicht. Die schönen, alten Gebäude verstecken sich hinter so mancher Bausünde jüngeren Datums. Andererseits gibt es wohl kaum einen größeren Luxus als einen lebendigen Ort, der an drei Seiten vom Meer und unfassbaren Naturschönheiten umgeben ist. Die beginnen mit der **Bucht an der Wattseite**. Sie mutet bei bestimmtem Licht geradezu südseeartig an und wird von einem Rad- und Wanderweg begleitet. Dieser trifft nach knapp 1,5 Kilometern auf den **Seezeichenhafen**. Dort werden die leuchtenden Tonnen gewartet, die der Schifffahrt als Navigationszeichen dienen. Dort ankern auch Seenotrettungskreuzer und Tonnenleger. Einen weiteren Kilometer nördlich liegt das Vorzeige-Friesendörfchen **Steenodde**. Mit Mole, Strand, dem ältesten Haus der Insel, noch sehr viel älteren Grabhügeln und dem legendären Restaurant Likedeeler lohnt der kleinste Inselort den Bummel, bevor es durch ein Wäldchen ins Inselinnere geht.

Dünen und Strand

Wenn der Waldweg an der Inselstraße endet, müssen einige Hundert Meter parallel zur Hauptverkehrsader von Amrum in nördliche Richtung absolviert werden. Gleich nach Querung führt ein kurzer Abstecher zum Wahrzeichen der Insel. Der rot-weiß geringelte **Leuchtturm** ist noch in voller Funktion und mit 41,8 Metern der höchste Vertreter an der Westküste. Im Sommer ist vormittags die Besichtigung möglich und der Blick grandios. Doch muss man sich auch nicht grämen, wenn man vor verschlossener Tür steht. Denn nun geht es in die Landschaft, die Amrum für viele zur schönsten Nordseeinsel überhaupt macht. Der **Dünengürtel**, der sich bis zur Nordspitze der Insel zieht, ist nicht nur

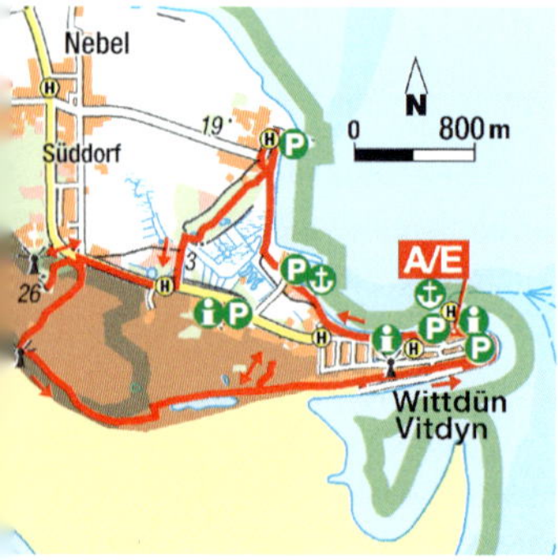

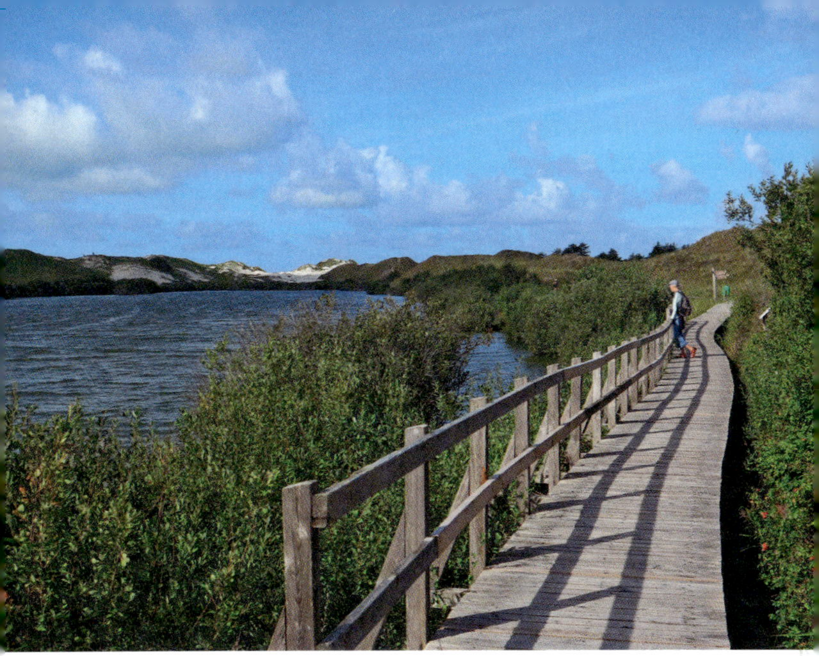

Der schönste Dünensee Nordfrieslands liegt auf der kleinsten Insel.

herrlich anzusehen, sondern auch der beste Schutz vor Sturmfluten. Am FKK-Campingplatz vorbei geht es durch die Heide zu Sandgiganten. Normalerweise dürfen die Dünen nur auf Holzstegen durchstreift werden, doch auf dem ausgeschilderten **Dünenwanderweg** geht es mitten hinein und hinauf auf den Dünenkamm. Dort markieren Holzpflöcke den erlaubten Wanderbereich. Das Kraxeln im weichen Sand ist herrlich beschwerlich, die Fernsicht unfassbar schön. An den Dünengürtel schmiegt sich der Kniepsand, ein Strand der Extraklasse.

Vom Wriakhörnsee zur Wandelbahn

Zu dem im Dünental gelegenen **Wriakhörnsee** mäandert der sandige Pfad durch hohes Dünengras. Hier schließen sich wieder Bohlenwege an, die dicht am Ufer des Süßwassersees verlaufen. Plateaus mit Bänken und Tischen laden zur Rast und Vogelbeobachtung ein. Der Bohlenweg schwingt im Windschutz der Dünen in gewagten Kurven nach Süden. Am Ende des Wriakhörnsees zweigt linker Hand ein Bohlenweg zur **Aussichtsdüne** ab. Den Abstecher sollte man sich unbedingt gönnen, denn von dort oben hat man einen schönen Panoramablick über ganz Wittdün bis zum Fähr-

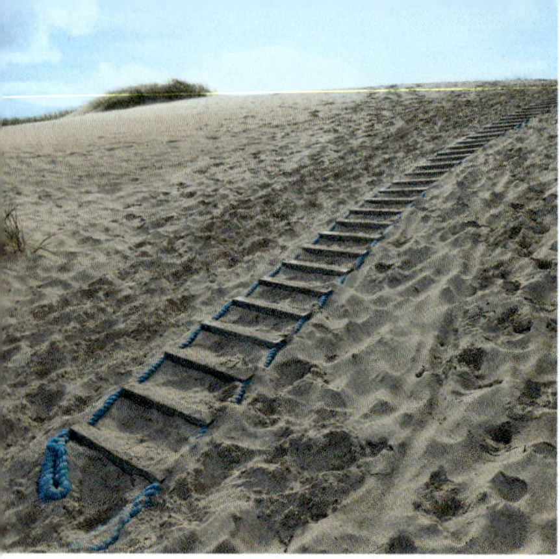

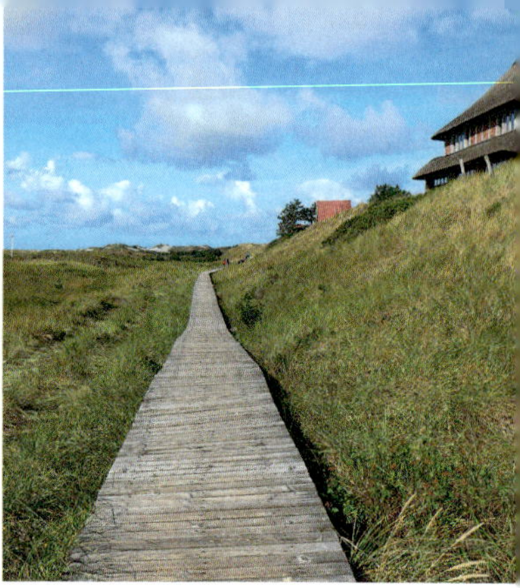

◀ Auf dem Dünenpfad ▶ Über Holzbohlenwege

anleger. Bis dahin haben Wanderer noch gute 2 Kilometer vor sich. Der Bohlenweg geht am Ortsrand in die Obere Wandelbahn über. 300 Meter weiter beginnt bei der Strandbar Seehund die parallel verlaufende Untere Wandelbahn, die direkt zum Ausgangspunkt führt.

DIE STRANDBAR SEEHUND ist ein wunderbarer Platz, um im Strandkorb auf den Sonnenuntergang zu warten. Oder auf die Abfahrt der Fähre. Sie kann in 20 Minuten auf der Promenade erreicht werden, die sich ganz entzückend um die Inselspitze schlingt.

DER INSELNORDEN

Vollkommene Stille ist es nicht, die es rund um die Nordspitze der Insel Amrum zu erleben gibt. Sondern ein Kaleidoskop aller Inselmelodien, die auf manche Menschen wie Sirenengesänge wirken. Ob man zu ihnen gehört, weiß man nach dieser Tour.

Dünenruhe

An warmen, trägen Sommernachmittagen klingen die Dünentäler bei Norddorf ganz anders als bei Regen. Dann trifft man manchmal keine Menschenseele und nur der Wind streift durch die Heide. Doch auch zur Hochsaison bei Heldenwetter, wenn alle Parkplätze an der Lunstruat belegt sind, wird sich schon noch eine freie Ruhebank auf einer der Aussichtsplattformen im Naturschutzgebiet Amrumer Dünen finden. Zum höchsten Gipfel sind es etwa 500 Meter in südlicher Richtung, immer am Waldrand entlang. Auf 32 Metern Höhe ist der Ausblick grandios. Die Augen zu schließen nicht minder. Der Dünengürtel erstreckt sich auf einer Länge von 8 Kilometern an der Westseite und ist bis zu 1 Kilometer breit. Alltagsgeräusche erreichen hier höchstens mal aus der Ferne das Ohr und setzen einen Kontrapunkt zu den Naturgeräuschen, als da wären Seevögel hoch oben in der Luft. Das Summen einer Hummel, die dicht am Gesicht vorbeitorkelt. Und irgendwo im Hintergrund: das Meer. Nähert sich jemand, spürt man die leichte Erschütterung der Holzbohlenwege schon, bevor man die Schritte hört. Die eigenen haben einen satten Klang auf den Brettern, die die Insel bedeuten und auf denen man nun 1,5 Kilometer bis zur Himmelsleiter absolvieren darf. Die hohe Holztreppe ist selbst ein toller Aussichtspunkt mit Blick auf den Himmel der Inselgäste: den Kniepsand.

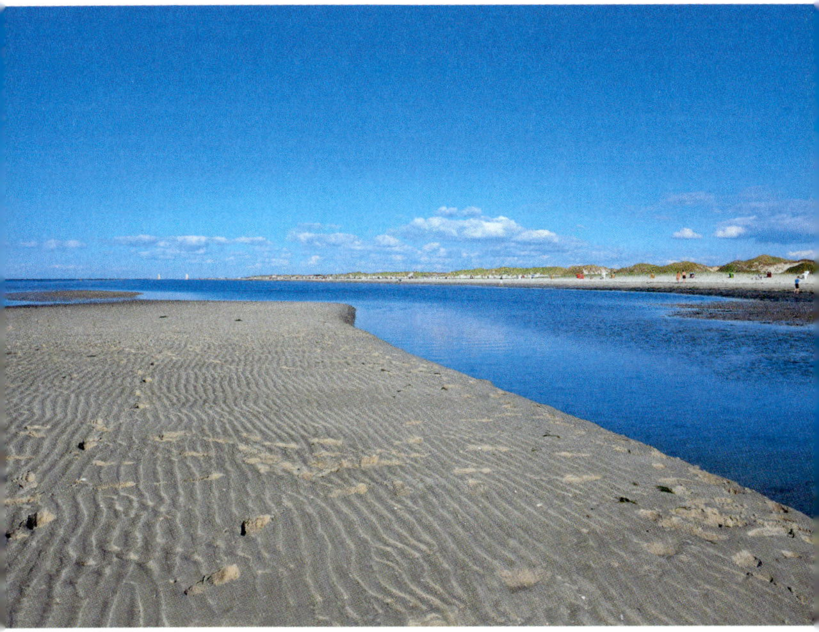

Der Kniepsand ist streng genommen kein Strand, sondern eine Sandbank.

14

Meeresrauschen

So wie die Nordsee sich in die schier unendliche Palette der Himmelsfarben kleidet, so ist auch ihr Spektrum an Tönen weit wie der Ozean. Deshalb gleicht kein Tag am Meer dem anderen. Gleichbleibend ist nur der Wunsch, endlich den Flutsaum zu erreichen, egal ob die Wogen branden, donnern, tosen, ob die Wellen sanft auf den Strand zulaufen oder glitzernde Schaumkronen tragen, ob die Flut hoch steht oder die Priele kaum Wasser führen. Und selbst Misanthropen machen auf Amrum ihren Frieden mit Kinderlachen und allgemeiner Lebensfreude, wenn sie den **Hauptstrand von Norddorf** passieren. Der Kniepsand ist zu breit, als dass das glückliche Treiben einem großartig in die Quere käme. Und wenn er auf dem Weg nach Norden zusehends schmaler wird, liegt das Getümmel längst hinter einem.

Das Ende der Inseln

Die Nordspitze der Insel, die **Amrumer Odde**, besteht aus einem Dünengürtel, etwa 2 Kilometer lang und nicht einmal 200 Meter breit. Am äußersten Ende läuft Amrum in einem Nehrungshaken aus. Dort dürfen Vogelschwärme ganz unbehelligt rasten. Ein Seil markiert, wo das Betretungsverbot beginnt. Die Amrumer Odde steht als wichtiges Vogelschutzgebiet weiträumig unter Schutz und darf nur an der Küstenlinie umwandert werden. Dabei hat man auf der Westseite Hörnum vor der Nase, die Südspitze von Sylt, und auf der Wattseite scheint Föhr zum Greifen nah. Das täuscht allerdings. Aber rüberwandern kann man bei Ebbe durchaus.

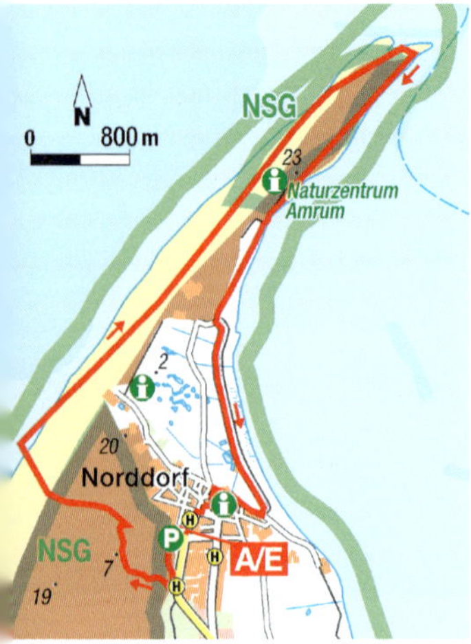

Windstille und Wattknistern

Wenn gerade keine Wattwandertruppe die Odde bevölkert, ist der Gesang der Austernfischer, Herings-, Sturm- und Silbermöwen, der Eiderenten und Mittelsäger das lauteste Geräusch. Bei Ebbe läuft es

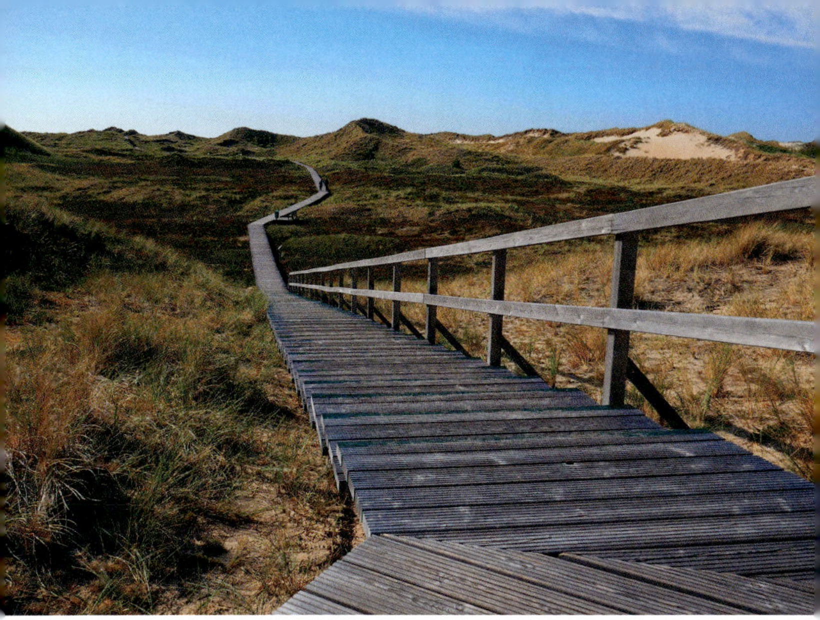

Ein Dünengürtel schützt Amrum vor Sturmfluten.

sich ganz gut auf dem Sandwatt, bei Flut werden die Füße am schmalen Strand auch mal nass. Unabhängig von den Gezeiten wirkt der Kontrast zwischen wilder Brandungsseite und stillem Wattenmeer wie ein innerer Frieden nach Zeiten der Aufruhr. Diese Etappe darf also gern langsam angegangen werden. Beim **Fahrradparkplatz** hat die reale Welt einen dann fast schon wieder. Wobei das auf Amrum relativ ist. Sogar der **Teerdeich**, selbst zwar optisch kein Gewinn, punktet mit Inselaussichten und Vogelsichtungen. Er erreicht Norddorf am Boragwai. Dort geht es rechts und dann am vierten Weg, dem Ual Jaat, direkt zur **Hüttmann Wiese**. Im Strandkorb oder Liegestuhl lässt sich die Tour mit einem Erfrischungsdrink aus dem hundertjährigen Pavillon gebührend beenden. Bis zum Ausgangspunkt an der Lunstruat sind es nur wenige Hundert Meter.

Tipp

Eine Wanderung von Insel zu Insel ist ein besonderes Erlebnis – aber nur mit kundiger Führung, sonst kann es lebensgefährlich werden. Nicht zuletzt, weil auf der 8 Kilometer langen Tour von Amrum nach Föhr ein Priel durchquert werden muss. Mit Dark Blome kann man sich sogar im Winter – in Watthosen – auf das Abenteuer einlassen. Mehr Infos unter der-inselläufer.de.

AUF EINEN BLICK

Info

STADT/REGION: Amrum
BESTE REISEZEIT: Ganzjährig
OPTIMALE REISEDAUER: 7 Tage
TOURISTINFO: Amrum Touristik Wittdün, Inselstraße 14, 25946 Amrum, Tel. 04682/940 30, info@amrum.de, amrum.de

SEHENSWÜRDIGKEITEN

ST.-CLEMENS-KIRCHE: Uasterstigh/Hööwjaat, 25946 Nebel, Tel. 04682/99 50 28, kirchenbuero@amrum-kirche.de, amrum-kirche.de
ÖÖMRANG HÜS: Waaswai 1, 25946 Nebel, Tel. 04682/41 20, info@oeoemrang-ferian.de, oeoemrang-hues.de
NATURZENTRUM AMRUM: Strunwai 31, 25946 Norddorf, Tel. 04682/16 35, info@naturzentrum-amrum.de, naturzentrum-amrum.de

ÜBERNACHTUNG

FRÜHSTÜCKSHOTEL SEEMANNSBRAUT: Achtern Strand 6, 25946 Wittdün, Tel. 04682/94 00 00, moin@seemannsbraut-amrum.de, seemannsbraut-amrum.de, **€€€**
FERIENWOHNUNGEN HAUS PALSTEK: Waasterstigh 36B, 25946 Nebel, info@haus-palstek-amrum.de, haus-palstek-amrum.de, **€€**
DÜNENCAMPING AMRUM: Inselstraße 125, 25946 Amrum, Tel. 04682/511 97 70, info@camping-amrum.de, camping-amrum.de, **€**

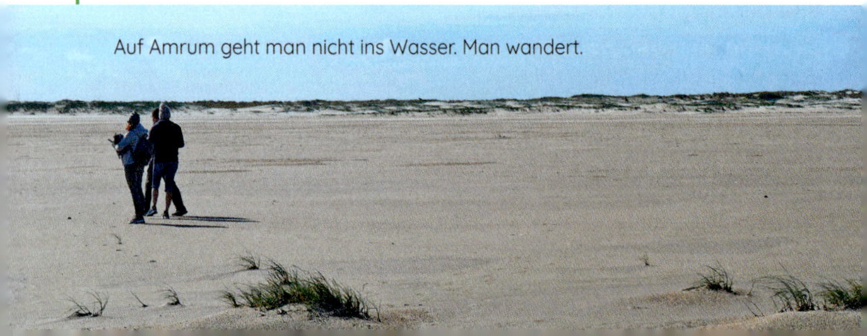

Auf Amrum geht man nicht ins Wasser. Man wandert.

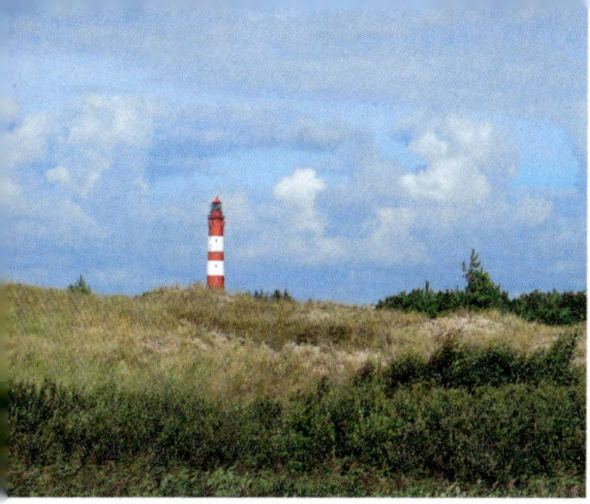

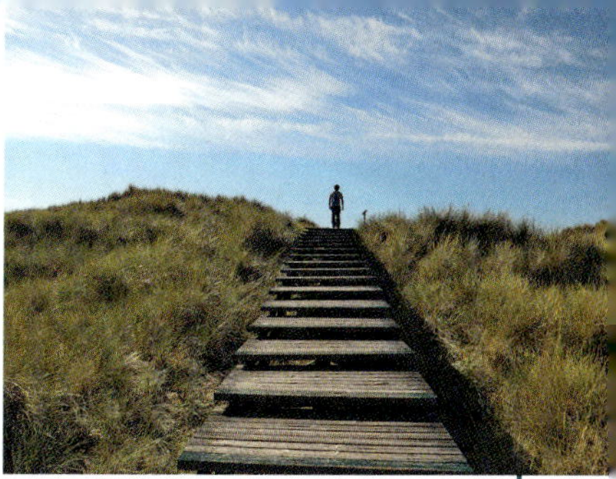

◀ Leuchtturm als Pflichtprogramm ▶ Aussichtsdünen tun´s aber auch.

INSELSÜDEN

DAUER: 2.30 Std.
HÖHENMETER: 13 Hm
LÄNGE: 10,5 km
SCHWIERIGKEIT: Leicht bis mittel
AUSGANGS-/ENDPUNKT: Fähranleger Wittdün
TOURENCHARAKTER: Am Watt, im Wald, auf Wander- und Bohlenwegen läuft es sich leicht. Am Strand und in den Dünen wird es auch mal anstrengender.
BESTE JAHRESZEIT: Ganzjährig
EINKEHR UNTERWEGS: Traditionelle Küche im Seefohrerhus im Seezeichenhafen, friesische Tapas im Hal Mei in Steenodde, Fischbaguette und Flammkuchen im Strandbistro Seehund in Wittdün

INSELNORDEN

DAUER: 3 Std.
HÖHENMETER: 12 Hm
LÄNGE: 12 km
SCHWIERIGKEIT: Mittel
AUSGANGS-/ENDPUNKT: Parkplatz und Fahrradparkplatz Norddorf
TOURENCHARAKTER: Auf und ab in den Dünen, weicher Sand und Watt, steife Brise oder Wellen von vorn – die Tour hat die eine oder andere Herausforderung zu bieten.
BESTE JAHRESZEIT: Ganzjährig
EINKEHR UNTERWEGS: Seit 1892 das erste (weil einzige) Hotel am Platz: Bei Hüttmann speist man gehoben im Restaurant, unkompliziert im Bistro und ganz locker auf der Wiese beim Pavillon.

KÖNIGIN DER NORDSEE

Sylt

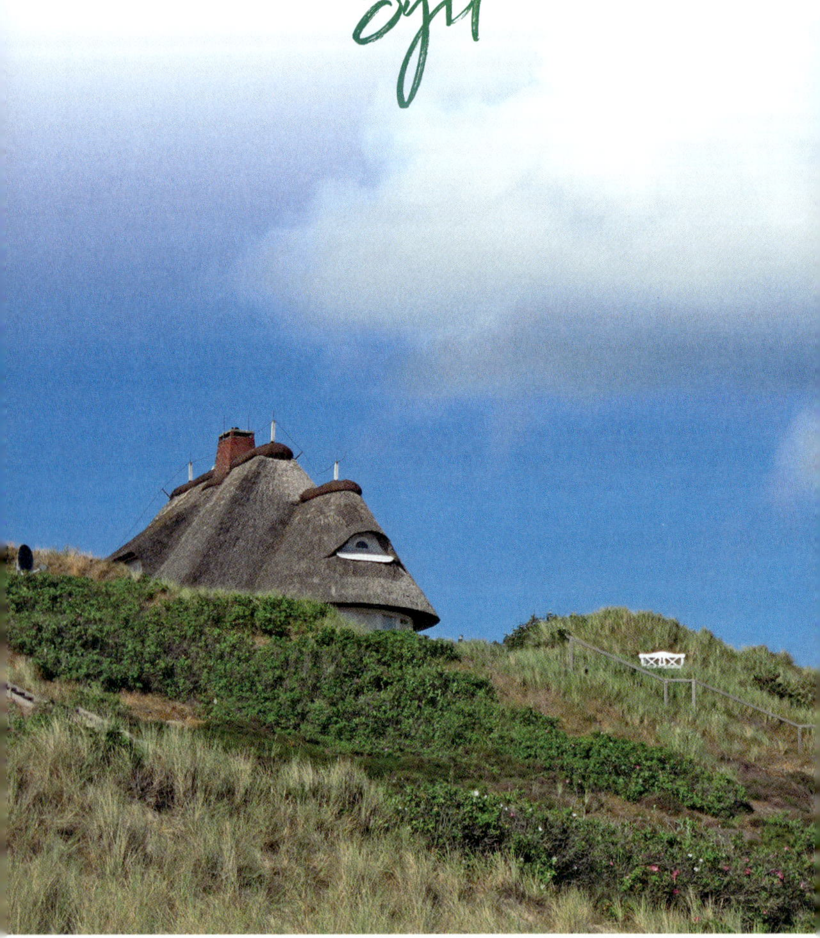

Vom Haus am Meer zu träumen, gehört auf Sylt immer dazu.

Sylt gilt als Refugium der Schönen und Reichen. Sylt ist aber auch ein Mekka der Surfer und Naturverbundenen, der Klassenreisen und Familien, der Tagesausflügler und außerhalb der Saison durchaus mit kleinerem Geldbeutel erschwinglich.

Sylt ist manchmal und mancherorts total überlaufen. Doch es finden sich selbst in der Hochsaison auch versteckte Winkel und einsame **Strandabschnitte**. Meist dort, wo die Inselgäste mehr als ein paar Schritte vom Parkplatz bis zur Nordsee laufen müssten. Auf Sylt kann sich das Wetter stündlich ändern. Es mag aber genauso gut eine ganze Augustwoche durchregnen und im Dezember tagelang die Sonne scheinen. Oder umgekehrt. Denn von allen Dingen, die man sich über Sylt erzählt, ist nur eine Sache wahr: Die Insel ist beeindruckend schön.

Tipp

Am Südkap der Insel zeigt die Nordsee ihre ganze Urgewalt. Die Umrundung der Hörnum-Odde konnte vor einigen Jahren noch als Wanderung durchgehen. Heute ist sie durch Landverlust zum Spaziergang geschrumpft, der nur noch 2 Stunden vor bis 2 Stunden nach Niedrigwasser möglich ist. Und bald vielleicht gar nicht mehr. Also schnell hin da.

SYLT CLASSICS

Diese Tour ist der Klassiker auf Sylt. Sie funktioniert sowohl als Strecken- als auch als Rundwanderung, kann abgekürzt oder verlängert werden und beeindruckt bei jedem Wetter, jeder Tages- und Jahreszeit – auf immer wieder neue Weise.

Westerland und der Weststrand

Über die bekannte **Einkaufs- und Flaniermeile Friedrichstraße** gelangen Tagesgäste in Minuten zum Hotel Miramar, das schon seit 1903 über dem Zugang zum Hauptstrand thront. Ansonsten hat die Abriss- und Neubauwut ab den 1960er-Jahren die Kurpromenade in einen der uncharmantesten Plätze Schleswig-Holsteins verwandelt. Lediglich zwei Monumentalfiguren aus Muschelkalk, »Triton auf dem Hippokamen« und »Europa auf dem Stier«, haben das Gemetzel überlebt. Und doch ist der Strand von Westerland ein echter Sehnsuchtsort. Wer einmal in nördlicher Richtung, zunächst entlang der Promenade, anschließend auf einem Bohlenweg und an dessen Ende weiter im Sand stapfte, pfeift bald auf die Architektur und singt – nicht selten lebenslang – von nun an mit den Ärzten: »Ich will zurück nach Westerland«. Denn die Nordsee wird man nie zuklotzen können und sie ist schließlich die Hauptperson. Wenn ihre perfekten Bilderbuchwellen auf den Strand zurollen, hüpfen nicht nur die Herzen der Surfer aus aller Welt. Feinsandig, breit und weiß zieht sich der Weststrand von Hörnum im Inselsüden nach List ganz im Norden. Wo ein Holzsteg sich elegant zur **Promenade von Wenningstedt** aufschwingt, hat man gerade einmal 3 des 40 Kilometer langen Traumstrandes gesehen.

Wenningstedt und die Dünen

Die Promenade im familienfreundlichen Wenningstedt ist erst in jüngerer Zeit entstanden und entspricht schon mehr dem Zeitgeist. Im Sommer ziehen Pumptrack, Beach-Soccer-Feld und Riesentrampoline Sportbegeisterte an. Die Nutzung ist ebenso kostenfrei wie die der Strandkörbe mit Meerblick und die Rutsche hinunter an den Strand. An Einkehrmöglichkeiten herrscht zwischen dem Twisters im Surferstyle und Gosch am Kliff natürlich auch kein Mangel. Über Strandstraße und Dünenstraße ist schnell der **Wenningstedter Dünenweg** erreicht. Der Holzsteg zieht sich, zum Teil treppauf, treppab, etwa 400 Meter durch die geschützte Landschaft und bietet atemberaubende Aussichtspunkte, Fotomotive und Ruhebänke.

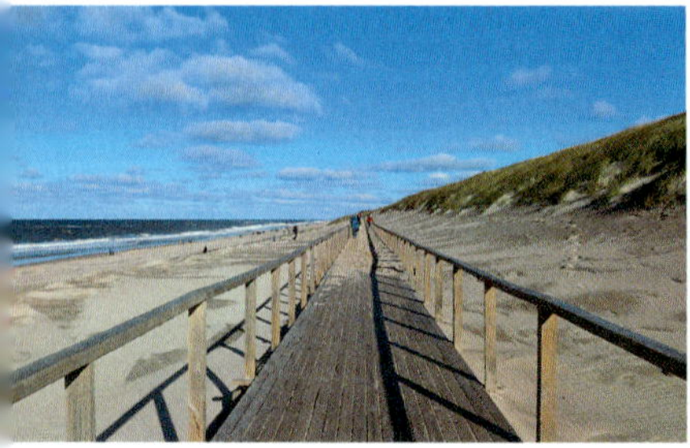

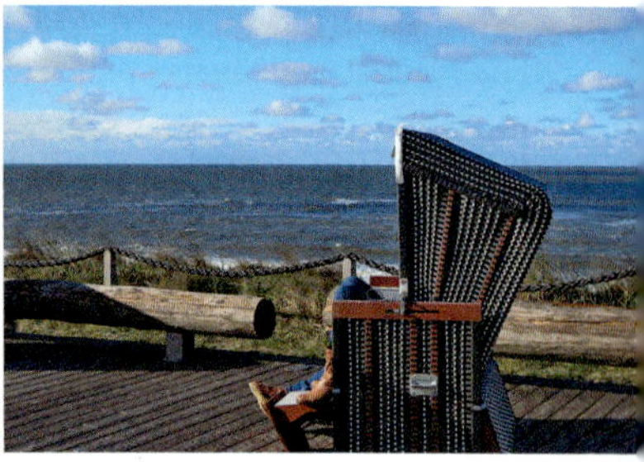

◀ Strandläufer lieben Rückenwind. ▶ Promenadenpause in Wenningstedt.

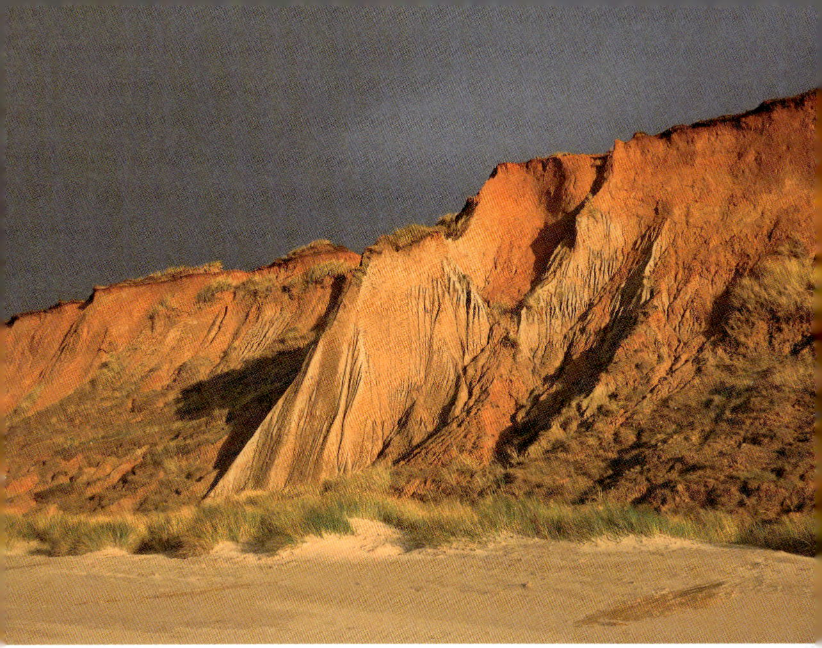

In alten Zeiten diente das Rote Kliff Seefahrern zur Orientierung.

Kampen und das Rote Kliff

Auf sandigen Pfaden geht es weiter durch die Dünen. Bald schwingt sich das legendäre **Rote Kliff** zu voller Höhe auf. 30 Meter ragt es senkrecht über dem Strand, der hier gewaltigen Kräften ausgesetzt ist. Besonders an ruhigeren Wintertagen weht einem da die Ewigkeit – oder wenigstens eine Ahnung davon – ins Gesicht. Dann spürt man so richtig den Norden. Immerhin befindet sich Sylt auf dem gleichen Breitengrad wie Omsk in Sibirien und die Südspitze von Alaska. Bei Sonnenschein ist das Licht von wunderbarer Klarheit. Kommen die ersten Häuser von Kampen in Sicht, schickt ein Wegweiser hinauf zur **Uwe-Düne**. Der 52,5 Meter hohe Gipfel mit Aussichtsplateau garantiert den besten Rundumblick über die Insel. Es lässt sich auch der Weg erkennen, der wie durch eine Spielzeuglandschaft an der Sturmhaube vorbei zum Strand von Kampen verläuft. Dort macht das Rote Kliff vor allem in der Abendsonne seinem Namen alle Ehre. Einen – kostenfreien – Strandkorb auf dem hohen Holzpodest am Strand erwischt man am ehesten außerhalb der Saison oder bei schlechtem Wetter. Das ist ein herrliches Plätzchen. Besonders wenn man ein Lieblingsgetränk im Rucksack hat.

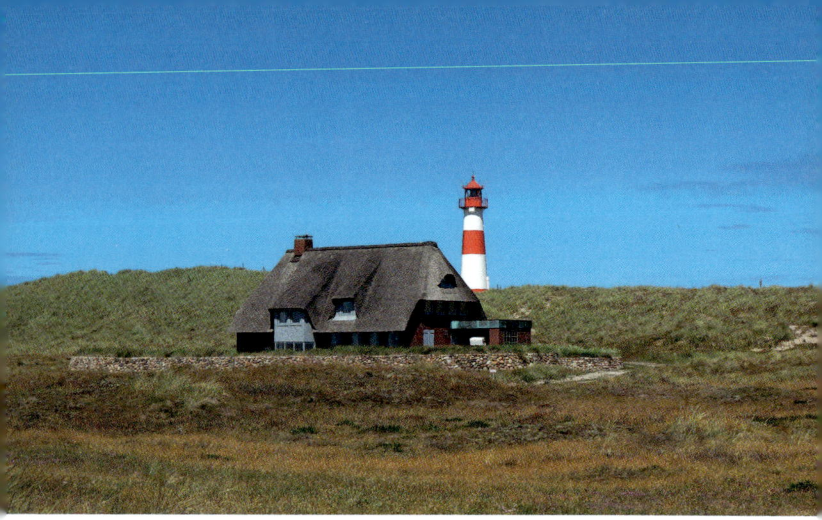

Letzter Leuchtturm vor Dänemark: List-Ost auf dem Ellenbogen

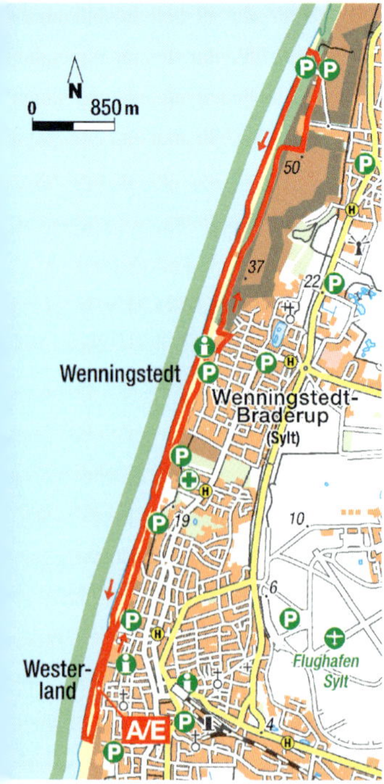

Zurück nach Westerland

Die erste Hälfte ist geschafft, die zweite eine reine **Strandwanderung**, begleitet vom Wellenschlag der Nordsee. Wenn die Wogen sich zu Bergen mit weißen Kronen türmen, wenn sie auf den Strand zustürmen wie eine Horde wilder Höllenhunde, kann man sich in ihrem Anblick verlieren. Lösen Westerlands brachiale Hochhäuser am Horizont dann gar keinen Schock mehr aus, gehört man wohl zukünftig zu den eingeschworenen Syltfans.

DIE HIMMELSLEITER, die höchste Strandtreppe der Insel, bietet nur einen kurzen Promenadenspaziergang südlich des Ausgangs-/Endpunktes: den vorletzten Westerländer Wahnsinnsblick. Den allerletzten genießt man auf der Terrasse des Restaurants BeachHouse, das sich zur Einkehr empfiehlt.

15

DAS BESTE KOMMT ZU SCHLUSS

Ist diese Wanderung der Grund, warum Schleswig-Holstein regelmäßig den ersten Platz im Deutschen Glücksatlas belegt? Möglich wäre es. Denn die Nordspitze von Sylt gibt sich exakt so, wie die Nordlichter ihre Heimat in der offiziellen Hymne besingen: meerumschlungen.

Rüm Hart, klaar Kiming

Unzählige Wanderer, die der geteerten Straße vom **Weststrandparkplatz** hinauf in die Dünen des Listlandes folgten, waren schon hingerissen vom ersten Blick auf den unendlichen **Weststrand.** Ob sturmumtost oder im Karibiklook, ob nebelgrau oder von dramatischen Wolkenformationen gekrönt, ganz oben ist Deutschland wirklich sagenhaft schön. Da kann man gar nicht schnell genug hinunter bis zur Brandung laufen. Doch wer sich an die Umrundung der Nordspitze macht, sollte wissen: Hier lässt man die Zivilisation in gewisser Weise hinter sich. Zwar mag man im Sommer den Weg mit etlichen Mitstreitern teilen. Doch ein Kiosk oder auch nur die Möglichkeit, sich bei Regen unterzustellen, existieren nicht. Es gibt nur Dünen. Und den **Leuchtturm von List-West** nach etwa 2,5 Kilometern sowie den **Leuchtturm List-Ost** nach knapp 6 Kilometern. Aber das ist ja gerade das Besondere am Ellenbogen. In dieser langgestreckten, urwüchsigen Landschaft ist man den Elementen ausgeliefert und ganz auf sich gestellt. Da kann man sich glatt wie ein friesischer Seefahrer fühlen. Für deren Leitspruch Rüm Hart, Klaar Kiming bestehen verschiedene Auslegungen. Die geläufigste lautet: »Großes Herz, weiter Horizont«. Das meint Mitgefühl mit anderen, Weltoffenheit und die Hoffnung auf eine sichere Heimkehr.

Lever duad üs Slav

»Lieber tot als Sklave« haben die Nordfriesen sich auf ihre Fahne geschrieben. Wenn man nach guten 7 Kilometern Strandwanderung die **Ellenbogenspitze** erreicht, kann man ihren sprichwörtlichen Drang nach Freiheit nachvollziehen. Denn hier stoßen Touristen hinzu, die bequem mit dem Auto gekommen sind, und längst nicht alle verhalten sich respektvoll. Manche lassen ihren Müll fallen, wo sie gehen. Andere klettern für das perfekte Selfie über die Absperrung an der äußersten Spitze.

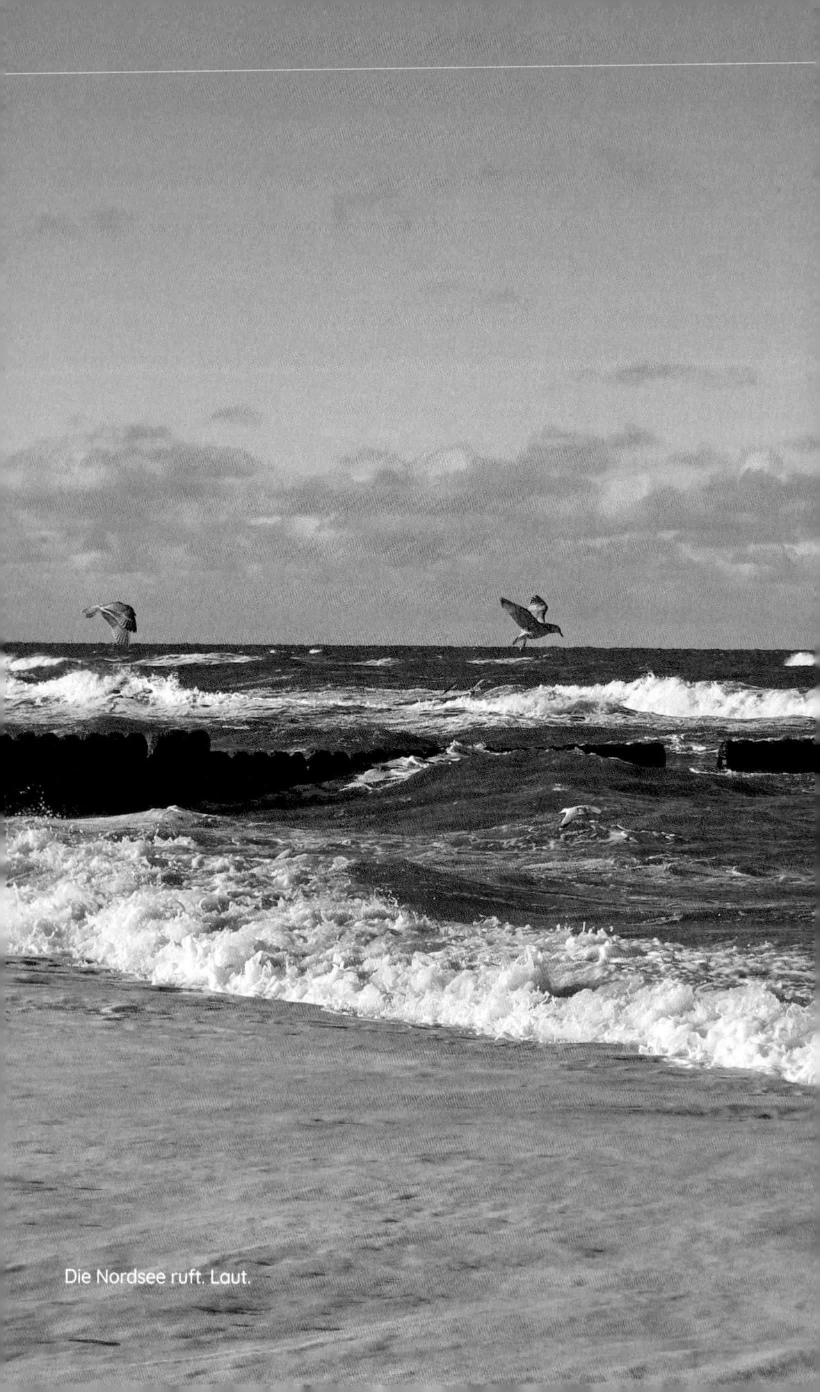
Die Nordsee ruft. Laut.

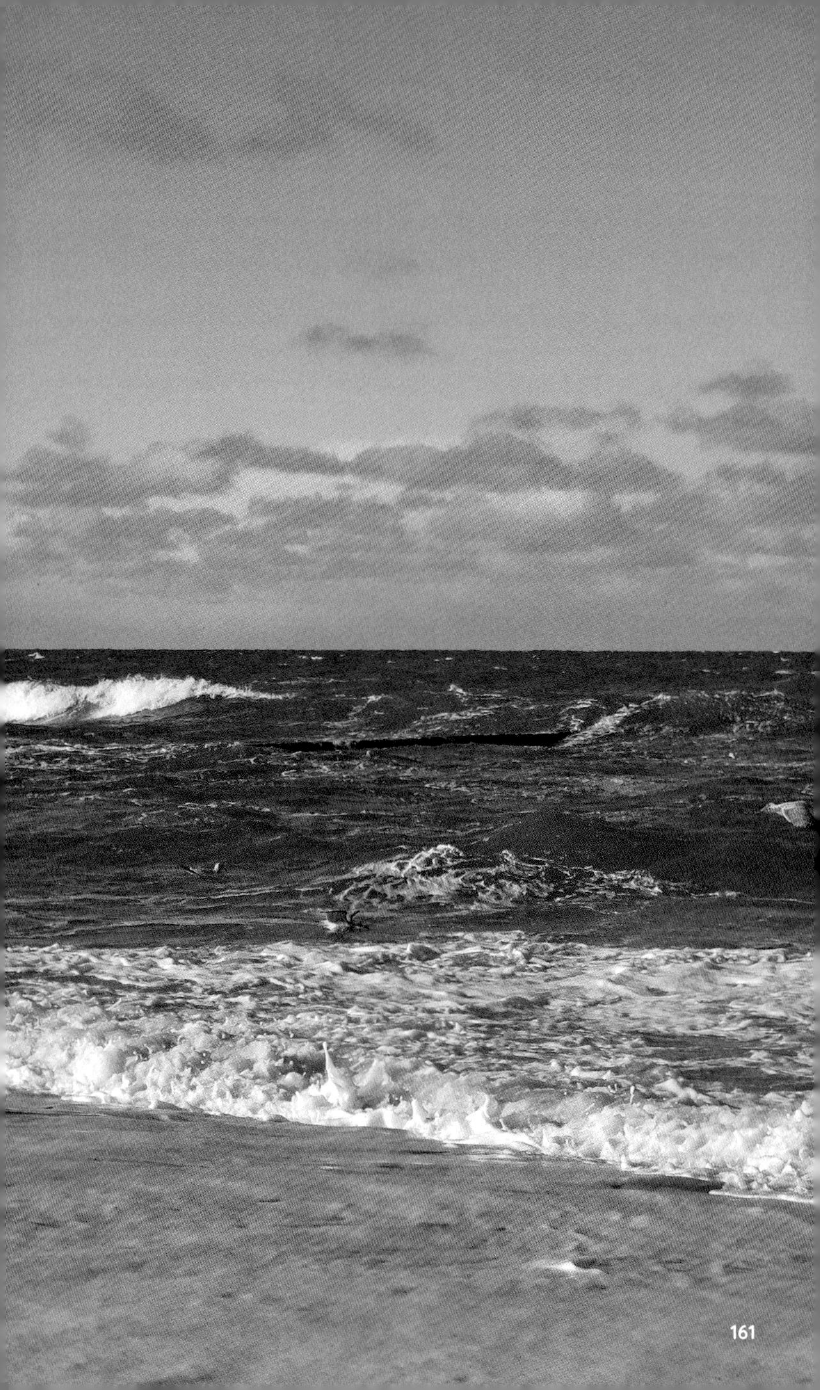

15

Vergebens wird auf Schildern darum gebeten, 200 Meter Abstand zu den hier häufig rastenden Robben zu halten. Da möchte man wirklich weit weg segeln, alles hinter sich lassen. So wie Jens Lüng aus List, Großvater des friesischen Freiheitskämpfers Pidder Lüng. In Sagen und Balladen wird beiden der politische Wahlspruch zugeschrieben. Er findet sich aber auch auf dem Festland, von den Niederlanden über Ostfriesland bis in die Wesermarsch. Schon seit der Weimarer Republik haben sich immer wieder Nazis die Worte unter den Nagel gerissen. Manchmal kann man sich nur kopfschüttelnd abwenden.

Up ewig ungedeelt

An der weitaus ruhigeren Seite geht es nun zurück Richtung Königshafen. Ob man den Weg entlang der Wasserkante wählt oder den Pfaden durch

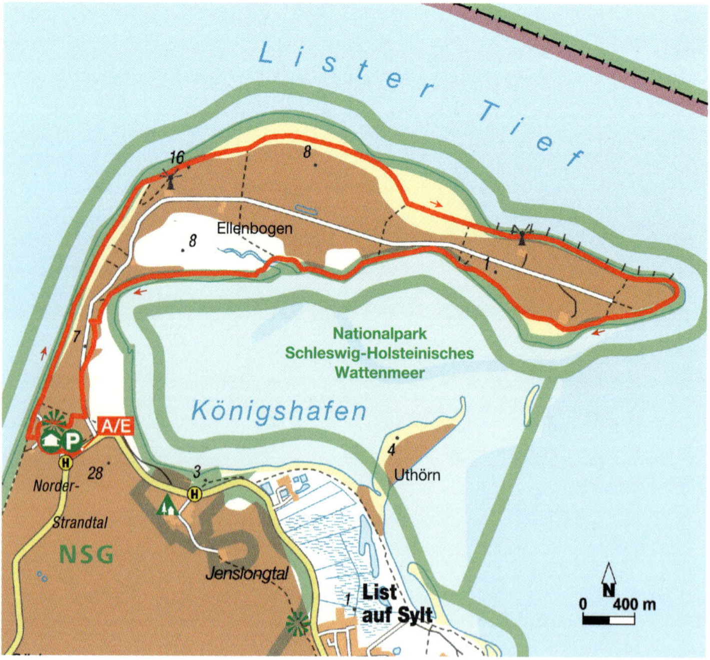

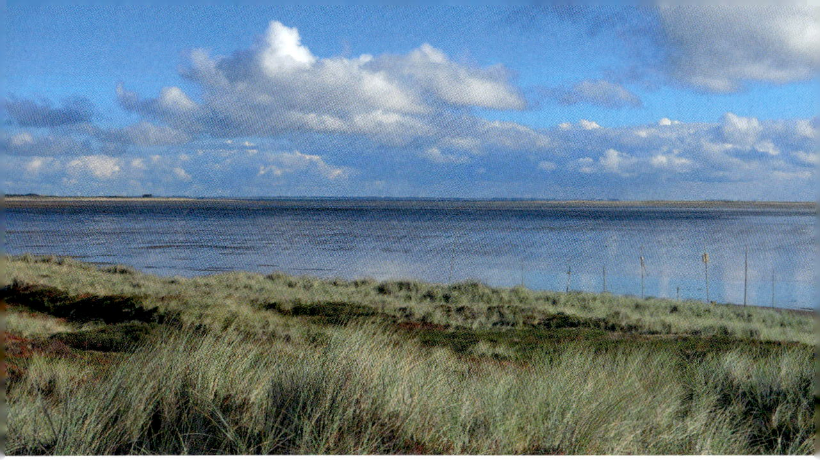

Von der Natur geschaffen: der Königshafen

die Salzwiesen folgt, ist eine Frage von Ebbe und Flut. Je nachdem teilt man die Landschaft bald nur noch mit wenigen Menschen, dafür aber mit Schwärmen von Seevögeln oder friedlich grasenden Schafen. Der Naturhafen gehörte lange Zeit zu den Enklaven des Königreichs Dänemark. Bis heute befindet man sich hier geografisch gesehen eigentlich in Skandinavien. List liegt nördlich der dänischen Grenze. Eben dort wurde 1460 im Vertrag von Ripen festgelegt, dass die Herzogtümer Schleswig und Holstein fest miteinander verbundene Staaten sind. Auf ewig ungeteilt. Die Umsetzung war dann ein wenig komplizierter und von etlichen kriegerischen Auseinandersetzungen begleitet. Was für ein Luxus der heutige Frieden im längst versandeten Königshafen ist! Seit auch die Bundeswehr ihre Schießübungen auf dem Ellenbogen eingestellt hat, kämpft man hier nur noch für die Natur. Auch auf dem ehemals militärisch genutzten Gebiet sollte man den gut erkennbaren Pfad nutzen. Er führt quer durch die Salzwiesen und erreicht die Straße an der schmalsten Stelle des Nehrungshakens. Von dort ist der Ausgangspunkt bald erreicht.

AUF DEM ELLENBOGENBERG, einer 27,9 Meter hohen Düne nahe des Maut-Häuschens am Ellenbogen, befindet sich eine von 22 Info-Stationen des Sylter Walpfades. Mehr Hintergründe zum ersten Walschutzgebiet Europas, das sich prima auf zwei Radwanderungen erkunden lässt, erhält man auf nationalpark-wattenmeer.de. Dort über die Suchmaske Sylter Walpfad ansteuern.

AUF EINEN BLICK

Info

STADT/REGION: Sylt
BESTE REISEZEIT: Ganzjährig
OPTIMALE REISEDAUER: 7 Tage
TOURISTINFO: Sylt Marketing, Stephanstraße 6, 25980 Westerland, Tel. 04651/82 02 0, info@sylt.de, sylt.de

SEHENSWÜRDIGKEITEN

ERLEBNISZENTRUM NATURGEWALTEN: Hafenstraße 37, 25992 List, Tel. 04651/81 63 90, info@naturgewalten-sylt.de, naturgewalten-sylt.de
SYLTER WELLE: Strandstraße 32, 25980 Westerland, Tel. 04651/99 81 11, info@sylterwelle.de, sylterwelle.de
SYLT MUSEUM: Am Kliff 19, 25980 Keitum, Tel. 04651/316 69, info@soelring-museen.de, soelring-museen.de

ÜBERNACHTUNG

BUDERSAND HOTEL GOLF & SPA: Am Kai 3, 25997 Hörnum, Tel. 04651/460 70, hotel@budersand.de, budersand.de, €€€
FERIENWOHNUNGEN UETHOERN: Üthörn, 25992 List-Ellenbogen, Tel. 04651/87 02 18, urlaub@uethoern.de, uethoern.de, €€
JUGENDHERBERGE LIST-MÖVENBERG: Mövenberg, 25992 List, Tel. 04651/87 09 37, list@jugendherberge.de, jugendherberge.de, €
CAMPINGPLATZ KAMPEN: Möwenweg 4, 25999 Kampen, Tel. 04651/420 86, campen-in-kampen.de, €

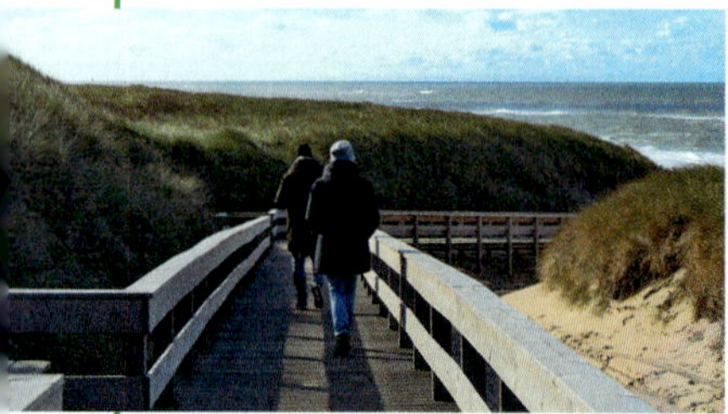

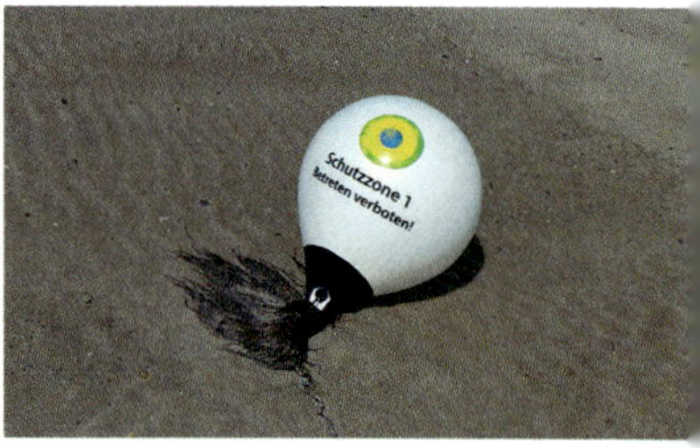

◀ Zum Weststrand ▶ Das Wattenmeer: größter Nationalpark Deutschlands

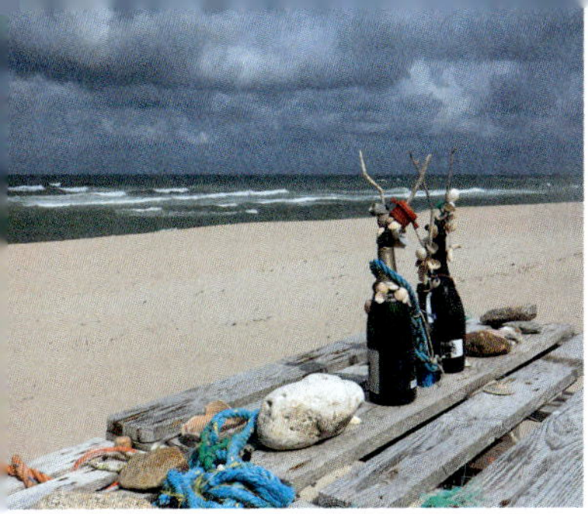

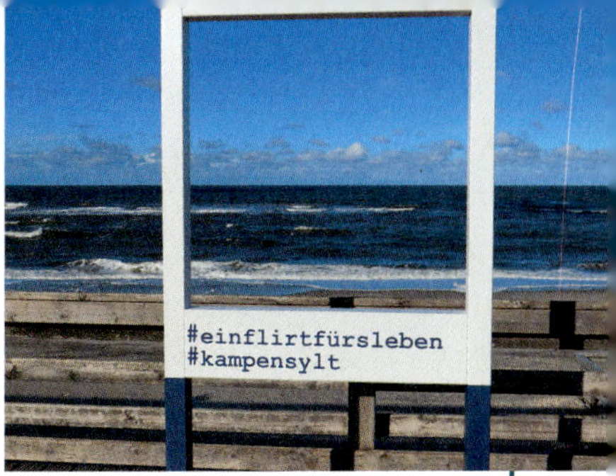

◀ Champagner für alle ▶ Manchmal muss es einfach Kampen sein.

SYLT CLASSICS

DAUER: 3.45 Std.

HÖHENMETER: 38 Hm

LÄNGE: 15 km

SCHWIERIGKEIT: Leicht bis mittel

AUSGANGS-/ENDPUNKT: Strandzugang Friedrichstraße, Westerland

TOURENCHARAKTER: Beeindruckende Tour auf gut begehbaren Panoramawegen. Die Strandkilometer oder ein Sturm fordern durchaus die Beine.

BESTE JAHRESZEIT: Ganzjährig

EINKEHR UNTERWEGS: Etliche Meerblickmöglichkeiten, z.B. Westerland: BeachHouse, Wenningstedt: Onkel Johnnys Strandwirtschaft, Kampen: Kaamps7

ELLENBOGEN

DAUER: 3.30 Std.

HÖHENMETER: 36 Hm

LÄNGE: 14 km

SCHWIERIGKEIT: Leicht bis mittel

AUSGANGS-/ENDPUNKT: Parkplatz Weststrand List

TOURENCHARAKTER: Unberechenbare Strandwanderung, in der Wind, Wetter und Gezeiten Regie führen

BESTE JAHRESZEIT: Ganzjährig. Ruhe gibt's auf Sylt aber nur im Winter.

EINKEHR UNTERWEGS: Wonnemeyers Weststrandhalle am Ausgangspunkt. Auf der Strecke nichts

ORTS- UND SACHREGISTER

IMPRESSUM

Verantwortlich: Stefanie Krüger
Redaktion und Lektorat: Daniela Hansjakob
Layout: Silke Schüler
Umschlaggestaltung: Silke Schüler
Repro: LUDWIG:media
Kartografie: Bruckmann Verlag GmbH, Heidi Schmalfuß
Herstellung: Alexander Knoll
Printed in Slovenia by Florjancic

Unser komplettes Programm finden Sie unter

www.bruckmann.de

★★★★★

Sind Sie mit diesem Titel zufrieden? Dann würden wir uns über Ihre Weiterempfehlung freuen. Erzählen Sie es im Freundeskreis, berichten Sie Ihrem Buchhändler, oder bewerten Sie bei Onlinekauf. Und wenn Sie Kritik, Korrekturen, Aktualisierungen haben, freuen wir uns über Ihre Nachricht an Bruckmann Verlag, Postfach 40 02 09, D-80702 München oder per E-Mail an lektorat@verlagshaus.de.

In diesem Buch wird aus Gründen der besseren Lesbarkeit das generische Maskulinum verwendet. Weibliche und anderweitige Geschlechteridentitäten werden dabei ausdrücklich mitgemeint, soweit es für die Aussage erforderlich ist.

Empfehlung der Redaktion
Sie sind auf der Suche nach weiterführender Literatur? Dann empfehlen wir Ihnen den Titel »Mystische Pfade Schleswig-Holstein« von Stefanie Sohr und Volko Lienhardt. Oder Sie werfen einen Blick in die Zeitschrift BERGSTEIGER. Hier werden Sie bestimmt fündig.

Bildnachweis: Alle Bilder im Innenteil stammen von Stefanie Sohr und Volko Lienhardt, mit Ausnahme von: Seite 31 oben rechts: Dominik Niederl

Umschlagvorderseite: Holzbohlenweg auf Amrum (Kapitel 14)
Umschlagrückseite: Herrlich grüne Wiesenwege (Kapitel 2)

Die Deutsche Nationalbibliothek verzeichnet diese Publikation in der Deutschen Nationalbibliografie; detaillierte bibliografische Daten sind im Internet über http://dnb.d-nb.de abrufbar.

Infanteriestraße 11a
80797 München

ISBN: 978-3-7343-2429-1